WISSENSCHAFTLICHE BEITRÄGE AUS DEM TECTUM VERLAG

Reihe Psychologie

WISSENSCHAFTLICHE BEITRÄGE AUS DEM TECTUM VERLAG

Reihe Psychologie

Band 19

Guoyi Liu

Die Macht der Filmmusik

Zum Verhältnis von musikalischem Ausdruck und Emotionsvermittlung im Film

Tectum Verlag

Das vorliegende Buch basiert auf einer 2008 vom Institut für Musikwissenschaft der Universität zu Köln angenommenen Dissertation zur Erlangung des Doktorgrades der philosophischen Fakultät.

Gedruckt mit Unterstützung des Deutschen Akademischen Austauschdienstes.

Guoyi Liu

Die Macht der Filmmusik.
Zum Verhältnis von musikalischem Ausdruck
und Emotionsvermittlung im Film

Wissenschaftliche Beiträge aus dem Tectum Verlag:
Reihe: Psychologie; Bd. 19

Zugl.: Köln, Univ. Diss. 2008

E-Mail der Autorin: bachliu2005@hotmail.com

ISBN: 978-3-8288-2194-1

ISSN: 1861-7735

Umschlagabbildung: © Alex Nikada; Yurovskikh Aleksander - www.istockphoto.com

Besuchen Sie uns im Internet
www.tectum-verlag.de

Bibliografische Informationen der Deutschen Bibliothek
Die Deutsche Bibliothek verzeichnet diese Publikation in der Deutschen Nationalbibliografie; detaillierte bibliografische Angaben sind im Internet über http://dnb.ddb.de abrufbar.

Inhaltsverzeichnis

Vorwort

Im Herbst 1998 entdeckte ich auf der Buchmesse in Beijing zufällig die *Gesammelten Aufsätze* von Sergej Eisenstein. Ich hatte gerade mein Magister-Studium begonnen, deswegen wusste ich noch nicht genau, wer Eisenstein ist. Trotzdem kaufte ich das Buch, weil ich das Foto von Eisenstein sehr mochte. Ich meinte, in seinen Augen Herzlichkeit und kindliche Aufrichtigkeit zu erkennen.

Eisensteins Buch gefiel mir sehr. Beim Lesen gewann ich den Eindruck, dass der Autor ein Mensch war, der seine Interessen bewusst entwickelte und verfolgte; der seine Arbeit herzlich liebte und sich nur auf sie konzentrierte. Dieser Eindruck passte zu meiner Vorstellung von dem Menschen, der auf dem Foto abgebildet war.

Seine Theorie interessierte ich mich damals sehr, da sie die Verbindungen von Musik und Bild behandelt, und dies in Form einer Methode der Analyse, die sich mit der Filmsprache auseinandersetzt. Ihr gilt auch mein großes Interesse. Die Methodik von Eisensteins Theorie gab mir außerdem viele Anregungen für meine praktische Arbeit. Ich lernte, wie ich Filmsprache sowohl im täglichen Leben als auch in anderen Künsten entdecken und begreifen kann. Ebenso gefiel mir, dass Eisenstein in seiner Theorie keine so genannten komplizierten akademischen Begriffe oder unverständliche Sätze benutzt. Er erfindet keine neuen Namen für sein theoretisches System, sondern entwickelt eine gemeinverständliche Theorie, deswegen brauchte ich beim Lesen nicht unnötig Zeit zu investieren, um komplizierte Formulierungen, die eigentlich einfach formuliert werden können, zu verstehen. Ohne diese Störungen konnte ich mich ganz auf seine inhaltlichen Erklärungen konzentrieren.

Damals nahm ich mir vor, dass auch ich wichtige Inhalte auf so unkomplizierte Weise formulieren möchte, wenn ich später eine theoretische Arbeit schreiben würde.

Mit Hilfe von Eisensteins Anregungen analysierte ich in meiner Magisterarbeit die Verbindung zwischen Bild und Musik auf filmsprachlicher Ebene. Ich sammelte damals durch die Analyse Ideen hinsichtlich einiger allgemeinen Gesetze, z. B. zur Beziehung zwischen Bildinhalt und Klangfarbe, musikalischem Rhythmus und Bildmontage, musikalischem Rhythmus und Bewegung innerhalb des Bildes, zwischen Melodie und Struktur des Bildes uvm. Damals war ich sehr zufrieden mit diesen Ergebnissen, die mir auch die eigene praktische Arbeit erleichterten.

Ich hatte in China bereits einige Praktika bei Musiksendungen der *China Central TV-Station*[1] absolviert, z.B. bei *Drehende Bühne, Neujahrs-Konzert in Wien – chinesische Volksmusik* und ich hatte bei verschiedenen Musikvideos für CCTV-3 und andere Sender mitgearbeitet. Außerdem leitete ich als Regisseurin die Aufnahme einer Sendung über den Tänzer Jia Zuoguang auf CCTV-4 und arbeitete zwei Jahre lang als Regisseurin für eine tägliche Sendung über traditionelles chinesisches Theater auf CCTV-11. Bei letzterer Tätigkeit war ich für den gesamten Arbeitsprozess von der Regie bis zum Live-Cut sowie für die Schnitte bei der Nachbearbeitung zuständig.

Musik spielt im chinesischen Theater eine große Rolle. Zhou Huabin meint dazu: „Das traditionelle chinesische Theater hat eine besonders enge Verbindung von Musik und Dramaturgie, Musik und Kosmetik, Musik und Bewegung der Schauspieler, Musik und dem psychologischen Ausdruck der Figuren."[2] Bei den Theatersendungen war ich daher gezwungen, über das Verhältnis von musikalischem Ausdruck und visuellen Elementen nachzudenken. So musste ich beispielsweise überlegen, wie die Musik mit dem Licht, mit der Kamera, mit dem Schnittpunkt und so weiter hamonierte.

Live-Cut bedeutet, Bilder aus drei bis sechs Kameras, welche in einem anderen Studio stehen, von der Einstellungsgröße bis zur Art der Kamerabewegung, von der Kameraperspektive bis zur Geschwindigkeit der Kamerabewegung improvisiert zusammenzuführen und gleichzeitig miteinander zu verknüpfen. Ich versuchte immer, die bestmöglichen Ergebnisse zu erzielen und die Erkenntnisse aus meiner Magisterarbeit zur Geltung zu bringen.

Die beim Live-Cut schon vorläufig zusammengefügte Montage wird danach in der Nachbearbeitung (*post production*) noch feiner geschnitten und bearbeitet. Ich konnte bei dieser Gelegenheit nochmals überprüfen, welche Verbindungen zwischen Musik und Bild gut gelungen waren, welche nicht, und warum. Das brachte mir eine sehr fundierte Montageerfahrung.

Um die Sendungen besser zu gestalten und zu erfahren, wie andere Regisseure Musik und Bild verbinden, analysierte ich auch Filme, Musikvideos und Fernsehsendungen.

Mit der Zeit entdeckte ich, dass die Verbindungsgesetze, die ich in meiner Magisterarbeit herausgearbeitet hatte, bei der eigentlichen Filmarbeit

---

1 Im Folgenden wird *China Central TV-Station* als *CCTV* abgekürzt. Die Kanalnummern werden durch Hinzufügung der Nummer nach *CCTV* kenntlich gemacht.

2 Zhou (1990), S. 69, Übersetzung aus dem Chinesischen von der Autorin.

nicht am wichtigsten sind. Natürlich gibt es zwischen Bild und Musik entsprechende Verbindungspunkte wie Farbe, Rhythmus und Bewegung, aber viele von ihnen sind sehr individuell. Am wichtigsten ist nicht, welche entsprechenden Verbindungspunkte Musik und Bild haben, sondern welche entsprechenden Verbindungspunkte vom Filmmacher im eigenen Kontext aufgebaut werden können. Um das erfahren zu können, sollte man die Filme einzeln analysieren.

Aber wie man einen Film unter diesem Ziel besser analysieren kann, wie man die Filmanalyse mit der Theorie verbinden kann, beschäftigte mich weiter. Mit dieser Fragestellung kam ich nach Deutschland.

Prof. Dr. Uwe Seifert ahnte bereits nach einigen Gesprächen, wie begeistert ich - mir dessen noch nicht bewusst - von Eisensteins Theorie war, während ich mit ihm über die Methode der Filmanalyse für Bernardo Bertoluccis Film *Der letzte Kaiser (1987)* sprach. In dieser Zeit fehlten mir sowohl Sprache als auch wissenschaftlicher Hintergrund, deswegen konnte ich außer ein paar Sätzen zu sagen, ihm nur das Foto von Eisenstein zeigen, in der Hoffnung, ihn zu überzeugen, dass ein solcher Mensch bestimmt ein guter Theoretiker war. Zu jener Zeit hatte ich nur eine Intuition, dass ich Eisensteins Theorie noch tiefgehender und ausführlicher untersuchen und anwenden würde. Aber von der Art und Weise, in der dies geschehen würde, hatte ich noch keine Vorstellung. Ich war mir auch nicht der wichtigen Rolle bewusst, die Eisensteins Theorie in meinem späteren Leben spielen würde.

Prof. Seifert hat die Entwicklung meiner eigenen ursprünglichen Gedanken sehr unterstützt. Er gab mir geduldige Anregungen für eine wissenschaftliche Untersuchung der Theoric Eisensteins, um eine eigene Analysemethode für meine Arbeit zu entwickeln.

Außerdem schlug er mir vor, ständig Texte für die Dissertation zu schreiben, um so sowohl meine Deutschkenntnisse als auch meine wissenschaftliche Fähigkeiten weiter zu entwickeln. Ich habe von dieser Arbeitweise immens profitiert. Dass ich diese Arbeit fertig stellen konnte, verdanke ich seiner großen Unterstützung.

Weiter möchte ich Prof. Schumacher (†) und Prof. Steinbeck für Ihre Unterstützung danken. Dank ebenso an Frau Schädlich und Frau Gottschalk für Ihre Herzlichkeit. Ebenso möchte ich Michelle, Christoph, Yan Rui, Claudia, Sandra, Claus, Torsten, Herr Herrmann, Christine, Verena, Laura, Stefan, Simon, Anika, Mara, Michaela und Jeanette ganz herzlich für ihre große Unterstützung danken.

Einleitung

Ausgangspunkt für mein Dissertationsprojekt ist das Interesse an der Fragestellung, wie sich musikalische Elemente im Film mit anderen filmischen Elementen verbinden, um die von einem Regisseur intendierten Emotionen sowohl einzelner Szenen als auch eines ganzen Films zu vermitteln. Um sich dieser Fragestellung zu nähern, wird zunächst Sergej Eisensteins Film-Theorie untersucht und dann die Verbindung zwischen musikalischen und anderen filmischen Elementen in Bernardo Bertoluccis Film *Der letzte Kaiser* detailliert analysiert. Eisensteins Theorie bildet den theoretischen Rahmen für die Analyse des Films *Der letzte Kaiser*. Sie bildet die Basis der hier entwickelten Filmanalysemethode. Diese wurde unter Anwendung der Überlegungen Eisensteins eigens für die Analyse des Films *Der letzte Kaiser* entwickelt. Durch die Anwendung während ihrer Entwicklung stellt diese Methode gleichzeitig eine Prüfung und Vertiefung von Eisensteins Theorie dar.

Die Arbeit beginnt in Kapitel 1 mit einem vorbereitenden historischen Überblick zur Film- und Filmmusiktheorie. In diesem Kapitel wird sowohl die Geschichte der Filmtheorie als auch die der Filmmusiktheorie betrachtet. Dadurch wird herausgearbeitet, welche Forscher in der Geschichte der Filmtheorie und der Filmmusiktheorie die Betrachtung des Films als ein der Sprache analoges Medium in Form einer „Sprache des Films" bzw. „Filmsprache" in den Mittelpunkt ihrer Untersuchungen stellten und aus welcher Perspektive sie dabei vorginggen. Außerdem wird auch geprüft, ob die Theorie von Eisenstein - einem Hauptvertreter dieser Konzeption - tatsächlich wie angenommen für die Filmmusikforschung, also insbesondere für die Analyse von Filmmusik, anwendbar ist.

Kapitel 2 widmet sich der Darstellung der Theorie Sergej Eisensteins. In diesem Kapitel werden die Perspektive, der philosophische und psychologische Hintergrund der Theorie Eisensteins sowie seine Analysemethode untersucht. Durch eine systematische Untersuchung der Theorie Eisensteins wird sowohl ein Modell der Emotionsvermittlung wie auch Vertikalmontage entdeckt, die im Rahmen der Analyse des Films *Der letzte Kaiser* eingesetzt und erprobt werden. Ziel ist, das Modell der Emotionsvermittlung, für das eine Sprachkonzeption des Films zentral ist – d. h. wie die Emotion des Autors durch eine spezielle Filmsprache an den Zuschauer vermittelt wird - herauszuarbeiten, denn dieses ist für die Untersuchung von Eisensteins Montagetheorie von großer Bedeutung, da Eisenstein seine Montagetheorie vor diesem Hintergrund vielfach weiterentwickelte. Leider geht die Literatur häufig lediglich auf die Montagetheorie als Kern der Errungenschaften Eisensteins ein, während der Hintergrund der Emotionsvermittlung durch Filmsprache ignoriert wird. Im Zusammenhang mit Eisensteins Montagetheorie wird anschließend die Vertikalmontage untersucht. Außerdem erfolgt eine detaillierte Darstellung der Analyse Eisensteins der zwölf Einstellungen seines Filmes *Alexander Nevski* (1938). Es wird gezeigt, wie Eisenstein die Verbindung zwischen musikalischen und anderen filmischen Elementen in vertikaler Richtung analysierte.

Ausgehend von Eisensteins Theorie wird eine praxisnahe Methode für die Analyse des Films *Der letzte Kaiser* entwickelt und in Kapitel 3 dargestellt. Die Analysemethode ist sowohl eine Anwendung als auch eine Weiterentwicklung von Eisensteins Theorie: Das Modell der Emotionsvermittlung wird für die Anwendung bei der Analyse des Films *Der letzte Kaiser* genutzt; die Vertikalmontage wird weiterentwickelt und über die Anwendung auf Musik und Bild hinaus auch für die Analyse der Dialoge und Geräusche eingesetzt; außerdem wird eine Konzeption der Horizontalmontage entwickelt.

In Kapitel 4 wird mit dem zuvor entwickelten Instrumentarium eine detaillierte Analyse des Films *Der letzte Kaiser* durchgeführt. Zunächst wird untersucht, wie der Regisseur Bernardo Bertolucci seine Emotionen bezogen auf die Hauptfigur Pu Yi vermittelt. Bertoluccis emotionaler Beweggrund steht im Vordergrund, weil jeder Regisseur seine eigenen Interessen und seinen spezifischen Emotionsschwerpunkt verfolgt. Dies wird durch Analysen der Filme eines Regisseurs und die längere zeitliche Auseinandersetzung mit ihnen deutlich. Bernardo Bertolucci beispielsweise interessiert sich für epische und politische Themen. Aber sein Fokus liegt nicht auf den geschichtlichen Details, sondern auf den Emotionen der Menschen. Somit werden Fragen aufgeworfen wie: Wie reagieren Menschen und ihre Umgebung auf ein großes geschichtliches Ereignis? Wie verändern und entwickeln sich ihre Emotionen? Dann werden die von Bertolucci ausgehenden und auf Pu Yi bezogenen Emotionen im Film *Der letzte Kaiser* analysiert: Bertolucci sieht Pu Yis Leben als eine tragische Geschichte und Pu Yi als vereinsamte und vollkommen isolierte Person. In der Vertikalmontage wird analysiert, wie die Emotionen sowohl Bernardo Bertoluccis als auch Pu Yis durch vertikale Verbindungen zwischen Musik, Bild, Geräuschen und Dialog vermittelt werden. In der Horizontalmontage wird analysiert, welche Funktion die Musik in horizontaler Richtung, also in der dramaturgischen Entwicklung bzw. im Prozess der Emotionsvermittlung, hat.

Als Ergebnis der detaillierten Analyse wird in Kapitel 5 zusammengefasst, wie Bernardo Bertolucci Musik im Film *Der letzte Kaiser* einsetzt und mit anderen filmischen Elementen verknüpft, um seine Emotionen zu vermitteln.

1 Historischer Überblick zu Film- und Filmmusiktheorie

1.1 Filmtheorie

1.1.1 Überblick über die Historie der Filmtheorie

Es gibt viele Ansätze, anhand derer sich die Geschichte der Filmtheorie untersuchen lässt. Der Schwerpunkt meiner Untersuchung liegt im Folgenden auf der Herausarbeitung von filmsprachlichen Untersuchungen und den dabei eingesetzten Methoden.

Die Filmtheorie lässt sich geschichtlich grob in zwei Abschnitte unterteilen: Von 1895 bis Ende der 1960er Jahre spricht man von der traditionellen Filmtheorie. Dieser Abschnitt wird allerdings im folgenden Text noch in vier Phasen unterteilt. Für den Zeitraum ab 1970 kann von einer modernen Filmtheorie gesprochen werden. Dieser zeitliche Abschnitt wird im folgenden Text nicht weiter unterteilt. Das Jahr 1965 kann als Wendepunkt von der traditionellen Filmtheorie hin zu einer modernen Filmtheorie betrachtet werden und leitet somit den Übergang zu modernen Filmtheorien ein.[3]

Im Mittelpunkt der Diskussionen der traditionellen Theorie stehen die Schlagwörter „Film als Kunst" und „Filmsprache". Bezüglich der Idee des „Films als Kunst" werden realistische oder unrealistische Darstellung und Montage oder Mise en Scène kontinuierlich von Lumière bis Méliès, von Eisenstein bis Bazin diskutiert.

Seit den 1970er Jahren haben Filmtheorien die Aufmerksamkeit auf die Interaktion von Produktion, Distribution und Rezeption, von Technik, Botschaft und Zuschauern gelenkt.

Im Unterschied zu den meisten aus Philosophie oder Filmpraxis kommenden traditionellen Filmtheoretikern sind moderne Filmtheoretiker auf verschiedenen wissenschaftlichen Gebieten wie z.B. der Soziologie, Psychologie, Semiologie etc. beheimatet.[4]

---

3 Vgl. Albersmeier (2003), S. 3-29.

4 Die Darstellung zur Filmtheoriegeschichte stützt sich auf Albersmeier (Hrsg.) (2003), Monaco (2004), Lange (2007) und Stam (2000).

1.1.2 Die Phasen der Filmtheorie

1.1.2.1 Erste Phase - 1895-1910er Jahre: Technische Entstehung und Entwicklung

In der ersten Phase der Filmtheorie dominieren die Darstellung der technischen Entstehung und Entwicklung der bewegten Fotografie sowie die Grundlagen ihrer Wahrnehmung.[5] Die Filmtheoretiker der Zeit waren vor allem daran interessiert, dieser neu entstandenen Kunst Anerkennung zu verschaffen.

So veröffentlicht z.B. zu Beginn der Spielfilmära 1915 Vachel Lindsay[6] das Buch *The Art of the Moving Picture*, in dem er seine Leser dazu auffordert, die Jahrmarktunterhaltung als echte Kunst zu betrachten. „In Anlehnung an das Modell der etablierten narrativen und visuellen Künste definierte er drei Grundtypen von ‚Lichtspielen' - wie Filme, die Anspruch auf künstlerischen Wert erhoben, zu der Zeit genannt wurden: ‚das Lichtspiel der Handlung', ‚das intime Lichtspiel' und ‚das glanzvolle Lichtspiel'."[7] Für jeden Grundtyp konnte Lindsay begründen, warum der Film nicht nur mit den anderen Künsten konkurrieren, sondern diese oft sogar übertreffen kann.[8]

1.1.2.2 Zweite Phase - 1920er-1930er Jahre: Europäischer Avantgardefilm

Die zweite Phase der Filmtheorie betrachtet hauptsachlich die Avantgardefilme. Der Avantgardefilm stützt sich auf die Avantgarde der bildenden Kunst der Zeit, die zu formalen und stilistischen Experimenten neigt, und versteht sich als autonomer Kunstfilm. Anstatt sich, wie die kommerzielle Filmproduktion, in erster Linie an der Wirkung auf sein Publikum zu orientieren, interessiert er sich für die Entdeckung der Möglichkeiten und Ausdrucksweisen, die das neue Medium bietet. In den Avantgardefilmen spielt die zu erzählende Filmhandlung eine zu vernachlässigende Rolle. Vielmehr werden die Darstellung von Gefühlen

---

5 Vgl. Albersmeier (2003), S. 8.

6 Nicholas Vachel Lindsay (1879-1931) ist ein US-amerikanischer Schriftsteller. In seinem im Jahr 1915 veröffentlichten eindrucksvollen Buch *The Art of the Moving Picture* sieht er schon sehr früh die wahre Stärke des Films in seinem künstlerischen Wert. Er meint, dass Filmtheoretiker versuchen sollten, eine eigene Identität für die junge Kunst zu finden (vgl. Shao, 2000).

7 Monaco (2004), S. 417.

8 Vgl. ebd.

und die Untersuchung von Bewegungs-, Rhythmus- oder Bildstrukturen in den Vordergrund gestellt.[9]

In der zweiten Phase werden das Kino sowie die Filmtheorie von verschiedenen Positionen aus behandelt. Frankreich, Deutschland und die Sowjetunion spielen in dieser Zeit eine führende Rolle bei der Entwicklung unterschiedlicher Rahmenbedingungen für das filmkünstlerische Experiment.

Schon im Jahr 1911 definierte Ricciotto Canudo[10] den Film als die siebte Kunst. Seine drei Hauptgedanken - Abschaffung der theatrischen Darstellung im Film, Betonung der Funktion des Lichtes im Film, Ablehnung kommerzieller Ziele - hatten einen großen Einfluss auf den französischen Avantgardefilm. Jean Epstein[11] entwickelte eine Theorie, die im engen Kontakt zur Avantgarde des so genannten Impressionismus[12] steht. In Deutschland war in den 1920er Jahren die expressionistische

---

9 Vgl. Fuchs (2002), S. 50-51.

10 Ricciotto Canudo(1879-1923) war ein italienischer Filmtheoretiker. Mit der Veröffentlichung seines Artikels *Manifeste des Sept Arts* (1911, veröffentlicht sowohl in italienischer als auch in französischer Sprache) entwickelte er den Begriff „die siebte Kunst". Es gab nach ihm die folgenden, zeitlich vor dem Film entstandenen, sechs Künste: Architektur, Musik, Malerei, Bildhauerei, Dichtkunst und Tanz. „[Die Theorie] geht von zwei Grund-Künsten aus, der Architektur und der Musik, die ‚vom Urmenschen entdeckt wurden, als er seine erste Hütte baute und nach einem Singsang, der sich am Aufstampfen der Füße orientierte, seinen ersten Tanz tanzte.' Malerei und Bildhauerei ergaben sich aus der Architektur, Dichtkunst und Tanz als Ableitungen aus der Musik. Canudo schloß seine Ausführungen mit dem schönen Gedanken: ‚Heute nun schließt sich der Kreis der Künste triumphierend durch die Fusion aller, durch das Kino.'" (Eckart 2004)

11 Jean Epstein (1897-1953) war ein aus Polen stammender Filmregisseur, der bei der Erneuerung des französischen Kinos eine große Rolle spielte. So zeichneten sich seine Filme durch Innovation, optisches Ideenreichtum und Experimentierfreude aus, was dem französischen Kino eine ganz neue Dimension gab. Im Jahr 1921 veröffentliche er das filmtheoretisch relevante Buch *Bonjour cinéma*. Darin macht er deutlich, dass die filmspezifischen Mittel Kameraperspektive und Großaufnahme gewohntes Denken und Wahrnehmen verändern können (vgl. Weniger 2001, Band 2, S. 570).

12 Der impressionistische Film hat eine diffuse filmästhetische Zielsetzung. Elemente des Impressionistischen werden ausschließlich zur ungefähren künstlerischen und programmatischen Orientierung verwendet. Er bezieht sich dabei überwiegend auf den französischen Film der 1920er Jahre, so zum Beispiel auf Regisseure wie Dulac (*Die lächelnde Madame Beudet* 1923), Dimitri Kirsanoff (*Brumes d'automne* 1928) und Jean Epstein (*Der dreiflügelige Spiegel* 1927). Diese Regisseure versuchten, sich von den bis dahin verbreitende Formen der theatralischen Darstellungen sowie den linearen und kausalen Handlungs- und Erzählmustern im Film abzuwenden (vgl. Fritz 2002, S. 268f.).

Strömung[13] von Theater und Malerei bis hin zum filmischen Bereich vorherrschend. In den beiden Ländern beeinflussten sich Filmtheoretiker und Filmmacher in dieser Phase gegenseitig: Während die Filmemacher in der Zeit des Impressionismus und Expressionismus viele Experimente in Bezug auf die Filmsprache, besonders zwischen bildlichen Elementen - Licht, Komposition, Bewegung der Kamera, etc. - und musikalischen Elementen - Rhythmus, Melodie, Takt, Klangfarbe, etc. - im Film ausprobierten, untersuchten die Filmtheoretiker des Impressionismus und Expressionismus in der Theorie die künstlerischen Möglichkeiten des Films auf ästhetischer Ebene.

Zu dieser Zeit entstanden z.B. Béla Balàzs'[14] Theorie sowie Rudolf Arnheims[15] Credo "Film als Kunst". Balázs war fasziniert von der lenkenden und deutenden Kraft der Großaufnahme, welche aufgrund ihrer mikroskopischen Nähe Handlungsaspekte und Gefühle enthüllen konnte. So entwickelte er eine Theorie der ,Mikro-Dramatik', der feinen Bedeutungsverschiebungen und des vielsagenden Mienenspiels der Schauspieler, das die Großaufnahme so gut übermitteln kann. Arnheim untersuchte vor dem Hintergrund der Gestaltpsychologie den Film aus der Perspektive der Wahrnehmung. Er interessierte sich besonders dafür, wie ein Film wahrgenommen wird.

---

13 Deutsche Filme von 1919 bis 1926 gehören vielfach zur hier entwickelten Gattung der expressionistischen Filme. Dabei liegt dem Film ein bestimmtes Stilvokabular zugrunde. Ähnlich wie in der Malerei oder in der Filmarchitektur gibt es einen expressionistischen Form- und Gestaltungswillen. Dieser zeichnet sich unter anderem durch Licht- und Schattenlandschaften, verzerrte Formen und horizontal gekippte Bildkompositionen aus. Die im expressionistischen Film vielfach vorkommenden Schatten dienten der Hervorhebung des Unheimlichen, des Bedrohlichen oder Gruseligen, so zum Beispiel in *Dr. Caligari* (1920 Robert Wiene), *Nosferatu - Eine Symphonie des Grauens* (1922 F.W. Murnau) oder *Der Spieler* (1922 Fritz Lang) (vgl. Gerdes 2002, S. 154f.).

14 Béla Balàzs (1884-1949) war ein ungarischer Filmtheoretiker, Drehbuchautor und Regisseur. *Der sichtbare Mensch* (1924), *Der Geist des Films* (1930), *Film - Werden und Wesen einer neuen Kunst* (1949) sind seine bedeutendsten Bücher, die allesamt in die Filmgeschichte eingegangen sind. Den Film als Kunst, als Massenmedium und als gesellschaftlicher Faktor zu sehen, war sein Ziel (vgl. Weniger, 2001, Band 1, S. 224).

15 Rudolf Arnheim (1904-2007) war ein deutschamerikanischer Medienwissenschaftler und Kunstpsychologe, der außerdem die Kunstpädagogik begründete. Mit fast 30 Jahren war er bereits als Filmredakteur und -theoretiker so bekannt wie Bela Balázs. Seine Position begründete er in seinem Hauptwerk *Film als Kunst* von 1932, dessen Lehrsätze überwiegend psychologischer Natur sind, da er zuvor als erfolgreicher Psychologe tätig war (vgl. Lange 2007, S. 27; Monaco, S. 421-424; o. N. 1977a. In: Bawden Hrsg. 1977, S. 47).

In Russland trugen die russischen Formalisten[16] zu einer Weiterentwicklung der Filmsprache und Systematisierung der Filmtheorie bei. Der Formalismus in der Sowjetunion spiegelt zugleich das aufblühende kulturelle Leben in Literatur und Film wider. Russische Filmtheoretiker beschäftigten sich mit der Filmsprache- bzw. Montagetheorie, die vom Konstruktivismus[17] und Futurismus[18] beeinflusst war. Letzterer betont die Verbindung von verschiedenen Zeit- und Raumdimensionen, womit neue Meinungen über Bewegung, Zeit und Raum vertreten werden. Der Konstruktivismus setzt sich mit den technischen Bedingungen des

16 Der Formalismus des Films wird von der literaturtheoretischen Schule namens „Russischer Formalismus" (1915-1930) beeinflusst. Die russischen Formalisten untersuchten die Formen der semantischen, lautlichen und strukturellen Oppositionen, die sie als eine Art Subtext interpretierten, der die Bedeutung literarischer Texte bestimmt. Auch haben sich die russischen Formalisten intensiv mit Medium Film auseinander gesetzt. Sie unterstreichen dabei den erzählenden Charakter des Films und nähern ihn der Literatur an, entfernen ihn also von Photographie und Bühne. Lange vor dem Einfluss der französischen Filmologie und Semiotik haben die russischen Formalisten bereits die Formgesetze der Filmkunst als „sprachliche" Strukturen entschlüsselt. Man kann sie demnach heute als Vorreiter späterer strukturalistischer Ansätze lesen. Zu ihren Hauptvertretern gehören Vsevolod I. Pudovkin und Sergej Eisenstein (vgl. Hartman / Wulff 2002, S. 223-226; Albertmeier Hrsg. 2003, S. 54-96; Monako 2004, S. 428).

17 Der Begriff Konstruktivismus leitet sich von dem lateinischen Wort constructio ab, was soviel wie „Zusammenfügung" oder „Bau" bedeutet. Der Suprematismus russischer Maler, wie beispielsweise Kasimir Malewitsch (1878-1935) bildet die Grundlage, auf welcher der Konstruktivismus als streng gegenstandslose Stilrichtung der Malerei der Moderne in der ersten Hälfte des 20. Jahrhunderts fußt. Der konzeptionelle Ansatz bestand darin, die bisherige, historisch gewachsene Formen- und Bildersprache - nicht nur der Malerei, auch der Kultur als Ganzes - zu verwerfen. Stattdessen ging es darum, malerisch die grundlegenden geometrischen Formen und gleichmäßigen Farbflächen zu betonen. Der Konstruktivismus verstärkte sowohl die Wende zu neuer räumlich gegenständlichen als auch den experimentellen und symbolischen Gestaltung (vgl. o. N. 2004a. In: Olbrich Hrsg. 2004. Band. 3, S. 844 - 846).

18 Gründer der futuristischen Bewegung war der junge italienische Jurist und Dichter Filippo Tommaso Marinetti. Er publizierte am 20. Februar 1909 in der französischen Zeitung *Le Figaro* sein *futuristisches Manifest* und löste damit eine avantgardistische Kunstbewegung aus, die aufgrund des breit gefächerten Spektrums den Anspruch erhob, eine neue Kultur zu begründen. Die abstraktive Geschwindigkeit, Tempo, die technische Entwicklung und der Kampf (aggressiver Charakter des künstlerischen Werkes) werden als neue Schönheit angesehen. Der Futurismus wurde ab 1917 in Russland gefördert. Schriftsteller und Künstler engagierten sich für die Wandelung des Futurismus, um den Sozialistischen Realismus zur offiziellen Kunstrichtung zu erheben (vgl. o. N. 2004b. In: Olbrich Hrsg. 2004, Band.2, S. 620f.).

künstlerischen Schaffens auseinander, wodurch das künstlerische Experiment in den Fokus gerät.

Lew Wladimirowitsch Kuleschov[19] führte ein berühmtes Experiment durch, das später als „Kuleschovs Effekt" bekannt wurde. Er wählte drei Großaufnahmen aus: eine Person mit einem Teller Suppe auf dem Tisch, eine verstorbene Frau und ein Mädchen mit Spielzeug. Werden diese in unterschiedlicher Reihenfolge nacheinander gezeigt, so vermitteln sich dem Zuschauer verschiedene Inhalte und Emotionen. Kuleschov demonstrierte so die Möglichkeiten und den psychologischen Effekt der Montage.

Sergej Eisenstein[20] und Vsevolod I. Pudovkin[21] , Schüler von Kuleschov, drehten nicht nur eine Reihe außergewöhnlicher Filme, sondern entwickelten auch eine formalistische Theorie, die weit reichende Auswirkungen auf die Entwicklung der Filmtheorie hatte.

Während Pudovkin die Technik der Montage als Hilfe für die Erzählung ansah, konstruierte Eisenstein die Montage im Gegensatz zur direkten Erzählung. Für Eisenstein hat die Montage damit das Ziel, Ideen und eine neue Realität zu schaffen und nicht die Erzählung, die alte Wirklichkeit der Erfahrung zu unterstützen.

Eisenstein war der Erste, der in der Geschichte des Films die Filmsprache genauer mittels einer Filmanalyse untersucht hat.[22] Das Verhältnis von Musik und Bild wird damit gleichzeitig auch auf sprachlicher Ebene in die Filmtheorie eingeführt. Eisenstein integrierte seine praktischen

---

19 Der sowjetische Avantgardefilmer und Filmtheoretiker Lew Wladimirowitsch Kuleschow lebte von 1899 bis 1970. Die Ökonomisierung und Dynamisierung der psychologischen Wirkungen ganzer Montagekomplexe waren seine Forschungsgebiete. Dazu führte er Mitte der 1920er Jahre speziell arrangierte Experimente durch, an denen er diese Wirkungen erforschte. Er präsentierte dabei einem fachfremden Publikum selbst-montierte Filmsequenzen und wies damit die psychologische Entwicklung eines illusionären Raums aus Einzeleinstellungen, die an verschieden realen Orten anstanden, nach (vgl. o. N. 1977b. In: Bawden Hrsg. 1977, S. 433).

20 Eine Vorstellung zu Eisenstein findet sich im Kapitel 2 dieser Arbeit.

21 Der sowjetische Filmregisseur Wsewolod Pudovkin (1893-1953) war einer der international anerkanntsten Filmemacher der UdSSR. Seine Geschichten sind geprägt von einem ruhigen, kontinuierlichen Aufbau sowie einem schlüssigen und in lang gezogenen Sequenzen lebenden Rhythmus der Bilder. Damit versuchte er die Emotionen der Zuschauer zu erkennen, genau wie auch Eisenstein dies mit der experimentellen Gestaltung seiner Filme tat. Seine beiden Aufsätze *Filmregie und Filmmanuskript* (1928) und *Über die Montage* (Anfang 1940) beschreiben seine Kerngedanken zur Montage (vgl. Weniger 2001, Band 6, S. 351-353; o. N. 1977c. In: Bawden Hrsg. 1977, S. 620f.).

22 Vgl. Monaco (2004); Aumont / Marie (2004); Lange (2006).

Erfahrungen dabei systematisch in die Filmtheorie. Er legte nicht nur die erste Analyse der Filmsprache vor, sondern bezog auch gesellschaftliche und psychologische Faktoren in die Filmtheorie mit ein.

1.1.2.3 Dritte Phase - 1930-1946: Der Hollywood Film

In der dritten Phase ab Anfang der 1930er Jahre dominieren amerikanische Filme die Leinwände der ganzen Welt. In dieser Zeit entstehen auch Filmgenres wie der Western[23]und das Musical[24].

André Malraux[25] liefert in seiner Studie *Esquisse d'une psychologie du cinéma* eine vielzitierte Analyse des Kinos als bevorzugte mythenbildende Institution. Seine These spiegelt die zeitgenössische Vormachtstellung Hollywoods wider: „Traumfabrik" und „Phantasiemaschine" werden als Produkte, Phantasie und Traum nur als Evasion oder systemkonformes Verhalten gesehen.[26]

In diese Zeit fällt auch die Theorie von Walter Benjamin[27], die die bisherige material-deskriptive durch eine produktions- und rezeptionsästhetisch orientierte Theorie ergänzt. *Das Kunstwerk im Zeitalter seiner technischen Reproduzierbarkeit* (1936) ist eine besonders dichte und einprägsam illustrierte Kritik des technischen Fortschritts. Benjamin begründet den veränderten Rezeptionszusammenhanges wie folgt: Mussten die Kunst-

---

23 Im Mittelpunkt des Kino-Genres „Western" stehen zentrale US-amerikanische Mythen, auf denen das Selbstverständnis der USA basiert: Individualismus, Land, sowie Gesetz und Ordnung gegen Anarchie. Handlungsort und Zeit sind dabei maßgebend: Der Western spielt im westlichen Teil der USA während der Besiedlung durch die von Osten kommenden Siedler. (siehe etwa *Cimarron* (Wesley Ruggles 1930), *Dodge City* (Michael Curtiz1939)) (vgl. Kiefer 2002, S.664-668; Lange 2007, S. 96f.; Kuchenbuch 2005, S. 137-188).

24 Die Entwicklung des Tonfilms in den 1930ern war Anstoß zur Entwicklung des Filmmusicals, für welches das New Yorker Broadway bis heute weltweit bekannt und beliebt ist. Markenzeichen sind die sogenannten Overheadshots der Choreographien von Busby Berkeley, der für Warner Brothers Musicals produzierte. In diesen Sequenzen bildeten Hunderte von Tänzerinnen menschliche Ornamente und Figuren auf der Bühne (vgl. Ott 2002, S. 398-403; Lange 2007, S. 90-92).

25 André Malraux (1910-1996) war ein französischer Schriftsteller und Politiker. Er war in der Regierungszeit de Gaulles Minister für kulturelle Gelegenheiten. Er schrieb im Jahr 1939 das Buch *Esquisse d'une psychologie du cinéma* (vgl. o.N. 1977d. In: Bawden Hrsg. 1977, S. 484f.).

26 Vgl. Albersmeier (2003), S.10.

27 Benjamin (1977). Walter Bendix Schönflies Benjamin (1892-1940) war deutscher Philosoph, Gesellschaftstheoretiker und Literaturkritiker. Bedeutend ist vor allem seine Beschäftigung mit seinem *Kunstwerk im Zeitalter seiner technischen Reproduzierbarkeit* (1936) (vgl. Shao, 2000).

liebhaber früher ein Konzert oder eine Galerie besuchen, um ihrer Leidenschaft nachzugehen, so kam es durch die technischen Reproduktionen, sei es durch Kunstdrucke, Schallplatten- oder Radioaufnahmen, zu einer „Entwertung des Originals".

1.1.2.4 Vierte Phase - 1947-ca. 1965: Die Nachkriegszeit

In der Nachkriegszeit entstehen viele Filmtheorien, die vor allem wieder die realistische Funktion des Films betonen. Beispielhaft seien die Theorien von André Bazin und von Siegfried Krakauer genannt.

Bazin[28] geht von der Annahme aus, dass der Film eine realistische Kunst darstellt. Dementsprechend entwickelt er eine Mise en Scène-Theorie, d. h. er verzichtet auf jegliche Montage und hält die Mise en Scène für das Herz des realistischen Films. Mit Mise en Scéne meint er besonders Schärfentiefe und Plansequenzen. Er ist der Auffassung, dass Schärfentiefe den Zuschauer in eine engere Verbindung mit dem Bild bringt, so als ob dieses für ihn Realität sei. Die Entwicklung der Schärfentiefe ist für Bazin nicht nur eine Weiterentwicklung des Films, sondern er sieht sie als dialektischen Schritt nach vorn in der Geschichte der Filmsprache.[29]

Kracauer[30] vertritt die Meinung, dass der Film die Errettung der äußeren Wirklichkeit sein soll: „Da wir durch wissenschaftliche und ästhetische Abstraktion von der physischen Realität getrennt sind, brauchen wir die Errettung, die der Film anbietet: wir müssen wieder mit der physischen Welt in Austausch treten."[31] Seiner Meinung nach ist der Film im Wesentlichen eine Erweiterung der Fotografie und hat daher eine ausgesprochene Affinität zur sichtbaren Welt. Der Film errettet die äußere Wirklichkeit dadurch, dass er den Blick für das Kleine, Zufällige, Unbe-

---

28 Der französische Filmkritiker André Bazin (1918-1958) schrieb regelmäßig Filmkritiken. Seine theoretischen Gedanken sind zum größten Teil in den vier Bänden gesammelter Essays *Was ist Kino* (1947) zu finden. Seine zentrale Idee ist, dass nicht die Bedeutung des Films selbst, sondern seine Wirkung im Vordergrund steht. Er beschreibt eine subtilere Verbindung zwischen Film und Realität (vgl. Lange 2007, S. 32; Monaco 2004, S. 435).

29 Vgl. Monaco (2004), S. 436.

30 Der Journalist, Publizist, Soziologe und Filmwissenschaftler Siegfried Kracauer (1889-1966) wurde durch seine Filmkritiken und seine Filmtheorien berühmt. Seine wichtigsten theoretischen Arbeiten sind: *Von Caligari zu Hitler – Eine psychologische Geschichte des deutschen Films* (1974). *Theorie des Films – Die Erretung der äußeren Wirklichkeit* (1960) (vgl. O.N. 1977e. In: Bawden Hrsg. 1977, S. 426).

31 Monaco (2004), S. 427.

absichtigte öffnet. Er existiert nicht nur für sich, als rein ästhetisches Objekt; er existiert im Kontext der Umwelt.

1.1.2.5 1965: Die Wende

Das Jahr 1965 stellt einen entscheidenden Wendepunkt in der internationalen Filmtheorie dar: Jean Mitrys[32] *Ästhetik und Psychologie des Films*[33] wird als die Summe der „klassischen" Filmtheorie angesehen. Diese traditionelle Theorie wird sowohl als historisches Paradigma, mit dem man die Grenzen der Erkenntnis- und Aussagefähigkeit der Filmtheorie untersuchen kann, als auch als Anfang einer neuorientierten Filmtheorie verstanden. Mitry analysiert nicht nur die Probleme und Diskussionen der mehr als 50 Jahre langen Filmtheoriegeschichte, sondern er legt zum ersten Mal eine semiologische Analyse in der Filmtheorie vor. „Diese neue Theorie war von vornherein semiotisch-linguistisch-strukturalistisch ausgerichtet, grenzte die Untersuchungsgebiete sinnvollerweise scharf ein und versuchte insgesamt, die Filmtheorie über empirisch exakte Analysen von Teilbereichen überhaupt erst auf eine tragfähige Grundlage zu stellen."[34]

1.1.2.6 1965 bis heute: Neue filmtheoretische Ansätze

In dieser Phase werden umfassendere Theorien des Films ausgearbeitet. Die aus anderen wissenschaftlichen Disziplinen kommenden semiotischen, strukturalistisch-linguistischen, phänomenologischen und soziologischen sowie psychologischen Ansätze werden deutlicher als Schulen oder Tendenzen in der Filmuntersuchung eingesetzt. Die Filmuntersuchung und die Theorien von den Einzelwissenschaften nähern sich einander an.

---

32 Der Franzose Jean Mitry (1904-1988) war Filmhistoriker, Theoretiker und Regisseur. Neben Biografien von Regisseuren wie Chaplin, Eisenstein, Griffith, Ince und Linder verfasste er 35 Bände einer *Filmographie universelle* (1963-1988), und eine *Histoire du Cinéma* (1968-1973). Der Mitbegründer der Cinémathèque Francaise drehte vor allem experimentelle Filme. Sein bekanntester - *Pacific 231* (1950) - verbindet die Musik von Arthur Honegger mit Aufnahmen einer Lokomotive. In seinem zweibändigen zwischen 1963 und 1965 veröffentlichte Werk *Esthétique et Psychologie du Cinéma,* interpretiert Mitry den Gedanken Film als Sprache. Obwohl sein Werk außerordentlichen einflussreich u.a. auf Christian Metz ausübte, blieb Mitry in der Öffentlichkeit weitgehend unbekannt (vgl. Lange 2007, S. 34; o. N. 1977f. In: Bawden Hrsg. 1977, S. 518f.).

33 Mitry (1998).

34 Albertsmeier (2003), S. 4.

In den verschiedenen Tendenzen zählt die semiotische Schule in dieser Phases zu der einflussreichsten Gruppe. Die filmtheoretische Diskussion in den 1960er und 1970er Jahren wurde vor allem durch die Filmsemiotik und hierin wiederum durch die französische Schule geprägt. Allerdings sollte man den holländische Filmtheoretiker Jan-Marie Lambert Peters nicht ignorieren. Schon 1961veröffentlichte er den Aufsatz *Die Struktur der Filmsprache,* in dem er untersucht, ob in der Verwendung von Filmzeichen eine ähnliche Systematik verborgen ist wie in der Wortsprache.

Den Meilenstein der Filmsemiotik verfasste im Jahr 1971 Christian Metz[35] mit seinem Werk *Langage et Cinéma.* Dabei benutzt er die Idee der Sprache als ein grundlegendes Werkzeug. Er analysiert dabei systematisch, inwiefern linguistische Elemente wie Wörter und Sätze, Signifikant und Signifikat, Denotation und Konnotation, Paradigma und Syntagma auch im Film vorkommen.

Semiologische, strukturalistisch-linguistische Theoretiker betrachten die Wortsprache als Modell, erforshen ihre wesentlichen Merkmale und untersuchen, inwiefern ähnliche Strukturen beim Film zu finden sind. Die semiologische Filmtheorie hat die Beschreibung von Filmstrukturen gefördert, weil sie detaillierte, praktische Analysen der Sprache spezifischer Filme und Filmteile geliefert hat. Die Analysen legen in eine aufgebaute relativ feste Struktur. Diese Theorie scheint einen Fortschritt für die Erforschung der Filmsprache darzustellen. Aber der Fokus der Theorie liegt oft gar nicht auf dem Film, sondern vielmehr auf den Vergleich von Wortsprache und Filmsprache. So sind die Semiotiker - vor allem Metz - als elegante Stilisten bekannt: „Ein großer Teil des Vergnügens beim Lesen semiotischer Studien hängt mit der rein intellektuellen Kreativität und der Subtilität der Technik zusammen, die ihre Vertreter an den Tag legen.“[36]

Die semiologische Filmtheorie stellt die letzte Filmforschungs- bzw. Filmdiskussionsetappe dar, an der sich viele Theoretiker in ihrer Arbeit orientieren. Auf sie folgte bislang keine größere neuere Theorie.[37]

---

35 Metz (1973).

Christian Metz (1931-1993) war ein französischer Filmtheoretiker und Filmsemiotiker. Er beschrieb den Film als linguistisches Phänomen, das mit wissenschaftlichen Methoden untersucht werden kann. Sein bekanntestes Werk ist *Langage et Cinéma* (1971, deutsch: Sprache und Film, 1973), das einen weltweiten Einfluss auf die Kultur und die Historie des Films hat (vgl. Lange 2007, S. 34).

36 Monaco (2004), S. 446.

37 Vgl. Albertsmeier (2003), S. 19-21.

Seit den 1980er Jahren werden allerdings Filmtheorien entwickelt, die von der Psychoanalyse ausgehen, das Verhältnis von Gender und Film betrachten, intermediale und multimediale Untersuchung anstellen und poststrukturalistische Ideen aufgreifen. Keine von ihnen konnte sich allerdings als neue „Schule“ durchsetzen.

1.1.3 Fazit des Überblicks über die Historie der Filmtheorie

Anhand dieses kurzen Abrisses der Filmtheorie erkennt man, dass es geschichtlich gesehen zwei Methoden gibt, speziell die Filmsprache zu analysieren: die Theorie von Eisenstein und die semiologische Filmtheorie. Die semiologische Filmanalyse stellt im engeren Sinne eine Weiterentwicklung von Eisensteins Theorie dar. Allerdings kann die semiologische Filmanalyse Eisensteins Theorie noch nicht völlig überwinden. „[D]as Schlüsselproblem der Filmsemiotik der 1960er und der frühen 1970er Jahre, die sich an Modellvorstellungen der Linguistik orientiert hat, war, dass im Film keine Strukturen aufgefunden werden können, die dem sprachlichen Formenbau analog sind“.[38]

Vor diesem Hintergrund muss ein Ansatz zur Filmmusikanalyse, wie er in dieser Arbeit entwickelt wird und der an Eisenstein anknüpft, sich nochmals mit Eisensteins Idee der Filmsprache auseinandersetzen, um ihre Tragfähigkeit hinsichtlich einer Methode der Filmmusikanalyse zu erweitern und zu überprüfen.

1.2 Filmmusiktheorie

Claudia Bullerjahn[39] hat die Filmmusiktheorie in vier theoretische Hauptblickrichtungen eingeteilt: erzählungsbezogene, bildbezogene, dramaturgiebezogene und ideologiebezogene Theorien.[40] Nach Meinung von Bullerjahn betonen die erzählungsbezogenen Theorien das narrative und semantische Moment der Filmmusik. Die bildbezogenen Theorien zielen dagegen auf den Ursprung des Films in der Fotografie bzw. der bildenden Kunst ab und grenzen ihn gegenüber dem Theater ab. Bei den dramaturgiebezogenen Theorien steht das emotionale und dramatische Moment der Filmmusik im Vordergrund. Die ideologiebezogenen Theorien legen ihren Schwerpunkt auf das warenästhetische und manipulierende Moment der Filmmusik.

Diese Kategorisierung ist aus meiner Sicht nicht unproblematisch. Zunächst überzeugt die Unterscheidung zwischen erzählungsbezogenen

---

38 Wulff (1999), S. 290.

39 Bullerjahn (2001).

40 Vgl. ebd., S. 15.

und dramaturgiebezogenen Theorien nicht, da sich beide gleichermaßen auf die Funktionen der Filmmusik beziehen. Die von Bullerjahn gemeinte bildbezogenen Theorie gehört nach meiner Auffassung eher zur ästhetischen Richtung, weil Forscher, die auf den Ursprung des Films in der Fotografie bzw. der bildenden Kunst abzielen und ihn gegenüber dem Theater abgrenzen, Filmmusik normalerweise unter einem eigenen ästhetischen Standpunkt beschreiben. Beispielsweise geht Siegfried Kracauer (nach Bullerjahn ein Vertreter der bildbezogenen Theorie), von dem ästhetischen Standpunkt aus, der Film sei im Wesentlichen eine Erweiterung der Fotografie und habe daher eine ausgesprochene Affinität zur sichtbaren Welt. Er nimmt an, dass Filme dem Medium in dem Maße entsprechen, indem sie die Welt vor unseren Augen durchdringen. Ausgehend von dieser Perspektive sieht Kracauer die Filmmusik als ein Element des Films an, das die Bilder nur erweckt, um sie als das erscheinen zu lassen, was sie sind - Fotografien. Musik wird beigefügt, um den Zuschauer ganz ins Zentrum der stummen Bilder hineinzuziehen und ihn ihr fotografisches Leben erfahren zu lassen.[41]

Die Repräsentanten der ideologiebezogenen Theorien sind nach Bullerjahn insbesondere Theodor W. Adorno und Hanns Eisler. Die Theorie von Adorno und Eisler ist meiner Meinung nach ebenfalls der ästhetischen Richtung zuzurechnen, weil jede im Film verwendete Musik stets ein ideologierelevantes Phänomen im Film ist, da sie in ihrer Realisierung bestimmte ästhetische Ideen und Zielsetzungen ihrer Zeit repräsentiert.

Außerdem ist zu berücksichtigen, dass sich einige Theorien nicht in diese Kategorisierung einordnen lassen, z.B. die nachfolgend in dieser Arbeit zu beschreibenden Theorien über die Geschichte der Filmmusik und über den praktischen Schaffensprozess der Filmmusik.

Aus den oben genannten Gründen lassen sich daher m. E. fünf theoretische Hauptansätze der Filmmusiktheorie festhalten: die geschichtsbezogenen Theorien, die ästhetikbezogenen Theorien, die funktionsbezogenen Theorien, die bildbezogenen Theorien, die psychologiebezogenen Theorien und die praxisbezogenen Theorien.[42] Diese fünf theoretischen Richtungen sollen nun näher betrachtet werden.

---

41 Vgl. Kraucauer (1985), S. 187f.

42 Es gibt in der Filmmusiktheorie keine absolut klare Kategorisierung, weil sich die verschiedenen Kategorisien in einem Werk häufig mischen. Zur Vereinfachung der Untersuchung wird hier jedoch eine klare Kategorisierung vorgenommen.

1.2.1 Geschichtsbezogene Theorien

In den geschichtsbezogenen Theorien werden die technische Entwicklung und die Schaffensentwicklung der Filmmusik, Filmmusikkomponisten sowie Filmmusiktheoretiker vorgestellt. Es handelt sich dabei z. B. um die Arbeit *Filmmusik* von Ulrich Eberhard Siebert,[43] *Filmmusik in Geschichte und Gegenwart* von Wolfgang Thiel[44] und *Filmmusik - Geschichte und Filmanalyse* von Anselm C. Kreuzer[45].

Siebert[46] stellt in seiner Arbeit die Filmmusik in der Stummfilmzeit, Tonfilmzeit (bis zur Mitte des 20. Jahrhunderts) in Europa und den USA vor. Er beschreibt, wie sich die Filmmusik in verschiedenen Existenzformen entwickelte und welche Komponisten die Hauptvertreter der Filmmusik ihrer Zeit waren. Außerdem stellt Siebert einen Abriss der Technikentwicklung der Tonaufnahme vor.

Thiel[47] präsentiert einen Entwurf einer internationalen Geschichte der Filmmusik. Seine Arbeit beschreibt nicht nur die europäische Geschichte der Filmmusik, sondern liefert auch einen kurzen historischen Abriss über die Geschichte der Filmmusik in der Türkei, in Mexiko, Brasilien, Japan, Indien und den USA. In seiner Beschreibung zeigt Thiel nur wenig Interesse an der technischen Entwicklung der Filmmusik. Im Mittelpunkt seiner Ausführungen steht der schöpferische Anteil der Komponisten.[48]

Kreuzer[49] fokussierte sich bei seiner Untersuchung der Geschichte der Filmmusik auf das Mainstream-Kino Hollywoods, und betrachtet den Abschnitt vom Beginn der Filmgeschichte bis 1950. Seine Arbeit zeigt, dass eine tautologische, d. h. die Handlung unterstreichende Musik, typisch für den Film des klassischen Kinos ist. Gleichzeitig weisen Kreuzers Untersuchungen nach, dass die Geschichte der Filmmusik mit der wirtschaftlichen Entwicklung der jeweiligen Zeit zusammenhängt.

Die Geschichtsforschung der Filmmusik ist dabei eine Grundlage für die weiteren Bereiche der Filmmusikforschung.

---

43 Siebert (1995).

44 Thiel (1981).

45 Kreuzer (2001).

46 Siebert (1995).

47 Thiel (1981).

48 Vgl. ebd., S. 116.

49 Kreuzer (2001).

1.2.2 Ästhetikbezogene Theorien

Die ästhetikbezogenen Theorien legen ihren Schwerpunkt auf den ästhetischen Moment der Filmmusik.

Siegfried Kracauer[50] hat einen Teil seines Werkes *Die Errettung der äußeren Wirklichkeit* der Filmmusik gewidmet. Wie in diesem Text ausgeführt wird, stimmt seine Haltung zum Effekt von Filmmusik mit seinen ästhetischen Gedanken überein: Kracauer glaubt, dass die Filmmusik das illustrative und realistische Moment hervorhebt und Filmemachern hilft, eine Realität zu (er-)schaffen, die von den Zuschauern gefühlt wird und an die sie glauben.[51] Mit diesem ästhetischen Gedanken meint er, dass Musik nicht nur als kommentierende Musik[52] oder Begleitung dient, sondern auch als aktuelle Musik[53] und als Kristallisationskern[54] von Filmen verwendet wird. Auf diese Weise werden die bildlichen und musikalischen Aussagen aus ästhetischen Gründen in Beziehung zueinander gesetzt.[55]

---

50 Kracauer (1973).

51 Vgl. Kracauer (1985), S. 188.

52 Unter kommentierender Musik versteht Kracauer Parallelismus und Kontrapunkt. Bei paralleler Musik ist der Regisseur genötigt, die bildlichen Aussagen durch die Musik wiederholen zu lassen, während es ihm bei kontrapunktischer Musik freisteht, der Musik alle möglichen Funktionen und Aufgaben zu übertragen (vgl. Kracauer 1985, S. 193-196).

53 Unter aktueller Musik versteht Kracauer Zufallsmusik, das Musical und Integration. Zufallsmusik ist im Wesentlichen ein beiläufiges Erzeugnis fließenden Lebens. Sie kann zur Unterstützung der Bilder verwendet werden, gleichgültig wie sie mit ihnen synchronisiert ist. Das Musical ist ein Gemisch aus operettenhaften Schlagern, fantasievollen, der Music Hall entlehnten Balletten, Fetzen von Lustspiel-Dialogen, kurzen Theaterszenen und allen möglichen Arten von Solonummern. Es bemüht sich um Zusammenhang und droht auseinanderzufallen. Integration bedeutet, dass die musikalischen Darbietungen in realistische Zusammenhänge eingebaut werden. Alle diese Versuche haben eines gemeinsam: Anstatt das Musikstück im Interesse seiner Reinheit zu isolieren, rücken sie es vom Zentrum der Aufmerksamkeit ab, damit es soweit wie möglich zu einem Bestandteil des Films wird (vgl. Kracauer 1985, S. 199-205).

54 Unter Musik als Kristallisationskern des Films versteht Kracauer verbildlichte Musik und Opernfilme. Der Ausdruck „verbildlichte Musik" bezieht sich auf Filme, in denen die Musik, ob kommentierend oder aktuell, die Auswahl und die rhythmische Gestaltung von Bildern bestimmt, deren Zweck es ist, die Stimmungen und Bedeutungen der Musik auf die eine oder andere Weise widerzuspiegeln (vgl. Kracauer 1985, S. 209-213).

55 Vgl. Kracauer (1985), S. 193.

Adorno und Eisler[56] verfassten 1947 das Werk *Komposition für den Film*. Ihre Kritik an der kapitalistischen amerikanischen Kulturindustrie richtet sich gegen die dort gebräuchliche dramatische Musik, die auf eine emotionale Vereinnahmung des Rezipienten abzielt. Außerdem stellen die Autoren verschiedene Thesen über die Ästhetik der Filmmusik auf. Beispielweise vertreten Adorno und Eisler die Auffassung, dass die Filmmusik eine eigene musikalische Sprache und ein eigenes Material haben sollte, um mit den filmischen Einstellungen und der Filmhandlung synchron zu gehen. Ihrer Meinung nach ist die kurze musikalische Form in der Praxis des Films vorherrschend.[57] Auch hat diese neue musikalische Sprache mehr Flexibilität. Sie benötigt nur selten Zeit für den Wechsel von Charakteren, der bei traditioneller Musik notwendig ist, und kann ihre Formen durch schärfste Kontraste bilden.[58] Ardorno und Eisler sind der Meinung, dass Filmmusik nicht nur den Bildvorgang oder dessen Stimmung musikalisch wiedergeben, sondern den Sinn der Szene durch die Methode des dramaturgischen Kontrapunkts hervortreten kann.[59] Darüber hinaus beschreiben die Autoren ein durchgeführtes Projekt. Es geht Eisler a priori um musikästhetische Fragestellungen. Er will unter anderem aufzeigen, welche Möglichkeiten avantgardistische Musik im Vergleich zu konventioneller, kommerzieller Filmmusik hat.

Zofia Lissa[60] ist eine polnische Musikwissenschaftlerin, die ihre Vorgehensweise wie folgt charakterisiert: „Meine Arbeit ist eher ein Versuch, die musikalische Komponente im Tonfilm zu systematisieren und ihre allgemeinen Prinzipien und Grundlagen zu formulieren."[61] Mit ihren Untersuchungen versucht sie die ontologischen Voraussetzungen des Zusammenwirkens von Musik und Kinematographie im Kunstwerk Film zu erklären. Ein großer Teil ihrer Arbeit befasst sich dabei mit der systematischen Darstellung der Funktionen, die sowohl die Musik als auch die gesamte akustische Ebene im Film übernehmen können.

1.2.3 Funktionsbezogene Theorien

Die Funktionen der Filmmusik werden in den meisten Theorien zur Filmmusik zumindest teilweise untersucht, so etwa bei Zofia Lissa, Hansjörg Pauli[62], Claudia Bullerjahn.

---

56 Adorno / Eisler (2006).

57 Vgl. ebd., S. 40.

58 Vgl. ebd., S. 41f.

59 Vgl. ebd., S. 30.

60 Lissa (1965), S. 5.

61 Ebd.

62 Pauli (1981).

Die rein funktionsbezogenen Theorien lassen sich nach ihrer Betrachtung der allgemeinen und dramaturgischen Funktionen einteilen und sollen im Folgenden vorgestellt werden.

1.2.3.1 Allgemeine Funktionen der Filmmusik

Die bereits oben erwähnte Musikwissenschaftlerin Zofia Lissa hat mit ihrem Buch *Ästhetik der Filmmusik* 1965 zum ersten Mal versucht, eine eigenständige Ästhetik der Filmmusik zu systematisieren. Die folgenden Funktionen der Filmmusik werden von ihr unterschieden:

- Musik als Unterstreichung von Bewegungen
- die musikalische Stilisierung realer Geräusche
- die Musik als Repräsentation dargestellten Raums
- die Musik als Repräsentation dargestellter Zeit
- die Deformation des Klangmaterials
- die Musik als Kommentar im Film
- die Musik in ihrer natürlichen Rolle
- die Musik als Ausdrucksmittel psychischer Erlebnisse
- die Musik als Grundlage der Einführung
- die Musik als Symbol
- die Musik als Mittel zur Antizipierung des Handlungsinhalts
- die Musik als formal einender Faktor[63]

Im Gegensatz zu der Funktionsordnung von Zofia Lissa unterscheidet Hansjörg Pauli drei Funktionen der Filmmusik: Bei der paraphrasierenden Funktion stimmt der Musikcharakter mit den Bildinhalten eindeutig überein. Dem gegenüber steht die kontrapunktierende Funktion, bei der Bild- und Musikcharakter in einem widersprüchlichen Verhältnis stehen. Die polarisierende Funktion wird erreicht, indem die Musik neutrale Bilder in eine eindeutige Ausdrucksrichtung bringt.[64]

Prendergast[65] formuliert für die funktionalen Beziehungen zwischen Bild und Musik die folgenden fünf Funktionen:

"1. Music can create a more convincing atmosphere of time and place.

2. Music can be used to underline or create psychological refinement – the unspoken thoughts of a character or the unseen implications of a situation.

3. Music can serve as a kind of neutral background filler.

4. Music can help build a sense of continuity in a film.

---

63 Vgl. Lissa (1965), S. 115-247.

64 Vgl. Pauli (1976). In: Schmidt (Hrsg.) (1976), S. 104.

65 Prendergast (1992).

5. Music can provide the underpinning for the theatrical build-up of a scene and then round off with a sense of finality."[66]

Claudia Bullerjahn[67] hat die Filmmusik nach dramaturgischen, epischen, strukturellen und persuasiven Funktionen kategorisiert. Die Unterscheidung in dramaturgische und epische Funktionen spiegelt den Umstand wieder, dass der Film als Mischgebilde aus dem Theater und der Epik (insbesondere des Romans) zu verstehen ist. Im Vergleich zur dramaturgischen Funktion, welche die Aufgaben bezeichnet, die eine Filmmusik für die dramatische Handlung übernimmt, bezeichnet epische Funktion die Aufgabe, welche die Filmmusik für die Narration der Filmfabel übernimmt. Dabei wird die Musik als Kommentar des Komponisten zu der sich in den Filmbildern ausdrückenden Haltung des Regisseurs verstanden. Strukturelle Funktionen ergeben sich laut Bullerjahn aus der Charakteristik der Gattung Film selbst, für die als Spezifikum der Schnitt sowie die Erzählweise in Bildern genannt werden können. Persuasive Funktionen kann Musik vor allem aufgrund ihrer emotionalen Wirkungen übernehmen. Dies bezieht sich auf die Rolle des Films als Massenkommunikations-, -beeinflussungs- und -bildungsmittel.[68]

1.2.3.2 Dramatische Funktionen

Bei dieser theoretischen Betrachtungsweise stehen sowohl der emotionale und dramatische Moment als auch die dramaturgische Entwicklung der Filmmusik im Vordergrund.

So meint Ulrich Rügner, dass „der Musiker dem Film die wesentlichen Gesichtpunkte seiner Dramaturgie entnimmt, bezogen auf die Erwartungshaltung eines Publikums zu einer bestimmten Zeit. Die Auffassung des Kompilators oder Komponisten von Thema und Fabel, Stil und Handlungslinie, materialisiert sich in der Musik, vermittelt durch filmmusikalisches Handwerk."[69]

Anselm C. Kreuzer[70] hat anhand des Films *Basic Instinct* die dramaturgische Entwicklung der Musik detailliert dahingehend analysiert, welche konkreten dramaturgischen Funktionen und Aufgaben die Musik im Film hat. Er meint, dass die dramaturgische Musik dazu dient, das emotionale Erleben des Films beim Zuschauer zu intensivieren. Filmmusik kann also das Empfinden des Rezipienten manipulieren.

---

66 Ebd., S. 213-226.

67 Bullerjahn (2001).

68 Vgl. ebd., S. 69-74.

69 Rügner (1988), S. 15.

70 Kreuzer (2001).

Nach einer Lektüre der vielen Theorien der Filmmusikfunktionen, die besonders in den 1960er und 1970er Jahren aufkamen, tut sich folgender großer Problemkomplex auf: Nur auf den ersten Blick erscheinen solche kategorisierenden Funktionen der Filmmusik einleuchtend und überzeugend. Setzt man sich tiefer gehend mit ihnen auseinander, entdeckt man, dass solche Funktionen nicht nur dem Medium Film zu eigen sind, sondern beispielsweise auch dem Theater.

Erst in jünster Zeit haben Wissenschaftler die Funktionen der Filmmusik hinsichtlich eines konkreten audiovisuellen Werkes gründlicher erforscht. So hat sich z.B. Claudia Bullerjahn[71] mit den strukturellen Funktionen der Filmmusik in Zusammenhang mit audiovisuellen Medien auseinander gesetzt. Anselm C. Kreuzer[72] analysiert ebenfalls die dramaturgischen Funktionen mit Elementen der Filmsprache.

1.2.4 Bildbezogene Theorien

Im Gegensatz zu Bullerjahns Definition bildbezogener Theorien, die auf den Ursprung des Films in der Fotografie bzw. der bildenden Kunst abzielen und ihn vom Theater abgrenzen, wird die bildbezogene Theorie in dieser Arbeit verstanden als Theorie, die sich mit der Verbindung und dem Verhältnis von Musik und Bild im Film beschäftigt.

Herausragender Vertreter dieser Richtung ist Sergej M. Eisenstein,[73] der in der Geschichte der Filmmusiktheorie zu Unrecht häufig ignoriert wird.

Seit der Stummfilmära arbeitete er sowohl als Regisseur wie auch als Theoretiker. Seine Theorie entwickelte er aus der praktischen Arbeit heraus und bezog sie später wieder in seiner Arbeit mit ein. Die Verbindung von Musik und Bild im Stummfilm lässt sich als ein Höhepunkt der Filmmusiknutzung auffassen, da die Musik aufgrund fehlender Tonstimmen zu der Zeit auch andere akustische Funktionen übernahm, nämlich die des Dialogs und der Geräusche. Daneben fungierte die Musik im (schwarz-weißen) Stummfilm ebenfalls als eine Art Farbersatz. Nur mittels der Musik konnten die Regisseure damals das ausdrücken, was ihre heutigen Kollegen mit den verschiedenen Farben darstellen können. Gewissermaßen als Kompensation eines Mangels an anderen technischen Möglichkeiten mussten die Filmemacher in der Zeit des Stummfilms daher eine Vielzahl von Verbindungsmöglichkeiten zwischen Musik und Bild schaffen. Sie erzielten ähnliche Effekte wie später mit Hilfe von Tonspur und Farbe.

---

71 Bullerjahn (2001).

72 Kreuzer (2001).

73 Eisenstein (1973), (1974), (1975), (1984).

Eisenstein hat in der Stummfilmzeit außergewöhnliche neue Verbindungen zwischen Musik und Bild in Filmen wie *Panzerkreuzer Potemkin* (1925), *Oktober* (1928), *Das Alte und das Neue* (1929), oder *Alexander Newski* (1938) geschaffen, und er brachte diese praktischen Erfahrungen der Filmmusik in seine Theorie ein. Seiner Meinung nach sind authentische und tiefgreifende Beziehungen zwischen Musik und Bild als Bewegungen aufzufassen[74]. In seinen vielfältigen Analysen des Verhältnisses von Musik und Bild hat er z.B. den Bewegungsrhythmus im Bild und den Rhythmus der Melodie; die Klangfarbe und die Farbe des Bildes; den Bildinhalt und die Klangfarbe etc. untersucht. In seiner Vertikalmontage akzentuiert er das strukturelle und rhythmische Moment des Films bzw. der Filmmusik. Eisenstein ist zudem der einzige Theoretiker, der die Musik-Bild-Montage eigens erklärt und analysiert. Anhand einer Modellanalyse des Beginns der Schlachtszene auf dem zugefrorenen Peipus-See aus dem Film *Alexander Newsky* versucht Eisenstein[75], seine Theorie zu verdeutlichen.[76]

1.2.5 Psychologiebezogene Theorien

Die psychologiebezogenen Theorien legen ihr Augenmerk auf die psychologischen Auswirkungen von Filmmusik auf den Zuschauer.

Claudia Bullerjahn[77] hat sich in ihrem Buch *Grundlagen der Wirkung von Filmmusik* in umfassender und systematischer Weise den Fragen gestellt, die im Zusammenhang mit der Verbindung zwischen Psychologie und Filmmusik aufgeworfen wurden: „Ein besonderes Anliegen ist es hierbei, die theoretischen Fundamente für eine empirische Filmmusikforschung zu legen, die sich nicht mit der willkürlichen Überprüfung von Einzelmutmaßungen begnügen muss, sondern in einen systemischen Gesamtkontext einordnen lässt“[78].

Bullerjahn legt in ihrer Arbeit ein komplexes Modell zur Wirkung von Filmmusik vor, das sowohl Ausprägungen der Filmmusik als auch Merkmalen des Rezipienten Rechnung trägt. Außerdem finden die Relationen zwischen Bild und Musik sowie Sprache und Musik Berücksichtigung.

Im Unterschied zu anderen Filmmusikforschungen wird ihre Analyse zu den Relationen zwischen Bild und Musik von der Psychologie der au-

---

74 Eisenstein (1940-41). In: Lenz / Diederichs (Hrsg.) (2005), S. 238-300.

75 Eisenstein (1974).

76 Detaillierter wird dies in Kapitel 2.3.2.2 dieser Arbeit ausgeführt.

77 Bullerjahn (2001).

78 Ebd., S. 7.

diovisuellen Wahrnehmung unterstützt: So ist Bullerjahn z.B. der Meinung, dass Bestandteile der Bild- und Musikebene häufig durch den emotionalen Ausdruck der Filmbestandteile, durch ihre raumzeitliche Struktur sowie die mit ihnen verbundenen genretypischen Assoziationskomplexe abgestimmt werden. Des Weiteren geht sie davon aus, dass eine Filmbewertung immer in Bezug auf die Filmgesamtheit erfolgt: Einzelaspekte des Films, wie z.B. Einstellungsgrößen oder Filmmusik dringen in der Regel während des Filmerlebens nicht ins Bewusstsein, da vor allem bei narrativen Filmen das Hauptinteresse des Rezipienten darauf liegt, den Fabelverlauf zu verfolgen. In diesem Fall hat die Musik idealerweise den gleichen Effekt und die gleiche Struktur wie das Bild. Eine ungewöhnliche Musik würde in diesem Fall eher als störend empfunden werden.

Claudia Bullerjahn hat zwar eine neue Perspektive und viele sinnvolle Ideen eingebracht, doch ihre Resultate enthalten in der Regel keine eindeutigen Aussagen und lassen nur schwer Verallgemeinerungen zu. Die psychologische Untersuchung erweist sich besonders bei der Analyse der Wirkung der Filmmusik als oft nur sehr fragmentarisch nachvollziehbar, da alltägliche Wahrnehmungsmechanismen, Kultur sowie erlernte Filmkonventionen bei der Rezeption eines Films eine Rolle spielen. Außerdem sehen Menschen Filme in verschiedenen Stimmungen und in Räumen mit unterschiedlichem Öffentlichkeitsgrad (z.B. zu Hause oder im Kino), so dass selbst jedes Individuum zu einem anderen Zeitpunkt und in einer anderen Umgebung anders rezipieren kann. Es ist somit fast unmöglich, eine allgemeine Aussage hinsichtlich der psychologischen Wirkungen von Filmmusik zu treffen.

1.2.6 Die Praxis beschreibende Theorien

Seit einigen Jahren gibt es immer mehr Forschende, die sich sowohl für den wissenschaftlichen Bereich als auch für die Praxis des Filmschaffens interessieren. Sie führen Interviews mit Komponisten und Regisseuren, um den Schaffensprozess der Filmmusik zu beschreiben, oder untersuchen sie die Zusammenarbeit von Regisseur und Komponist. Zu ihnen zählen z.B. David Bell[79], Mark Russel / James Young[80] und Andreas Weidinger[81].

Der Amerikaner David Bell ist selber Komponist für Film und Fernsehsendungen. Systematisch beschreibt er den Schaffensprozess der Filmmusik. Ziel seiner Arbeit sei es: „to foster a better understanding of the

79 Bell (1994).

80 Russell / Young (2001).

81 Weidinger (2006).

scoring process and the tools needed by the composer, for this will help the filmmaker communicate his/her needs so as to use time, money, and creativity most efficiently."[82] Der Autor beschäftigt sich in seinem für die praktische Anwendung verfassten Buch mit möglichen Komplikationen zwischen Komponist und Auftraggeber und sucht nach konstruktiven Lösungsvorschlägen.

Russel und Young zeigen in ihrem Werk *Filmkünste: Filmmusik* anhand von zwölf der bedeutendsten und einflussreichsten Komponisten wie z.B. Bernard Herrmann[83], Elmer Bernstein[84], Jerry Goldsmith[85], Ryuichi Sakamoto[86], wie diese mit Regisseuren zusammenarbeiten und welche Auffassungen sie zur Filmmusik haben. Fazit ihrer Porträts ist, dass es keine verbindliche Art und Weise der Komposition von Filmmusik gibt, sondern dass alle Komponisten unterschiedliche Standpunkte vertreten.[87]

---

82 David (1994), S. 3.

83 Bernard Herrmann (1911-1975) komponierte erstmals die Filmmusik zu Orson Welles *Citizen Kane* (1941). Weitere Aufträge folgten: Für Hitchcock schrieb er die Filmmusik zu *Vertigo- Aus dem Reich der Toten* (1958), *Der unsichtbare Dritte* (1959) und *Psycho* (1960). Weiterhin komponiert er für die Filme *Fahrenheit 451* (1966) und *Die Braut trug schwarz* (1967) von Francois Truffaut. Seine letzte Filmmusik schuf er für Martin Scorseses *Taxi Driver* (1976) (vgl. Russell / Young 2001, S. 18-20).

84 Elmer Bernstein(1922-2004) erhielt dreizehn Oscar-Nominierungen und gewann einen Oscar für die Musik zu *Modern Millie* (1966, George Roy Hill) Er arbeitete mit vielen Regisseuren für die verschiedensten Genres, unter anderem für *Ein Held für zwei Stunden* (1951 David Miller), *Der Mann mit dem goldenen Arm* (1956 Otto Preminger) und *Die glorreichen Sieben* (1960 John Sturges). Ab den letzten Jahren arbeitete er mehrmals mit Martin Scorsese zusammen. Dabei entstand die Filmmusik zu *Kap der Angst* (1991) und *Zeit der Unschuld* (1993) (vgl. Russell / Young 2001, S. 32).

85 Jerry Goldsmith (*1929) arbeitete eng mit den Regisseuren Franklin Schaffner (*Die verlorene Rose*, 1963; *The Boys from Beazil* 1977) und Paul Verhoeven (*Basic Instinct*,1992; *Hollow Man* 2000) zusammen. Weitere Werke seiner Filmmusik sind *Chinatown* (1974, Roman Polanski) und *Poltergeist* (1992, Tobe Hooper). Für seine Musik zum Film *Das Omen* (1976, Richard Donner) wurde er mit einem Oscar ausgezeichnet (vgl. Russell / Young 2001, S. 58-60).

86 Ryuichi Sakamoto (*1952) komponierte die Musik für drei aufeinander folgende Filme von Bernardo Bertolucci. Für seine Filmmusik zu *Der letzte Kaiser* (1986) erhielt er einen Oscar. Weitere Filme von Bertolucci, für die er die Musik schrieb sind: *Himmel über der Wüste* (1989) und *Little Buddha* (1993). Weiterhin komponierte Sakamodo die Musik für den Film *High Heels* (1991) von Pedro Almodòvar (vgl. Russell / Young 2001, S. 174f.).

87 Vgl. Russel / Young (2001), S. 16.

Andreas Weidingers Arbeit wurde im deutschsprachigen Raum rezipiert und ähnelt der von David Bell. Sie enthält Interviews, die er mit deutschen Regisseuren und Komponisten geführt hat.

Solche praktischen Beschreibungen eröffnen der Filmmusiktheorie neue Perspektiven, weil die Forschenden die Filmmusiktheorie nicht ausgehend vom Phänomen der Filmmusik, sondern auf der Basis des Prozesses des Filmmusikschaffens entwickeln. Theorien in dieser Richtung sind eng mit der praktischen filmischen Arbeit verbunden.

1.2.7 Fazit der Untersuchung der Filmmusiktheorie

Nach der Untersuchung der Theoriegeschichte der Filmmusik lässt sich schlussfolgern, dass in der Filmmusikforschung die Frage nach der filmmusikalischen Ästhetik und ihren Funktionen[88] in der Regel dominiert. Das Verhältnis zwischen musikalischem Ausdruck und visueller Narration auf filmsprachlicher Ebene im Film ist dagegen bisher wissenschaftlich nicht genügend untersucht worden, insbesondere fehlen ausführliche Filmanalysen hinsichtlich dieser Fragestellung.

Eisenstein ist der einzige Theoretiker, der in der Filmtheoriegeschichte und Filmmusiktheoriegeschichte mit einer eigenen, systematisch aufgebauten Theorie das Verhältnis zwischen musikalischem Ausdruck und visueller Narration auf der sprachlichen Ebene im Film analytisch untersucht hat. Von den 1920er bis 1940er Jahren setzt er sich mit diesem Thema auseinander. Allerdings hat seine Theorie der Filmmusik nur wenig Beachtung gefunden. Weder sie noch seine Analysemethode wurden weitergeführt, weiter entwickelt oder angewandt.

---

88 Z. B. Lissa (1965); Thiel (1981); De La Motte (1980); Siebert (1995).

2 Darstellung der Theorie Sergej Eisensteins

2.1 Allgemeines zu Eisensteins Filmschaffen und seiner Theorie

Sergej M. Eisenstein (1898-1948) ist ein russischer Filmregisseur und -theoretiker, der nicht nur eine Reihe außergewöhnlicher Filme produziert, sondern auch wichtige filmtheoretische Erkenntnisse erarbeitet hat. Bekannt ist er vor allem für sein Verfahren der „Montage der Attraktionen"[89] im Film. Die Sequenz auf der Treppe von Odessa im Film *Panzerkreuzer Potemkin* von 1925 ist heute ein klassischer Montagelehrstoff jeder Filmhochschule. Parallel zum Filmschaffen hat Eisenstein seine Montagetheorie aufgestellt, die weit reichende Auswirkungen auf die gesamte Entwicklung der Filmtheorie hatte. Zu seinen filmischen Hauptwerken zählen *Streit* (1925), *Panzerkreuzer Potemkin* (1925), *Oktober* (1928), *Das Alte und das Neue* (1929), *Alexander Newski* (1938) sowie *Iwan der Schreckliche I, II* (1944). Sie alle werden heute von Kritikern übereinstimmend als Meisterwerke bezeichnet. Mit seiner revolutionären Bildsprache und Montagetechnik eröffnete Eisenstein dem Kino völlig neue Dimensionen.[90]

Viele weltberühmte Regisseure und Komponisten sehen Eisenstein und sein Werk als Vorbild und beschäftigen sich nicht nur mit seinen Filmen, sondern auch seiner Filmmusik. Zur Montagetechnik äußert sich der Regisseur Stanley Kubrick folgendermaßen: „Eisensteins größte Leistung besteht in der wunderbaren Bildkomposition seiner Einstellungen und seiner Montage."[91] Der Regisseur Francis Ford Coppola beurteilt den Einfluss, den Eisensteins Persönlichkeit und Schaffen auf ihn hatten, so: „Als ich ungefähr 18 Jahre alt war, fing ich an, mich für Eisenstein zu interessieren. Ich wurde sein Schüler. Ich las alle seine Bücher und sah mir im Museum of Modern Art seine Filme an. Und ich hätte alles dafür gegeben, einen Film zu machen. Seinem Beispiel folgend, besuchte ich eine Theaterschule und arbeitete sehr hart. Ich führte bei vielen Stücken Regie und studierte Theater und konnte eine Bühne ausleuchten und bauen. Meine Ausbildung sollte sehr abgerundet sein, ganz vollkommen. Sie sollte alle Aspekte des Filmmachens umfassen. Denn Eisenstein hatte genauso angefangen."[92]

---

89 Vgl. Kapitel 2.3.1.

90 Vgl. Weniger (2001), Band 2, S. 533.

91 Hummel (1984), S. 211.

92 Maerker (1985), S. 43.

Wie seine Filme entstand Eisensteins Filmtheorie ebenfalls in den 1920er bis 1940er Jahren, als Eisenstein seine Kerngedanken über die Montage in Theorieform brachte. Es ist allerdings nicht leicht, seine Theorie kurz zusammenzufassen, da Eisenstein den Film aufgrund seines breiten Interesses aus vielen unterschiedlichen Perspektiven erforscht hat und seine Theorie so eng mit den Disziplinen der Philosophie, Psychologie, Linguistik, Mythologie und Theologie, Literatur-, Theater-, Musik- und Kunstwissenschaft verknüpft ist, wie das folgende Zitat Eisensteins verdeutlicht: „I'm interested in everything besides [...] the cinema. Cinema is absorbing only in so far as it is a miniature experimental universe by which one can study the laws of phenomena much more interesting than fleeting little pictures."[93]

Drüber hinaus hat Eisenstein seine theoretischen Arbeiten nicht in einem einzigen Werk zusammengefasst, sondern sie über viele Jahre hinweg in einzelnen Essays entwickelt. Seine Kerngedanken zur Montage werden von der Stummfilmzeit über die Tonfilmzeit bis hin zur Farbfilmzeit immer weiterentwickelt. Eisensteins Theorie ist organisch und somit in ständiger Evolution begriffen, niemals abgeschlossen, vollständig oder endgültig.[94] Wenn man seine Theorie zusammenhängend verstehen und untersuchen möchte, muss folglich jeder einzelne Essay examiniert und müssen Zusammenhänge und Verknüpfungspunkte zwischen ihnen offen gelegt werden, denn Eisenstein betreibt seine Theorie nie einseitig, sondern nähert sich ihr von Text zu Text aus unterschiedlichen Perspektiven. Dies kann auch, wie u.a. Lenz erkannt hat, in einem anderen Sinn als Herausforderung verstanden werden: „Man muss dabei der Versuchung widerstehen, die skizzierten Montage-Paradigmen als eine Entwicklung zu lesen, die die vorherigen Zugänge überwinden soll. Vielmehr ist man dazu aufgerufen, die gleichzeitige Relevanz verschiedener Analyseebenen ins Verständnis einzubeziehen."[95]

2.2 Überblick über Sergej Eisensteins Montagetheorie

2.2.1 Die Perspektive von Eisensteins Montagetheorie

Eisenstein zieht es vor, seine Kunst in deskriptiver Weise zu behandeln, anstatt sie in präskriptiver Weise mit Anleitungen zu versehen. Wie bereits erwähnt und auch von Brodwell unterstrichen, entsteht seine Theorie sowohl aus theoretischen Untersuchungen als auch aus praktischen Erfahrungen: „He was concerned to show how the craftsman´s propositi-

93 Bordwell (1993), S. 113.

94 Vgl. Monaco (2004), S. 429.

95 Lenz (2005). In: Lenz / Diederichs (Hrsg.) (2005), S. 440.

ons about individual technical matters contributed to a larger whole. In his essays there is a pressure to build an architectonic framework within which each aspect of filmmaking will find its place."[96] Die ähnliche Auffassung tritt auch Lenz: „Die Besonderheit von Eisenstein als Filmtheoretiker liegt im Gegensatz zu Theorie-Klassikern wie Rudolf Arnheim, Bela Balázs, Siegfried Kracauer oder André Bazin vor allem in seiner Perspektive. Während letztere primär als Betrachter formulieren, ist Eisenstein stets auch selbst Filmmacher."[97] Eisenstein hat seine Filmtheorie hauptsächlich dadurch aufgebaut, dass er während des Filmschaffens kontinuierlich Erfahrungen gesammelt und neue Fragestellungen entdeckt hat. Sein Filmschaffen reflektiert und prüft damit gleichzeitig auch seine Filmtheorie: Der Regiesseur untersucht seinen eigenen Schaffensprozess.

2.2.2 Der Prozess der Emotionsvermittlung: Der psychologische Hintergrund zu Eisensteins Montagetheorie

Aus der Perspektive des Filmemachers beschäftigt Eisenstein bei der Untersuchung der Montagetheorie das Problem, wie der Regisseur seine Emotionen dem Zuschauer durch die eigene Filmsprache vermitteln kann. Diese Fragestellung ist damit also der Ursprung der Montagetheorie von Eisenstein.

Eisensteins Meinung nach soll die Filmkunst ihre strukturellen Zugänge und ihre schwierigsten Kompositionsformen auf der Basis der Wechselwirkung ineinander greifender menschlicher Emotionen aufbauen. Er beschreibt den Prozess des Filmschaffens wie folgt: Der Regisseur hat zuerst ein konkretes Gefühl, das er ausdrücken möchte, dann sucht er die entsprechende sprachliche Form, um das gleiche Gefühl dem Rezipienten vermitteln zu können: „Traurigkeit im Allgemeinen gibt es nicht. Wenn eine handelnde Person traurig ist, ist die Traurigkeit konkret, sujetgebunden und hat einen Träger; wenn die Traurigkeit so dargestellt wird, dass auch der Zuschauer traurig ist, hat sie einen Abnehmer. [...] Das sind ganz elementare Überlegungen; doch sie umschließen die überaus komplizierten Probleme des Aufbaus von Kunstwerken, denn sie berühren das in diesem Zusammenhang Wesentlichste: das Problem der Darstellung und des Verhältnisses zum Dargestellten. [...] Die Komposition ist eines der wirksamsten Mittel zum Ausdruck dieses Verhältnisses. [...] Sogleich erhebt sich die Frage nach Methode und Mitteln, mit denen man die Darstellung darbieten muss, um zu erreichen, dass sie gleichzeitig mit dem Was auch zum Ausdruck bringe, wie das Verhältnis des Autors zu ihr ist und wie der Autor das von ihm Dargestellte vom

96 Brodwell (1993), S. 113.

97 Lenz (2005). In: Lenz / Diederichs (Hrsg.) (2005), S. 439.

Zuschauer wahrgenommen und empfunden wissen will. [...] Die Komposition nimmt die Strukturelemente der dargestellten Erscheinung und schafft aus ihnen die Gesetzmäßigkeit der Konstruktion des Kunstwerkes. [...] Dabei nimmt sie in Wirklichkeit diese Elemente in erster Linie aus der Struktur des emotionalen Verhaltens des Menschen, der mit dem Erleben des Inhalts dieser oder jener dargestellten Erscheinung verbunden ist."[98]

Für Eisenstein spielen damit tiefe menschliche Emotionen und Wahrnehmungen beim Filmschaffen die wichtigste Rolle. Eine echte Komposition ist in jeder Kunst immer mit dem Bezug auf tiefe menschliche Emotionen verbunden. Genau so baut auch die Filmkunst ihre Strukturbewegungen und komplizierten Kompositionskonstruktionen auf der Grundlage des Wechselspiels menschlicher Emotionen und des menschlichen Erlebens auf. Nach Eisenstein „liegt [darin] das Geheimnis der wahrhaft emotionalen Wirkung wirklicher Komposition. Jede Komposition, die die Struktur der menschlichen Emotion als Quelle benutzt, appelliert fehlerfrei an die Emotion, weckt fehlerfrei im Zuschauer den Komplex jener Gefühle, die sie haben entstehen lassen".[99] Eisenstein hat mit Hilfe der Filmsprache und -struktur seiner Filme vor allem den Film *Panzerkreuzer Potemkin* von 1925 analysiert. Dabei geht es ihm hauptsächlich um die Mittel, durch die die emotionale Wirkung auf den Zuschauer erreicht wird. Dieser Gedanke kann wie folgt schematisch zusammengefasst werden: Die Emotionen und Wahrnehmungen des Autors bestimmen die Emotionen und Wahrnehmungen der Figuren im Film; die Emotionen und Wahrnehmungen der Figuren im Film bestimmen die Entwicklung der Filmhandlung, das Verhalten der Figuren, und die Komposition der filmischen Sprache; diese drei bestimmen die Emotionen und Wahrnehmungen des Zuschauers.

---

98 Eisenstein (o.J.), S. 178f.

99 Ebd., S. 181.

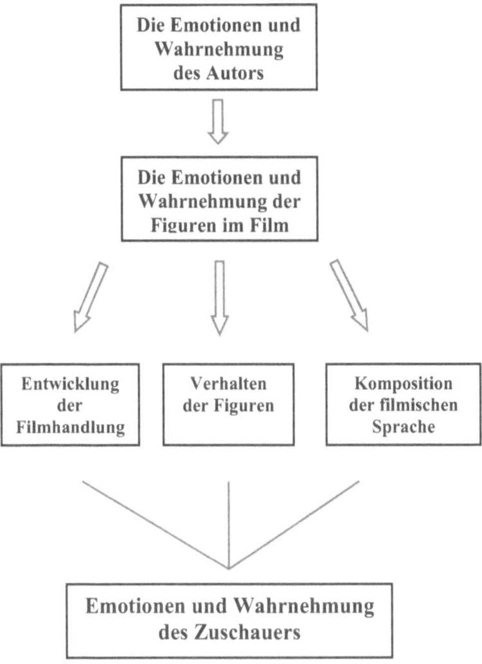

(Abb. 1: Modell der Emotionsvermittlung)

Gleiches gilt laut Eisenstein auch für die Montage: Die Kraft der Montage beruht nach ihm darauf, dass Emotionen und Verstand des Zuschauers am schöpferischen Prozess teilnehmen. Sie lassen den Zuschauer den gleichen schöpferischen Weg zurücklegen, den auch der Autor gegangen ist, als er das verallgemeinerte Bild schuf. Der Zuschauer sieht nämlich nicht nur die dargestellten Elemente des Werkes, sondern erlebt auch den dynamischen Prozess des Entstehens und der Entwicklung eines verallgemeinerten Bildes so, wie ihn vorher der Autor erlebt hat. Auf diese Weise kommt man dem Ziel am nächsten, dem Zuschauer die Fülle der Empfindungen und Ideen mit der gleichen Kraft der physischen Wahrnehmbarkeit zu vermitteln, mit der sie dem Autor während der schöpferischen Arbeit und bei seiner schöpferischen Konzeption vorschwebten. Eisenstein merkt hierzu an: „Überall sehen wir als Basis die gleiche Menschlichkeit und menschliche Psychologie, welche die verflochtenen Elemente der Komposition nährt und formt, genau wie sie den Inhalt des Werkes nährt und bestimmt."[100] Um zu erklären, wie die Emotionen des Regisseurs dem Zuschauer durch die Filmsprache vermittelt werden, hat Eisenstein die Filmsprache untersucht und seine Montagetheorie formuliert, die er - wie schon erwähnt - von der Stummfilmzeit bis zur Tonfilmzeit immer weiterentwickelt hat.

2.2.3 Philosophischer Hintergrund der Montagetheorie

2.2.3.1 Historischer Abriss der Dialektik

Dialektik entstammt dem griechischen διαλεκτικη und bedeutet disputieren, sich unterreden. Dialektik ist ein komplexer philosophischer Begriff, der im Laufe der Philosophiegeschichte erhebliche Bedeutungsänderungen erfahren hat.

Zum ersten Mal findet sich der Ausdruck „Dialektik" bei Platon. Platon grenzt die Dialektik vom rhetorischen Monolog und der Eristik der Sophisten ab, welche er als Methode zur Durchsetzung beliebiger Meinungen zum Erwerben unkritisches Beifalls betrachtet. Für Platon ist Dialektik eine Methode, anhand klarer Begriffe Positionen zu problematisieren, um am Ende durch die Bewegung des Gesprächs zwischen den Teilnehmern (im Stile eines Frage-Antwort-Modells) von der Sinnenwelt ausgehend Ideenwelt zu erlangen. So definiert Platon die Dialektik als Disziplin, welche die Struktur der Wirklichkeit untersucht. Sie grenzt die verschiedenen Begriffe voneinander ab und hält sie zugleich unter allgemeinen, umfassenderen Begriffen zusammen.[101]

Aristotles analysiert mit der Dialektik hingegen die in den Syllogismen verwendeten Termini, um die Fehlschlüsse in der Argumentation aufzufinden. Da die Dialektik ausschließlich die formale logische Zusammenhänge der Begriffe, und daher als Teil der Logik aufgefasst werden, stellt man sich nicht als wissender Antwortender sondern eher als widerlegender Fragender dar, weil man in Bezug auf die Sache nur die allgemeineren Grundsätze benutzt, ähnlich wie ein Sophist.

Im Gegensatz zu Aristoteles (und Platon) betrachtet Kant die Dialektik als „Logik des Scheins", d. h., als „Blendwerk". Ihm zufolge sind das Thema der Dialektik erklärbare, aber nicht auflösbare Widersprüche, solange man sich nicht mehr in der Erscheinungswelt aufhält und in das Ding an sich verwickelt. Die Möglichkeit einer Versöhnung - im Sinne einer Synthese - der widerstreitenden Behauptungen gibt es für Kant nicht.

---

100 Eisenstein (o. J.), S. 188.

101 Vgl. Geiger (2002), S. 103.

Hegel versucht, einen neuen Begriff der Dialektik zu entwickeln. Die Dialektik ist für ihn nicht nur eine Methode, sondern Prinzip der Dinge selbst: Nach Hegel ist die Wirklichkeit insgesamt durch Unterschiede und Zusammenhänge struktuiert, wobei die spekulative Dialektik aufzeigt, wie sich solche Unterschiede und Zusammenhänge auseinander entwickeln. Die Dialektische Bewegung liegt für ihn in einer Folge von vernünftigen notwendigen Unterschieden und Zusammenhängen unabhängig von ihrem zeitlichen Verlauf. Durch den Gebrauch der Vernunft versucht der Mensch, die notwendigen Strukturen der Wirklichkeit zu begreifen. Die spekulative Dialektik lässt allerdings erkennen, dass die ersten, vorläufigen Begriffe von Wirklichkeit zu derem widerspruchsfreien Begreifen keineswegs ausreichen. Dadurch wird der Mensch zur Einsicht in neue und umfassendere Unterschiede und Zusammenhänge gebracht. Hegel hat die Dialektik in drei Stufen beschrieben, die oft als These, Antithese und Synthese bezeichnet werden. Als These versteht man dabei die unbestimmte Unmittelbarkeit oder das leere, abstrakte Allgemeine, das „An-sich", während das Herausgehen, die Entäußerung aus dem Anfangszustand als Vermittlung ins Besondere, das „Für-sich", die Antithese darstellt. Die Synthese schließlich besteht in der Negation dieser Negation als neuer Position: die höhere, vermittelte Unmittelbarkeit oder das konkrete Allgemeine, das „An-und-Für-sich".[102]

Karl Marx und Friedrich Engels sich an die Hegelsche Dialektik angelehnt, ihren Idealismus jedoch ontologisch in einen Materialismus abgewandelt. Ihrem Verständnis nach ist die Dialektik eine Theorie über die allgemeine Verbindung und ewige Entwicklung der Welt. Das bedeutet, dass die Elemente der Welt miteinander in Verbindung stehen und sich durch den Konflikt, der von selbst entsteht, immer weiter entwickeln. Marx und Engels haben mit der Dialektik der menschlichen Gesellschaft der natürlichen und der ökonomischen Entwicklung eine gemeinsame theoretische Basis gegeben bzw. zugeordnet. Die Hegelsche Logik wurde auf die Form der berühmten drei marxistischen dialektischen Grundsätze erweitert, nämlich das Gesetz des Umschlagens von Quantität in Qualität und umgekehrt, dem Gesetz von der Durchdringung der Gegensätze sowie das Gesetz von der Negation der Negation.[103]

2.2.3.2 Eisenstein und die Dialektik

Die Idee, mit Hilfe der Dialektik die Kunst zu untersuchen, stammt aus einer in den 1920er Jahren in Russland geführten Debatte. *Dialektik der Natur* von Friedrich Engels und *Zur Frage der Dialektik* von Lenin, die

102 Vgl. Stangl (2005); Puntel (1976), S. 64f.

103 Vgl. Engels (1962), Band 20, S. 348.

1925 in Russland veröffentlicht wurden, hatten einen großen Einfluss auf verschiedene Bereiche der Zeit: „Engels declared that modern science was not only materialist but dialectical, while Lenin observed that dialectics was at once a scientific method, a law of the world [...]" [104]

Im Vergleich zur Mechanistik, die vorher in Russland populär war, wird die Dialektik als eine wissenschaftliche Methode und ein Gesetz der Welt angesehen. Viele Psychologen und Künstler beginnen nun, ihre Arbeit mit Hilfe der Dialektik des historisch-dialektischen Materialismus zu analysieren: „In psychological circles, the reflexologists found themselves facing formidable Dialecticians, notably K. N. Kornilov, who had launched a Marxist psychology as early as 1923 [...] Kornilov believed that the scientific explanation of behaviour would eventually conform to Engels' three laws of dialectics [...]"[105]

Der Symbolist Andrei Bely[106] 1929 beschrieb sogar den Rhythmus als Dialektik: „Artists joined the controversy. Critics of painting began to invoke the leap from quantity to quality, while even the symbolist Andrei Bely sought to link his poetics to the new trend."[107]

Der Psychologe Lev Vygotsky[108] hat in diesem Zusammenhang behauptet, die Kunst basiere auf dem Konflikt zwischen Inhalt und Form. In seiner Analyse von Ivan Bunins Erzählung *Leichter Atem* hat er gezeigt, dass die Form über den Inhalt gestellt werden muss, da eben die Form den Inhalt bestimmt und nicht etwa umgekehrt.

Im Jahre 1929 beginnt Eisenstein, Fragen hinsichtlich von Filmform und Wirkung in dialektischer Sprache zu formulieren. Ausgangspunkt seiner Überlegungen ist dabei, die Auffassung von Engels und Lenin jedes Phänomen, sei es natürlich oder sozial, konstituiere ein dichtes Feld von gegensätzlichen Kräften, die auf einer höheren Ebene zu einer Synthese

---

104 Bordwell (1993), S. 127.

105 Ebd., S. 128.

106 Andrei Bely (1880-1934) war ein russischer Dichter und Theoretiker des Symbolismus. Sein bekanntester Roman ist *Petersburg* (1913).

107 Bordwell (1993), S. 128.

108 Lev Semenovich Vygotsky (1896-1934) war ein russischer Psychologe, der sich vor allem mit Kunstpsychologie beschäftigte. Als Antwort auf die Frage, wie es Kunstwerke schaffen, beim Rezipienten eine bestimmte psychische Reaktion (z.B. eine Emotion) hervorzurufen, fand er die Erklärung, dass bestimmte Motive in Kunstwerken in der entsprechenden Kultur einen festen Bezug zu einem gewissen Themenbereich haben. Der Rezipient entschlüsselt (meist unbewusst) nicht nur diesen Zusammenhang, sondern die gesamte kulturelle Geschichte des Motivs. Mit diesen Überlegungen legte er den Grundstein der kulturhistorischen Schule in der russischen Psychologie (vgl. Cumming 1980, S. 2515; Reinhardt 2001, S. 435).

drängten.[109] Eisenstein geht also von einem sich auf allen Ebenen manifestierenden Konflikt-Prinzip aus, das sich in der Diskontinuität der Darstellung äußert: „Ein dynamisches Verständnis der Dinge ist in gleichem Maße die Basis für ein richtiges Verstehen der Kunst und aller Kunstform. Auf dem Gebiet der Kunst wird dieses dialektische Prinzip der Dynamik verkörpert im Konflikt. Die Kunst ist immer Konflikt."[110] Gleichzeitig meint Eisenstein, dass die Konflikte in der Kunst stets in einer organischen Einheit bleiben.

Auf der kompositionellen Ebene des Filmeschaffens führt die dialektische Denkweise Eisenstein zum Konflikt-Prinzip als konstitutivem Baumuster für Kunst überhaupt und damit auch für den Film. Der Konflikt steht somit in der Montage des Films sowohl auf inhaltlicher als auch auf formeller Ebene im Mittelpunkt. Durch Konflikte entsteht ein einheitliches Grundbild im Film - der Gesamteindruck.

Auf inhaltlicher Ebene dehnt Eisenstein sein Konzept der Dialektik selbst bis auf die Einstellung aus: „So wie die Einstellungen zueinander in dialektischer Beziehung stehen, so können die grundlegenden Elemente einer einzelnen Einstellung - die er ihre Attraktionen nennen - wechselseitig aufeinander einwirken, um neue Bedeutungen zu schaffen."[111] Dies äußert sich auf der Ebene der Montage von Einstellungen als „dramatisches Prinzip", als Kollisions- oder Konfrontationsmontage, die selbständige „Montage-Zellen" verbindet, allerdings nicht summierend, sondern sie als eine durch einen dialektischen Prozess hervorgegangene neue Qualität begreift: „[So] versteht sich Eisensteins Konfliktmontage in einem monistisch-dialektischen Sinn: der Zusammenprall von Montage-Elementen soll in einem qualitativen Sprung den inneren Sinn der Erscheinungen freilegen."[112]

Auf formeller Ebene beschreibt Eisenstein den Montagevorgang als die Auflösung einer Einheitlichkeit in verschiedene formelle Elemente, die aufeinander folgend im dialektischen Erkenntnisprozess zu einem Wirkungsganzen gelangen sollen. Hierin liegt die Grundlage zu einer ganz neuen Auffassung des Problems der Film-Form. Als Beispiele für Konflikte lassen sich aufführen:

„1. Graphischer Konflikt

2. Konflikt der Bildebenen

3. Konflikt der Volumen

---

109 Vgl. Bordwell (1993), S. 128.

110 Eisenstein (1960), S. 36.

111 Monaco (2004), S. 430.

112 De la Motte-Haber / Emons (1980), S. 21.

4. Raumkonflikt
5. Beleuchtungskonflikt
6. Tempokonflikt, usw.
7. Konflikt zwischen Stoff und Ausschnitt (erzielt durch räumliche Verzerrung mittels Einstellung der Kamera).
8. Konflikt zwischen dem Stoff und seiner Räumlichkeit (erzielt durch optische Verzerrung mittels Objektiven).
9. Konflikt zwischen dem Vorgang und seiner Zeitlichkeit (erzielt durch Zeitlupe und Multiplikator) und schließlich
10. Konflikt zwischen dem ganzen optischen Komplex und einer ganz anderen Sphäre."[113]

Der Konflikt zwischen optischer und akustischer Erfahrung bringt dabei den Tonfilm hervor, welcher als akustisch-visueller Kontrapunkt realisiert werden kann. Entscheidend ist, dass Eisenstein das Prinzip des Konflikts bis in die einzelnen Montageteile, bis in die Einstellung also, verfolgt. Die Einstellung wird damit zu einer Zelle, die jene Raum-, Volumen- und Lichtkonflikte enthält, die dann per Montage entfaltet werden.

Aber die Konflikte bleiben in der Kunst stets in einer organischen Einheit: Das wichtigste und eigentliche Ziel des Films und der Kunst allgemein liegt nämlich für Eisenstein darin, bei der Vereinigung fiktionaler, stilistischer oder auch medialer Elemente eine „organische Einheit" herzustellen. Nur wenn diese organische Einheit gegeben ist, durchdringt eine einheitliche Gesetzmäßigkeit das Ganze und auch jedes seiner Einzelteile, und wiederum nur in dieser Form kann laut Eisenstein ein Kunstwerk seine volle Wirkung beim Rezipienten erzielen. Eisenstein beschreibt dies Hegel zitierend: „Man sagt wohl, dieses Tier besteht aus Knochen, Muskeln, Nerven usw., allein es leuchtet unmittelbar ein, dass es damit eine andere Bewandtnis hat mit dem Bestehen eines Stücks Granit aus den vorhergenannten Stoffen. Diese Stoffe verhalten sich vollkommen gleichgültig gegen ihre Vereinigung und können auch ebenso gut ohne dieselben bestehen, wohingegen die verschiedenen Teile und Glieder des organischen Leibes nur in ihrer Vereinigung ihr Bestehen haben und getrennt voneinander aufhören, als solche zu existieren. [...] so sind zum Beispiel die Glieder und Organe eines lebendigen Leibes nicht bloß als dessen Teile zu betrachten, da dieselben das, was sie sind, nur in ihrer Einheit sind und sich gegen dieselbe keineswegs als gleichgültig verhalten. Zu bloßen Teilen werden diese Glieder und Organe erst

113 Eisenstein (1929). In: Lenz / Diederichs (Hrsg.) (2005), S. 96-98.

unter den Händen des Anatomen, welcher es dann aber auch nicht mehr mit lebendigen Körpern, sondern mit Kadavern zu tun hat."[114]

Lediglich auf der Basis dieses theoretischen Hintergrundes ist es zu verstehen, dass Eisenstein in seinen Werken immer wieder versucht, möglichst viele und unterschiedliche mediale Elemente und Effekte gekonnt und zielgerichtet einzubauen, damit der Film als Gesamtkunstwerk den stärksten Eindruck beim Zuschauer hinterlassen kann.

2.3 Die Montagetheorie

2.3.1 Montagetheorie und Stummfilm

Im Gegensatz zu anderen Regisseuren in der Stummfilmzeit, die bei der Montage die Erzählung der Geschichte in den Vordergrund stellen, benutzt Eisenstein die intellektuelle Montage. Intellektuelle Montage bedeutet, dass zwei Einzelbilder durch den inhaltlichen Konflikt eine neue Bedeutung erhalten und ein Attraktionseffekt entsteht. Dieser Gedanke ist in Eisensteins Aufsatz *Montage der Attraktionen* von 1923 formuliert: „Die freie Montage von willkürlich ausgewählten, selbständigen (auch außerhalb dieser vorgegebenen Komposition und Handlungslinie funktionierenden) Einwirkungen (Attraktionen), allerdings mit einer genauen Orientierung auf einen bestimmten thematischen Endeffekt, (ergibt) die Montage der Attraktionen."[115] Eisenstein verfolgt mit der intellektuellen Montage das Ziel, Ideen und neue Bedeutungen zu schaffen und nicht etwa die Erzählung fortzuführen: „Nach dieser Definition, die sogar der Theoretiker Pudowkin teilte, ist Montage das Mittel, eine Idee mit Hilfe einzelner Aufnahmen aufzurollen: das [epische] Prinzip. Meiner Meinung nach hingegen ist Montage eine Idee, die aus der Kollision von unanhängigen Aufnahmen entsteht. Aufnahmen, die einander sogar widersprechen: das [dramatische] Prinzip." [116]

Eisenstein ist fasziniert von den chinesischen Schriftzeichen, die Elemente von sehr unterschiedlichen Inhalten verbinden können, um eine völlig neue Bedeutung zu schaffen. So verwendet er chinesische Schriftzeichen auch als ein Modell für die intellektuelle Montage, z.B.

114 Eisenstein (1939). In: Lenz / Diederichs (Hrsg.) (2005), S. 212.

115 Eisenstein (1923). In. Lenz / Diederichs (Hrsg.) (2005), S. 12.

116 Eisenstein gebraucht „episch" und „dramatisch" im Hinblick auf die Methodologie, nicht auf Inhalt oder Handlung (vgl. Eisenstein 1960, S. 39).

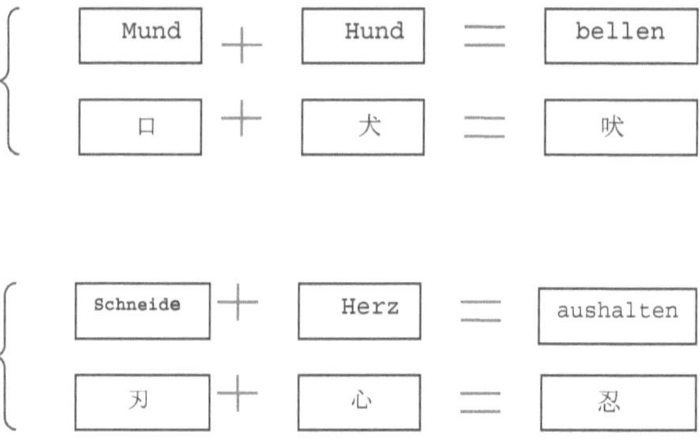

(Abb. 2: Zusammensetzung chinesischer Schriftzeichen)

Im chinesischen Schriftzeichensystem entsteht die Bedeutung 吠 (bellen) durch die Verbindung der Zeichen 口 (Mund) und 犬 (Hund). Verbindet man das Zeichen 刃 (Schneide) mit dem Zeichen 心 (Herz), so entsteht eine neue Bedeutung: 忍 (aushalten oder tolerieren). Dieses bildliche Zeichen verdeutlicht, dass der Zustand von 忍 (aushalten oder tolerieren) erreicht wird, indem die Schneide aufs Herz gelegt wird.

Eisenstein begreift, dass die Kombination zweier Zeichen einer einfachsten Folge nicht als deren Summe betrachtet wird, sondern als ein Produkt, als Größe einer anderen Dimension, einer anderen Ordnung. Es entsteht eine neue Bedeutung, so wie im Film, „wenn wir nach Möglichkeit eindeutige, in ihrer Bedeutung neutrale, etwas Bestimmtes darstellende Filmbilder in bedachte Kontexte stellen oder zu Folgen fügen."[117]

Im Film *Oktober* hat Eisenstein die Montage beispielsweise wie folgt in parallelen Einstellungen benutzt:

117 Eisenstein (1929). In: Lenz / Diederichs (Hrsg.) (2005), S. 60.

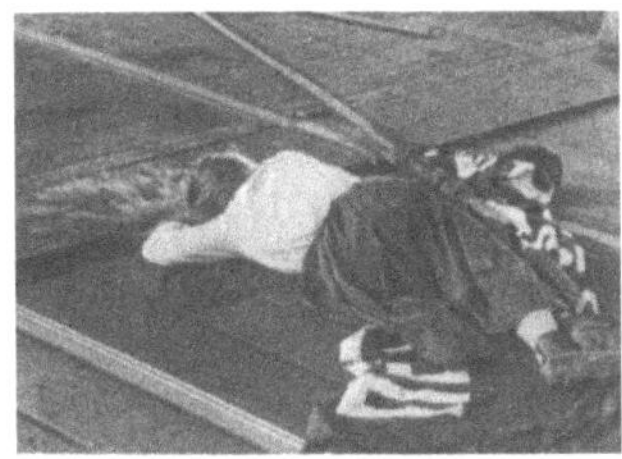

(Die junge Frau, die weiße Kleidung trägt, wird in der Revolution getötet.[118]) (Ein weißes Pferd wird getötet)

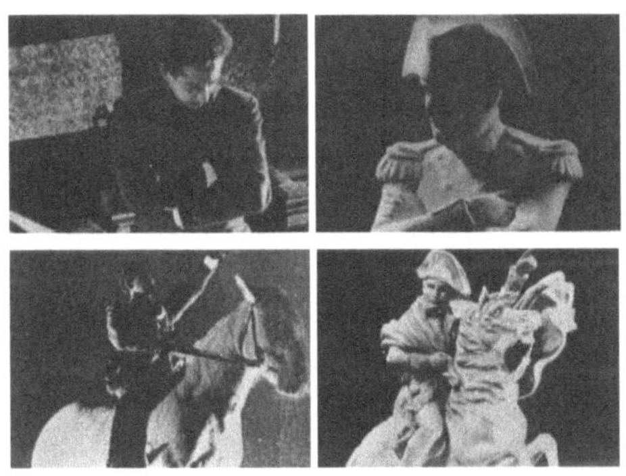

(Die Gesten des Generals)(Porzellanfigur Napoleons mit gleichen Gesten)

(Abb. 3: Intellektuelle Montage)[119]

Diese Montagemethode hat eine starke emotionale Intensivierung der Aussage zur Folge. Mit diesen Metapherneinstellungen kann der Regisseur seine eigenen Gedanken besser ausdrücken, wodurch auch die Fantasie der Zuschauer stärker stimuliert wird, um ein verallgemeinertes Bild zu bekommen.

Während seiner Filmuntersuchung hat Eisenstein nie auf seine Montage der Attraktion verzichtet, sondern diese stets parallel zur Entwicklung des Films und zu seiner Filmkonzeption weiter ausgefeilt: „The Montage of Attractions will retain its salience throughout [Eisenstein's] career: every artistic decision is to be guided by how the film will affect the spectator [...] The audience must be attacked; the work of art is a traitor

118 Abbildung aus Eisenstein (1975), S. 70.

119 Ebd., S. 73.

plowing the spectators psyche; the artist administers a series of shocks."[120]

2.3.2 Montagetheorie und Tonfilm

2.3.2.1 Weiterentwicklung des Prinzips der Montagetheorie

In seinem Aufsatz *Montage 1938* äußert sich Eisenstein erneut zur Montagetheorie. Er kritisiert seine eigene Theorie aus dem Jahr 1923 und stellt deren Gültigkeit in Frage: „Als richtig erwies sich und erweist sich bis heute die Tatsache, dass die Aneinanderstellung zweier Montageteile weniger der Summe beider Teile ähnlich ist als vielmehr einem qualitativ neuen Produkt [...] Der Fehler bestand darin, dass wir uns hauptsächlich den Möglichkeiten der Gegenüberstellung zuwandten. Dadurch aber ließ unsere forschende Aufmerksamkeit für das Material der Gegenüberstellung nach."[121] Nach dieser Beurteilung legt er in seiner weiteren Untersuchung Wert „auf das, was gleichermaßen den Bildinhalt wie auch die kompositorische Gegenüberstellung dieser einzelnen Inhalte bestimmt, das heißt auf den Inhalt des Ganzen, des allgemeinen, des Verbindenden. Das eine Extrem war die Leidenschaft für die technischen Fragen der Vereinigung (Montagemethode), das andere Extrem war das ausschließliche Interesse für die zu vereinigenden Elemente (für den Inhalt der einzelnen Bildausschnitte)."[122] Im Anschluss daran stellt Eisenstein für die Weiterentwicklung seine Theorie fest, dass die Aufgabe der Montage darin besteht, das Thema in bestimmende Darstellungen zu zerlegen und danach diese Darstellungen so zusammenzufügen, dass sie in ihrer Gesamtheit das ursprüngliche verallgemeinerte Bild des Themas erzeugen. Eisensteins Schlüsselsatz „Die Aneinanderstellung zweier Montageteile ist weniger der Summe beider Teile ähnlich als vielmehr einem qualitativ neuen Produkt"[123] ist elementar für das Verständnis seiner Montagetheorie. Die zwei Montageteile Abbild A und Abbild B ergeben zusammen ein qualitativ neues Produkt als verallgemeinertes Bild des Themas. Eisenstein fasst es so: „Abbild A und Abbild B müssen so aus sämtlichen möglichen Wesenszügen des zu entwickelnden Themas ausgewählt sein, dass ihre Gegenüberstellung (und nicht etwa die Aneinanderfügung anderer Elemente) in der Wahrnehmung und im Gefühl des Zuschauers ein absolut erschöpfendes, vollständiges und verallgemeinertes Bild des Themas auslöst."[124] Dieses Prinzip wird von ihm

120 Bordwell (1993), S. 115f.

121 Eisenstein (1938). In: Lenz / Diederichs (Hrsg.) (2005), S. 160.

122 Ebd.

123 Eisenstein (1960), S. 327.

124 Eisenstein (o. J.), S. 234.

nach der Stummfilmzeit auch im Tonfilm weiterhin benutzt. Eisenstein ist der Auffassung, „dass sich für die Methode zur Erzeugung des einheitlichen verallgemeinerten ton-bildlichen Bildes durch den Übergang von der reinen Bildmontage zu einer Montageform, die Elemente verschiedener Bereiche miteinander verbinden - insbesondere das visuelle Bild und das akustische Bild - kein prinzipieller Unterschied ergibt."[125]

Während die Zuschauer sich dafür begeistern, im Film das Singen der Schauspieler sowohl in Form der Lippenbewegung zu sehen als auch durch die Stimme gleichzeitig hören zu können, wird diese technische Entwicklung aber von Eisenstein, Charlie Chaplin, Podovkin, Maunau etc. kritisiert. Eisenstein, Pudovkin und Alexandron schreiben im Jahr 1928 das *Manifest zum Tonfilm.* Sie erkennen zwar an, dass der Ton ein neues Darstellungsmittel ist, meinen aber, dass er die Montage, die inzwischen als vorrangiges Gestaltungsmittel zum unbestreitbaren Axiom geworden ist, auf dem eine weltweite Filmkultur aufbaut, zerstört, wenn im Tonfilm die Klangaufzeichnungen naturalistisch durchgeführt werden, „also in einer Weise, die genau mit der Bewegung auf der Leinwand korrespondiert und eine gewisse Illusion sprechender Menschen oder hörbare Objekte etc. vermittelt."[126] Der Grund dafür ist darin zu sehen, dass jegliche Übereinstimmung zwischen dem Ton und einer visuellen Montage dem Montagestück als Bestandteil schadet, indem es dieses von seiner Bedeutung löst: „Dies wird sich zweifellos als nachteilig für die Montage erweisen, da es sich in erster Linie nicht auf die Montageteile auswirkt, sondern ihre Überlagerung."[127]

Stattdessen sieht Eisenstein es als erwiesen an, dass „[n]ur eine kontrapunktische Verwendung des Tons in Beziehung zur visuellen Montage [...] der Entwicklung der Montage Perfektion erlauben [kann]. Die erste experimentelle Arbeit mit dem Ton muss auf seine deutliche Asynchronisation mit den visuellen Bildern ausgerichtet werden. Nur eine solche Operation kann die notwendige Konkretheit herbeiführen, die später zur Schaffung eines orchestralen Kontrapunktes visueller und akustischer Bilder führen wird."[128]

---

125 Eisenstein (1938). In: Lenz / Diederichs (Hrsg.) (2005), S. 241.

126 Eisenstein (1926). In: Albersmeier (Hrsg.) (2003), S. 55.

127 Ebd.

128 Ebd.

2.3.2.2 Die Vertikalmontage

Eisenstein benutzt den Begriff der „Vertikalmontage“, um die vertikale Beziehung zwischen Bild und Musik in seinem Film *Alexander Nevskj,* der in der Tonfilmzeit gedreht wurde, zu analysieren.[129]

2.3.2.2.1 Der Begriff der Vertikalmontage

Zu Beginn seiner Abhandlung über die Vertikalmontage stellt sich Eisenstein die Frage, woher dieser Begriff kommt und welche Bedeutung er hat. Eisenstein hat die Anregung für den Namen „Vertikalmontage“ der Orchesterpartitur entnommen. In der Orchesterpartitur stehen viele Notenzeilen, die sowohl eine horizontale Entwicklung als auch eine entsprechende vertikale Verbindungen haben. Eisenstein belegt die letzte Zeile der Orchesterpartitur mit den Bildern des Films, um die vertikale Beziehung zwischen Musik und Bild aufzuzeigen.

Mit folgenden Worten versucht er, dem Leser den Begriff zu erklären: „Jeder von uns weiß, wie eine Orchesterpartitur aussieht. Sie enthält diverse Notenzeilen, die jeweils der Partitur eines bestimmten Instruments gewidmet sind. Jeder Part entwickelt sich dabei in einer fortlaufenden Bewegung in der Horizontalen. Doch ist hier die Vertikale ein ebenso entscheidender Faktor, denn sie markiert die musikalische Interaktion der verschiedenen Elemente des Orchesters in jedem einzelnen Moment. Durch die fortschreitende Bewegung dieser Vertikalen, die das gesamte Orchester durchdringt und sich entlang der Horizontalen voranbewegt, entwickelt sich die komplexe harmonische musikalische Bewegung des Orchesters im Ganzen.

Wenn wir nun vom Bild dieser musikalischen Partitur zu einer tonbildlichen Partitur übergehen, so heißt das, dass wir für diese neue Stufe quasi noch eine Zeile hinzufügen müssen. Diese Zeile stellt dann den konsekutiven Ablauf der ineinander übergehenden bildlichen Einstellungen dar, die plastisch auf ihre Weise wiederum mit der musikalischen Bewegung korrespondieren und umgekehrt.“[130]

Für Eisenstein unterscheidet sich die neue Ton-Bild-Verbindung dabei nicht prinzipiell von der musikalischen oder der rein bildlichen Verbindung der Stummfilm-Montage, da verschiedene Montageformen zu dem gleichen Ergebnis führen, nämlich dass sie durch die Verbindung der Elemente der Montage ein einheitliches verallgemeinertes Bild erzeugen sollen.

---

129 Die von Eisenstein geführte Analyse der Vertikalmontage wird im Teil 2.4 detailliert vorgestellt.

130 Eisenstein (1940-41). In: Lenz / Diederichs (Hrsg.) (2005), S. 242.

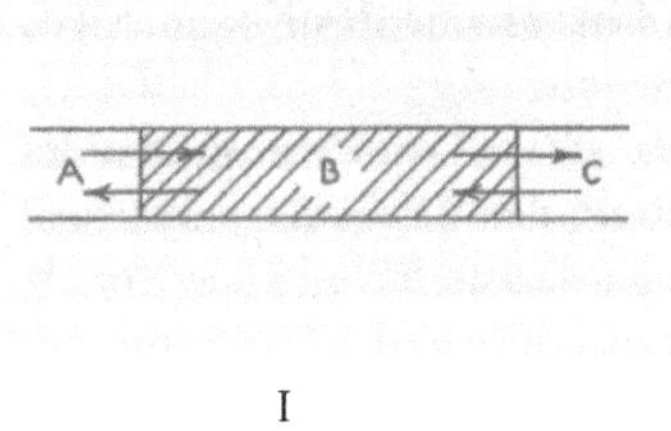

I

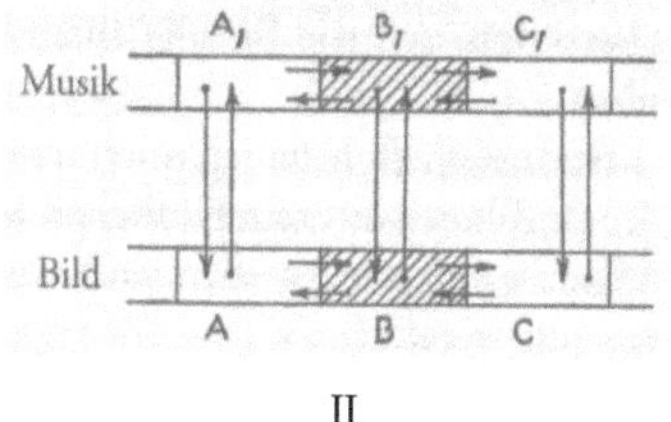

II

(Abb. 4: Ton-Bild Verbindung)[131]

Durch Schema I und Schema II zeigt Eisenstein, wie sich das System kompositorischer Verbindungen im Stummfilm (Schema I) von dem im Tonfilm (Schema II) unterscheidet. Wie Eisenstein beschreibt, dass Schema II den zusätzlichen vertikalen Faktor der gegenseitigen Entsprechungen veranschaulicht, der bei der Kombination von Abschnitten in der Tonfilm-Montage hinzutritt. Die Bilder werden nun nicht nur horizontal aneinandergereiht, sondern jeder einzelne bildliche Abschnitt wird zusätzlich in einem „Überbau" vertikal mit einem Abschnitt der Tonspur verbunden. Diese beiden Abschnitte werden nun nicht nur in der Aufeinanderfolge, sondern auch gleichzeitig miteinander verknüpft.[132] Das Prinzip der Bewegung vom Bild A-B-C (Schema I) hat Eisenstein bereits in der Stummfilmzeit erklärt.[133] In der Tonfilmzeit stellt sich nun zudem die Frage nach der Verknüpfung von A-A´, B-B´, C-C´(Schema II), d. h., der Verbindung zwischen Bild und Ton/Musik: „Doch stoßen wir bei der Enträtselung der Natur dieser neuen Form der Kopplung über die Vertikale auch auf grundsätzliche Schwierigkeiten. Denn der Aufbau einer kompositorischen Verbindung der Bewegung A´-B´-C´ ist uns aus der Musik bekannt. Und die Gesetze der Kompositionsbewegung A-B-C sind ins letzte in der Praxis des Stummfilms erforscht worden. Das neue Problem, mit dem das ton-bildliche Kino konfrontiert ist, wird es sein, die Verbindungen von A-A´, B-B´, C-C´ und so weiter auf eine Weise zu koordinieren, die das komplexe ton-bildliche Voranschreiten des Themas über das komplizierte System von Kombinationen von A-A´- B-B´ - C-C´ usw. in den unterschiedlichsten Überkreuzungen ermöglicht. Aus diesem Grund stehen wir vor der Aufgabe, einen Schlüs-

131 Ebd. S. 245.

132 Vgl. ebd., S. 245f.

133 Im Aufsatz *Montage der Attraktionen* (1923) und *Montage der Filmattraktionen* (1924) von Eisenstein. In: Lenz / Diederichs (Hrsg.) (2005).

sel für jene geheimnisvolle Naht der neuen vertikalen Kopplungen A-A´, B-B´, C-C´ herauszufinden."[134]

Eisenstein möchte in der Tonfilmzeit untersuchen, wodurch Musik und Bild vertikal verbunden werden, welche Verbindungen Musik und Bild haben, und wie Musik und Bild eine Harmonie aufbauen können, damit der intendierte Gesamteindruck des Darzustellenden entstehen kann.

2.3.2.2.2 Die Synchronität von Musik und Bild

Bei der Erörterung, auf welche Weise Bild und Musik einander verbinden, hat Eisenstein die innere Synchronität zwischen Musik und Bild in fünf Bewegungsformen gegliedert.

Eisenstein geht davon aus, dass eine stark empfundene innere Synchronität der Musik und des Bildes erzeugt werden muss, wenn man einen gemeinsamen Nenner für die Kommensurabilität des Bildes und des Tons finden möchte. Diese innere Synchronität, die sich entfalten soll, entspricht dabei der völligen Verschmelzung von plastischer und tonaler Gestaltung.[135]

Dieser Strukturierung liegen keine theoretischen Schlussfolgerungen zugrunde, sondern sie ist vielmehr durch Eisensteins Beobachtung und Erfahrung des Filmschaffens, also in der Praxis, elaboriert worden.

A. Natürlicher Synchronität, in dem der Ton zum gezeigten Gegenstand gehört (z.B. Froschquaken zum Bild eines Frosches, Räderrattern zum Bild eines Zuges usw.).

B. Rhythmischer Synchronität, in dem die bildlichen und musikalischen Elemente (z.B. Farbe und Klangfarbe) in einer gemeinsamen Rhythmusbewegung verlaufen.

B-1. Normaler gemeinsamer Rhythmus

Das ist der am häufigsten anzutreffende Fall einer Ton-Bild-Montage: Die bildlichen Abschnitte stimmen mit einem bestimmten musikalischen Rhythmus überein, der parallel auf der Tonspur zu hören ist.

B-2. Aufgebauter gemeinsamer Rhythmus

Eisenstein fasst diese Möglichkeit so zusammen: „Ausgehend von diesem einfachsten Fall einer elementaren „metrischen" Übereinstimmung von Ton- und Bild-Akzenten, die eine Art „rhythmische Deklamation" bilden, lassen sich in verschiedenen Kombinationen synkopische Beziehungen entfalten. Das kann bis zu einem rein rhythmischen „Kontra-

---

134 Eisenstein (1940-41). In: Lenz / Diederichs (Hrsg.) (2005), S. 247f.

135 Vgl. ebd., S. 248.

punkt" gehen, der im Spiel gezielt eingesetzter Disharmonien von Betonungen, Längen, Frequenzen der Wiederholungen etc. entsteht."[136]

Der Musik-Bild-Rhythmus kann durch verschiedene Methoden erzeugt werden, so z.B. durch aufeinander abgestimmte Wirkungen von Farben, Schnitten, Licht, Aktionen etc. mit der Musik.

C. Melodischer Synchronismus

Eisenstein versucht, die plastischen Ausdrucksmittel zwischen Bild und Musik zu finden, die nicht nur mit einer Bewegung des Rhythmus, sondern auch mit der Linie einer melodischen Bewegung korrespondieren.[137]Er meint, dass die bildlichen „linearen" Elemente die zu musikalischen Melodie passenden plastischen Ausdrucksmittel sind.

Bei der Zusammenarbeit von Regisseur und Komponist sollte der Regisseur zuerst die Bewegungslinie eines Musikabschnitts erfassen. Dann nimmt der Regisseur die Spur dieser Bewegung zur Grundlage der bildlichen Komposition. Die gleiche Aufgabe steht auch vor dem Komponist: Wenn er fürs Bild Musik schreibt, muss er die Montagebewegung sowohl über das System aller montierten Teile als auch die Bewegung innerhalb jeder Einstellung erfassen. Diese Bewegung ist dann die Grundlage seiner bildlich-musikalischen Komposition.[138]

D. Totale Synchronität

Eisenstein geht davon aus, dass wir Geräusche in ihren verschiedenen Höhenlagen und Tonalitäten als eine Art Schwingungsbewegung wahrnehmen. Das bildliche Äquivalent zu dieser Schwingungsbewegung sei das Licht, welches ebenfalls über den Begriff des Tonalen charakterisiert wird.

Hier entspricht also die Tonhöhe dem Spiel des Lichtes, und die Tonalität der Farbe.[139]

Die o. g. fünf Synchronitäten sind für Eisenstein nicht unbedingt konsonant. Vielmehr ist jede Kombination des Zusammenfallens und Nicht-Zusammenfallens der Bewegung möglich, doch die jeweilige Verbindung muss in jedem Fall kompositorisch begründet sein: „Ebenso selbstverständlich ist es, dass abhängig von der jeweiligen Ausdrucksintention des Kunstwerks jeder dieser verschiedenen Typen der Synchronität als bestimmendes Merkmal auftreten kann. Für einige Szenen mag der

136 Ebd., S. 249.

137 Vgl. ebd.

138 Vgl. ebd., S. 259f.

139 Vgl. ebd., S. 250.

wichtigste Faktor des Zusammenwirkens der Rhythmus sein, für andere - die Tonalität usw."[140]

2.4 Eisenstein und die Filmanalyse

2.4.1 Allgemeines zur Filmanalyse

Die Analyse von Filmen ist ein wichtiger Bestandteil der Filmtheorie und kann auch für die praktische Arbeit wichtige Impulse liefern. Durch die Filmanalyse kann die Filmsprache eines Filmemachers herausgearbeitet werden, so dass dessen Gedanken nachvollziehbar werden und - sofern der Analytiker gleichzeitig auch Filmemacher ist - Anregungen für das eigene weitere Schaffen entstehen. Gerade wenn es keine Möglichkeit gibt, die gesamte Schaffensperiode eines Filmemachers persönlich zu begleiten, ist die genaue Analyse seines Werkes der beste Weg, um von ihm zu lernen.

Der holländische Regisseur Joris Ivens[141] sagt über den Sinn der Filmanalyse für die Filmemacher und über seine eigene Erfahrung mit der Filmanalyse: „ Manche von uns nahmen die Gelegenheit wahr, die Filme, die wir erhielten, mit größtmöglicher Sorgfalt zu studieren. Ich kann mich entsinnen, wie ich an meinem Tisch zu Hause einen Umroller anbrachte, mir Kopien von Dovzenkos *Arsenal* und Eisensteins *Panzerkreuzer Potemkin* lieh und sie Einstellung für Einstellung analysierte - ihre Länge, ihren Rhythmus, die Komposition. Die Schnittfolge der wichtigsten Sequenzen dieser Meisterwerke hielt ich graphisch fest. Diese Analyse lehrte mich eine Menge über elementare visuelle Zusammenhänge und ihre Kontinuität. Die neuartigen Effekte, die mit extrem kurzen Einstellungen zu erreichen sind - gelegentlich nicht länger als ein, zwei Bilder - , waren zu jener Zeit großartige Entdeckungen."[142]

Die Filmanalyse vermittelt Ivens zufolge zwar einerseits die angewandten Techniken und gedanklichen Kompositionen. Andererseits kann dadurch keinesfalls das gesamte Geheimnis des Kunstwerkes ausgemacht werden. Neben dieser praktischen Relevanz stellt die Filmanalyse insbe-

---

140 Ebd., S. 251.

141 Joris Ivens (1898-1989) war ein bedeutender niederländischer Dokumentarfilmer des zwanzigsten Jahrhunderts. Er interessierte sich zunächst besonders für die Filmtechnik und das Experiment. An einem seiner Frühwerke, dem zehnmütigen Kurzfilm *Regen,* drehte er über 2 Jahre. Bekannt ist auch *De brug (Die Brücke).* Kurz vor seinem Tod 1989 stellte er den letzten seiner über 40 Filme fertig: *Une histoire de vent (Eine Geschichte über den Wind)* (vgl.Weniger 2001, Band 4, S. 169).

142 Ivens (1974), S. 16.

sondere für die Filmtheorie ein wichtiges Werkzeug für neue Erkenntnisse dar. Denn die Filmanalyse kann zum Beleg und zur Begründung eigener Theorien herangezogen werden. Thomas Kuchenbuch erklärt in seinem Buch *Filmanalyse* die Beziehung zwischen Filmtheorie und Filmanalyse wie folgt: „Filmtheorie und Filmanalyse sind ohne das andere nicht denkbar. Filmwissenschaft und -analyse bewegen sich aufeinander zu, allerdings in versetzten Phase und mit verschiedenen Aufgabenschwerpunkten: Auch man der Theoriebildung grundsätzlich die leitende Funktion zuschreibt, ist es keineswegs so leicht auszumachen, in welcher Phase, wer von beiden ton- und taktangebend ist."[143]

Hinzu kommt, dass es bedingt durch die Tatsache, dass jeder Film individuelle Charakteristika aufweist, keine einheitliche Methodik der Filmanalyse geben kann. Des Weiteren verfolgt jeder Filmanalyst mit seiner Arbeit auch eigene Interessen und Ziele, die sich von denen Anderer stark unterscheiden können. Deswegen ist es bei der Filmanalyse notwendig, die Methodik dem eigenen Interessensschwerpunkt anzupassen.

Diese Meinung vertreten auch Jacques Aumont und Michel Marie, Professoren im Bereich des Films aus Frankreich. Sie haben drei grundlegende Prinzipien der Filmanalyse benannt:

„A. n'existe pas de méthode universelle pour analyser des Films.

B. L'analyse de film est interminable, puisqu'il restera toujours, à quelque degré de précision et de longueur qu'on atteigne, de l'analysable dans un film.

C. Il est nécessaire de connaître l'histoire du cinéma et l'histoire des discours tenus sur le film choisi pour ne pas les répéter, de s'interroger d'abord sur le type de lecture que l'on désire pratiquer." [144]

143 Kuchenbuch (2005), S. 16.

144 Aumont / Marie (1988), S. 29.

„A. dass keine universelle Methode existiere, um Filme zu analysieren.

B. dass die Analysetätigkeit endlos sei, weil immer noch weiterführbar.

C. dass sie Kenntnisse der Geschichte nötig mache, sowohl des Films wie der bisherigen Diskurse zu den gewählten Beispielen." (Übersetzung von der Autorin)

2.4.2 Eisensteins Montagetheorie und die Filmanalyse

2.4.2.1 Filmanalyse - zwischen der Filmtheorie und dem Filmschaffen Eisensteins

Eisensteins Filmtheorie und sein Filmschaffen stehen in einem wechselseitigen Verhältnis zueinander, indem sie sich gegenseitig reflektieren und prüfen. Die Filmanalyse kann als „Brücke" zwischen seiner Theorie und seinem Werk gesehen werden, weil Eisenstein, nachdem er ein Filmprojekt realisiert hat, den Schaffensprozess und die Kriterien für die Wahl der verwendeten Filmsprache analysiert. Auf den dadurch gewonnenen Erkenntnissen gründet schließlich Eisensteins Filmtheorie.

Eisenstein erachtet es als zentral, dass die Analyse erst nach Beendigung des Filmes stattfindet. Denn während des Schaffensprozesses folgt der Filmemacher stets direkt einer Idee, die zur nächsten Einstellung führt und ist nicht in der Lage, eine logische Analyse und Beurteilung des gesamten Prozesses vorzunehmen. Eine Einschätzung, wie und warum bestimmte Verbindungen als passend empfunden werden, ist demnach zu diesem Zeitpunkt nicht möglich: „In der Phase wird die stichhaltige Auswahl nicht in logische Einsichten überführt - dies geschieht in einer nachträglichen Analyse, wie der gerade durchgeführten -, sondern direkt in unmittelbare Aktion umgesetzt. Ein Gedanke wird nicht zu theoretischer Erkenntnis gebracht, sondern in Einstellungen und Kompositionsprinzipien entwickelt." [145]

Eisenstein fügt hinzu: „Aber der Geist hält sich nicht mit der „Darlegung" dieser Motive auf - sondern eilt, das Werk selbst zu vollenden. Die Dechiffrierung all dieser Begründungen verbleibt dem Vergnügen der nachträglichen Analysen, die manchmal erst viele Jahre nach der eigentlichen schöpferischen Ekstase einsetzen [...]"[146]

Selbst wenn der Filmemacher sich im Schaffensprozess befindlich seiner Methodik nicht bewusst ist, bedeutet dies nicht, dass sein Werk weniger streng oder gesetzmäßig strukturiert wäre, als es das nachträglich analysierte Material belegen kann.

Nur der Künstler selbst weiß, warum er eine bestimmte Kompositionsweise wählt und keine andere.

---

145 Eisenstein (1940-41). In: Lenz / Diederichs (Hrsg.) (2005). S. 299.

146 Ebd.

2.4.2.2 Eisensteins erste systematische Filmanalyse der Filmgeschichte

Eisenstein ist nicht nur ein Filmschaffender, Filmtheoretiker und gleichzeitig auch ein Filmmusiktheoretiker, sondern spielt auch auf dem Gebiet der Filmanalyse eine wichtige Rolle in der Filmgeschichte. „Il est logique que nous rencontrions d'abord dans l'histoire de l'analyse S. M. Eisenstein en raison de l'ampleur et de la précocité de ses écrits consacrés, tant à l'esthétique générale du cinéma qu'à l'analyse d'oeuvres artistiques de différents domaines: romans, peintures, pièces de théatre, etc."[147]

Eisenstein hat in seinem Aufsatz *Über die Reinheit der Filmsprache* (1934) 14 Einstellungen analysiert, welche die spezifische und eigentümliche filmische Ausdruckskraft betonen, um die Reinheit der Filmsprache zu belegen.[148] Diese Betrachtung der 14 Einstellungen des Films *Panzerkreuzer Potemkin* (1925) wird als erste systematische Filmanalyse in der Filmgeschichte gesehen. Aumont/Marie äußern sich dazu wie folgt: „De plus, l'analyse de film que nous allons citer a été écrite en 1934 et nous n'avons pas connaissance d'études antérieures se livrant à une analyse aussi systématique d'une suite de plans. Elle inaugure une première période de l'esthétique du cinéma allant jusqu'aux années soixante, car on

147 Aumont / Marie (1988), S. 14.

Es ist logisch, dass wir in der Analyse der Filmgeschichte wegen des Umfangs und der Vorreiterrolle seiner Schriften zunächst auf S. M. Eisenstein stoßen, sowohl was die allgemeine Filmästhetik als auch was die Analyse von künstlerischen Werken verschiedener Gebiete betrifft: Romane, Bilder, Theaterstücke, usw. (Übersetzung von der Autorin)

148 Es ist sehr bemerkenswert, dass Eisenstein, statt die Filme zu kritisieren, die er für schlecht hält, und mit einer sich daraus ergebenden Analyse des ideologischen Gehalts fortzufahren (was in großem Maßstab in vielen Texten der 60er und 70er Jahre hinsichtlich des Hollywoodkinos erfolgen wird), es vorzieht konstruktiv ein Element einer seiner Filme zu analysieren, und dieses in gewisser Weise als Beispiel für eine qualitativ hochwertige Sprache verwendet: konstruktive Orientierung der Analyse und auch der Kritik, was nicht sehr häufig vorkommt.

Übersetzung von: „Il est trés remarquable que, plutôt que de critiquer les films jugés par lui mauvais et d'en faire ressortir par l'analyse la charge idéologique (ce qui se pratiquera, à grande échelle, à propos du cinéma hollywoodien dans tant de textes des années soixante et soixante-dix), Eisenstein choisit d'analyser, positivement, un fragment d'un de ses films, et de le prendre en quelque sorte comme exemple d'un langage de qualité: orientation constructive de l'analyse, et de la critique, qui n'est pas fréquente" (Aumont / Marie 1998, S. 14).

retrouve une démarche du même type dans la plupart des essais didactiques consacrés au découpage cinématographique..." [149]

Zunächst erklärt Eisenstein das Ziel der Analyse und begründet die Szenenauswahl: „um die wechselseitige kompositionelle Bedingtheit der plastischen Seite miteinander korrespondierender Einstellungen aufzeigen zu können, wähle ich bewusst keine besonders akzentuierte Szene, sondern die erstbeste Stelle, auf die sich gerade stoß: Vierzehn aufeinander folgende Filmstücke aus der Szene, die der Schießerei auf der ‚Odessaer Treppe' vorangeht."[150]

Anschließend analysiert Eisenstein, dass die deutliche Überschneidung zweier Themen die Struktur der Szene der Begrüßung des *Potemkin* ausmacht:

1. Die Jollen eilen auf den Panzerkreuzer zu.
2. Die Einwohner von Odessa winken.

„Am Schluß verschmelzen die beiden Themen miteinander. In wesentlichen handelt es sich um eine Komposition auf zwei Ebenen: Tiefe und Vordergrund. Abwechselnd schieben sich diese Themen nach oben, treten in den Vordergrund oder schieben sich gegenseitig in den Hintergrund."[151]

Dann wird detailliert analysiert, wie die Emotionen der Figuren bei der Begrüßung durch die filmische Sprache präsentiert werden.

„Die Komposition ist folgendermaßen aufgebaut: 1) auf einer plastischen Wechselwirkung der beiden Ebenen (innerhalb der Einstellung) und 2) auf dem Wechsel der Linien und Formen von Einstellung zu Einstellung – und zwar in jeder der beiden Ebenen (in Montageform). Im zweiten Fall wird das Kompositionsspiel durch ein kollidierendes oder aber innerlich zusammenhängendes Ineinandergreifen des plastischen Eindrucks einer vorhergegangenen und einer darauf folgenden Einstellung

149 Aumont / Marie (1988), S. 14.
Darüber hinaus wurde die Filmanalyse, die wir hier zitieren werden, 1934 verfasst und wir haben keine Kenntnisse über frühere Studien, die einer ebenso systematischen, mehrere Ebenen berücksichtigenden Analyse nachgehen. Sie eröffnet eine erste Periode der Filmästhetik, die bis in die 60er Jahre andauert, denn dieselbe Vorgehensweise lässt sich in den meisten der didaktischen Schriften wieder finden, die dem Filmskript gewidmet sind. (Übersetzung von der Autorin)

150 Eisenstein (1973), S. 144.

151 Ebd.

gestaltet. (Hierbei handelt es sich um eine an rein räumlichen und linearen Merkmalen orientierte Analyse ...)“[152]

Folgende Abbildungen und von Eisenstein selbst gezeichnete analytische Bilder sind hilfreich für das Verständnis der Analyse:

152 Ebd.

Illustration zu »Über die Reinheit der Filmsprache«

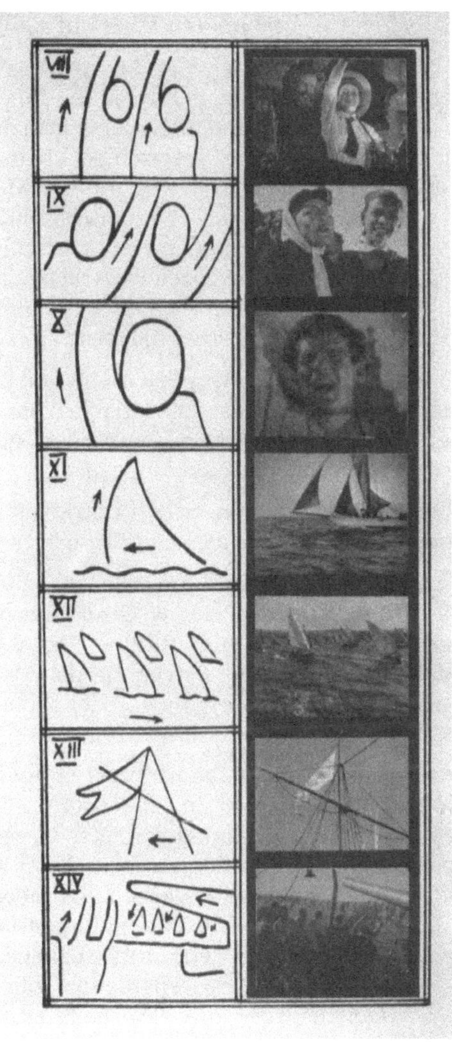

(Abb. 5: Erste Filmanalyse)[153]

Die Analyse zeigt, wie es Eisenstein gelingt, extrem formell die zu seiner Zeit besonders gelobten enorm starken emotionalen Effekte seines Films

153 Eisenstein (1974), S. 266f.

zu analysieren. Dabei legt er besonderen Wert auf die Bildkomposition und die Montag.

In den Einstellungen 1, 2, 11, 12, (Einstellungen der Jollen) und 4, 5, 8, 9, 10, (Einstellungen der Menschen) sind allgemeine Prinzipien der Einstellungsverbindung zu erkennen. Die unterschiedlichen Richtungen der Bewegungen - Bewegung der Jollen, Bewegung der Menschen (sowohl deren Hände als auch deren Blicke) - werden besonders deutlich gezeigt. Außerdem erkennt man das Prinzip der unterschiedlichen Anzahl der in verschiedenen Einstellungen gezeigten Objekte. Darüber hinaus zeichnet Eisenstein für die Einstellungen 2, 3, 4, 5, 6 eine bogenförmige Struktur, die er als das plastische Thema analysiert.

Aus den Abbildungen geht hervor, dass Eisenstein von der ersten bis zur vierzehnten Einstellung eine sehr formelle Analyse der Bildkomposition und des Montageaufbaus durchführt und damit darlegt, wie er mit formellen Faktoren den Ausdruck von Emotionen erreicht.

Um diese Vorgehensweise zu zeigen, wird Eisensteins detaillierte Analyse der Einstellungen drei und vier dies hier illustriert:

„Einstellung 3. Das plastische Thema des Brückenbogens wächst in die ganze Einstellung hinein. Das Spiel der wechselnden Einstellungsfolge besteht im Übergang der Vertikallinien in eine bogenförmige Struktur. Das Thema der Vertikalen ist in der Bewegung der Menschen bewahrt worden, die sich ohne heftigere Bewegung von der Kamera wegbegeben. Das Jollenthema ist endgültig in die Tiefe verdrängt.

Einstellung 4. Das plastische Bogenthema rückt endgültig in den Vordergrund. Die Bogenformation geht in eine entgegengesetzte Lösung über, die von der kreisförmig zusammengetreteten Gruppe angekündigt wird (die Komposition wird durch den Sonnenschirm vorausgedeutet). Derselbe Übergang in ein Gegenstück findet auch innerhalb des Vertikalaufbaus statt: Die Rücken der sich ohne heftigere Bewegung in die Tiefe begebenden Menschen werden von unbeweglichen und von vorn aufgenommenen Figuren abgelöst. Das Thema der Jollenbewegung wir dabei durch deren Augenausdruck und ihre horizontale Bewegung in gespiegelter Form beibehalten."[154]

Durch diese Analyse möchte Eisenstein zeigen, dass die Emotion erst zum Zuschauer vermittelt werden kann, wenn die filmische Sprache auf der formellen Ebene sorgfältig konstruiert ist. Dieser Analysestil wird von Aumont / Marie wie folgt beurteilt: „Chez Eisenstein lui-même, ce texte est peut-être celui qui va le plus loin dans une approche aussi systématique (et, bien souvent, il applique plus volontiers ses qualités

[154] Eisenstein (1973), S. 145.

d'analyste à la peinture ou à la littérature). Avec ses limites et ses défauts, car il y aurait beaucoup à redire, sinon à la méthode, du moins à certaines remarques de détail, il apparait aujourd'hui comme l'un des prototypes, des ancetres de l'analyse filmique."[155]

2.4.2.3 Eisensteins Filmanalysemethode

Zwar bezieht sich Eisensteins Filmanalyse in erster Linie auf die Filmsprache und auf die Elemente der Montagetheorie. Dennoch hat Eisenstein auf Grund der verschiedenen Analyseschwerpunkte und -ziele unterschiedliche Methoden der Filmanalyse entwickelt. Dabei sind ihm Erkenntnisse aus anderen Analysen behilflich.

Eisenstein sieht den Film nicht nur als neue Kunstform an, sondern glaubt in ihm auch die Möglichkeit zu erkennen, alle alten Künste einzubeziehen. In den Zwanziger Jahren, als viele Regisseure und Theoretiker nach einer Spezifik des neuen Films suchten, hat Eisenstein entgegen diesem Trend die Wege der traditionellen Künste untersucht und dabei festgestellt, wie sie in die Filmgeschichte einzuordnen sind.

Eisenstein wurde bezüglich der Montagetheorie auch von literarischen Beschreibungen inspiriert. Anhand einer Notiz des 18. Septembers 1867 im *Tagebuch* der Brüder Goncourt[156] vollzog er beispielsweise die Montage im Tonfilm nach. Dazu findet sich in einem Vermerk Eisensteins: „Die Beschreibung einer Sport-Arena... - ich fand sie im Notizheft der Einträge für unsere künftigen Romane, die ja leider nie geschrieben worden sind. An beiden Enden des Saales, die in tiefe Schatten getaucht sind, ist das Aufblitzen der Uniformknöpfe und Griffe von Polozeisäbeln zu erkennen. Das Glänzen der Körper der Ringer, die sich in das helle Licht des Rings bewegen. Der herausfordernde Blick in ihren Augen. Das Klatschen von Handflächen auf die Haut beim Nahkampf. Schweiß, der an den Geruch von Raubtieren erinnert. Ihre bleiche Gesichtsfarbe, die

---

155 Aumont / Marie (1988), S. 14.
Bei Eisenstein selbst ist dieser Text vielleicht derjenige, dessen systematischer Ansatz am weitesten ausgearbeitet ist (und oft wendet Eisenstein seine Analysefähigkeiten ja lieber an Bildern oder an der Literatur an). Mit seinen Fehlern und Mängeln, denn es ließe sich viel sagen, wenn schon nicht über die Methode an sich, so zumindest über einige Bemerkungen im Einzelnen, erscheint der Text heutzutage wie einer der Prototypen, der „Vorläufer" der Filmanalyse. (Übersetzung von der Autorin)

156 Brüder Edmond de Goncourt (1822-1896) und Jules de Goncourt (1830-1870) waren französische Schriftsteller, die bis zum Tode Jules zusammen arbeiteten. Seit 1870 veröffentlichte Edmond allein. *Das Tagebuch* verzeichnet die Erinnerungen der Brüder von 1850 bis 1870 (vgl. Eisenstein 1940-41. In: Lenz / Diederichs Hrsg. 2005, S. 240).

übergeht in den aschblonden Ton ihrer Schnurrbärte. Körper, die an den von Schlägen getroffenen Stellen erröten. Rücken, von denen der Schweiß strömt wie von Rinnsteinen. Der Griff und die Bewegungen der sich auf den Knien über den Boden schleifenden Ringer, samt dem Pendeln ihrer Köpfe usw. usf."[157]

Eisenstein hat dieses Literaturstück aus der Perspektive der Montage betrachtet: „Solche Bilder kennen wir auch aus dem Kino: Eine Kombination sehr scharf fokussierter ‚Großaufnahmen', die durch ihre Gegenüberstellung ein ungewöhnlich lebendiges Bild einer Arena entstehen lassen. Aber was ist nun hieran bemerkenswert? Das besondere besteht darin, das die einzelnen dieser Großnahme, also die ‚Montage-Elemente', im Zuge weniger Zeilen der Beschreibung buchstäblich beinahe alle Sphären menschlicher Sinne durchlaufen:

1. Taktile (schweiß-triefend nasse Rücken);
2. Olfaktorische (Schweißgeruch, der an den Geruch von Raubtieren erinnert);
3. Visuelle: Licht (tiefer Schatten und die glänzenden Körper der Ringer, die sich ins helle Licht des Rings bewegen; die Knöpfe der Polizeiuniformen und ihre Säbelgriffe, die aus der Dunkelheit aufblitzen). Farbe (bleiche Gesichter, aschblonde Schnurrbärte, sich von den Schlägen einfärbe Körperstellen);
4. Akustische (das Schnalzen der Schläge);
5. Motorisch bewegte (Bewegung auf den Knien sowie das Pendeln der Köpfe);
6. Emotionale in der Dramaturgie des ‚Spiels'(herausfordernde Blicke) usw." [158]

Diese Beispiele zeigen, wie Eisenstein in der Literatur die Montage entdeckt und analysiert. Mit seiner Analyse möchte Eisenstein beweisen, dass es hinsichtlich der Erzeugung des einheitlichen, verallgemeinerten Bildes prinzipiell keine methodischen Unterschiede gibt, sei es ein rein visuellen Bild im Stummfilm bzw. ein akustisch untermaltes Bild im Tonfilm oder sogar bei der Montageform, welche Elemente beider verbindet. Verschiedene Elemente dienen dazu, zusammen ein verallgemeinertes Bild bzw. einen Gesamteindruck zu schaffen.

Eisenstein arbeitet als Theaterregisseur, bevor er mit dem Filmemachen beginnt. Für ihn ist das Theater die audio-visuelle Vorschule des Films. In der Analyse bedient er sich z.T. seiner Theaterkenntnisse um zu er-

157 Eisenstein (1940-41). In: Lenz / Diederichs (Hrsg.) (2005), S. 240f.

158 Ebd., S. 241.

gründen, warum der Film *Panzerkreuzer Potemkin* vom Rezipienten als organisch empfunden wird. Seiner Meinung nach erscheint der Film wie eine Chronik von Ereignissen, ist jedoch wie ein Drama aufgebaut. Dies ist darin begründet, dass der chronikartige Gang der Ereignisse in strenge Tragödienkomposition gebracht ist - „Ja sogar in die strengste Form der Tragödienkomposition - in die der fünffaktigen Tragödie [...] Die fünf Akte, die durch die große thematische Linie der revolutionären Brüderlichkeit verbunden sind, sind sich im übrigen äußerlich kaum ähnlich. In einer Beziehung jedoch sind sie sich absolut gleich: Jeder Akt zerfällt deutlich in zwei ungefähr gleiche Teile." [159]

Eisenstein hat neben literarischen Werken auch verschiedene Gemälde analysiert. Dabei hat er nicht nur die Bildkomposition und die Bildstruktur herausgearbeitet, sondern darin auch Ansätze der filmischen Montage erkannt. Montage ist nach Eisenstein mit Bildkomposition und -struktur vergleichbar. So entdeckt er z.B. Ähnlichkeiten zwischen den Details eines Bildes und einer Großaufnahme im Film. Die Verweildauer des Auges auf dem Bild ist ähnlich wie die Einstellungsdauer der Filmszene. Der Prozess der Rezeption eines Bildes ist vergleichbar mit der eines Filmes, da sich in beiden Fällen aus den unterschiedlichen Elementen ein „verallgemeinertes Bild" zusammen fügt. Zudem meint Eisenstein, dass ein Montageteil, besonders eine Großaufnahme, wie ein Teil in einem Bild ist. Dieser einzelne Teil wird mittels Fantasie auf das Ganze projiziert, deswegen ist die Verbindung zwischen verschiedenen Montageteilen keine Verbindung der Details, sondern die Verbindung verschiedener Szenen.

Daraus ergibt sich, dass die verschiedenen Künste von Eisenstein nicht getrennt untersucht werden; wenn er Anregungen aus einer Kunstrichtung bekommt, so nutzt er diese dafür, anschließend weitere künstlerische Bereiche diesbezüglich zu analysieren, um schließlich ein allgemeingültiges künstlerisches Gesetz zu entwickeln.

2.4.2.4 Eisensteins Filmmusikanalyse der 12 Einstellungen in seinem Film Alexander Nevski (1938) - Vertikalmontage

2.4.2.4.1 Zusammenarbeit Eisensteins und Prokofjews

Alexander Nevski ist ein Tonfilm aus dem Jahr 1938. Er erzählt die Geschichte des Nowgoroder Fürsten Alexander Newski, dessen Heer im Frühjahr 1242 auf dem Eise des Peipussees den Deutschen Ritterorden geschlagen hat.

---

159 Eisenstein (1973), S. 154-156.

Eisenstein und Prokofjew haben eine brillante Verbindung der Filmbilder mit der Musik in diesem Film geschaffen. Musik und Bild erzeugen zusammen ein verallgemeinertes Bild des Themas. Diese Leistung ist durch die enge Zusammenarbeit der beiden Künstler und ihre gemeinsame Vorstellung vom Filmschaffen zu erklären. Eisenstein folgt stets dem sich aus seiner Montagetheorie ergebenden Gedanken, dass die Emotionen und Informationen eines Films nicht nur durch die Handlung und die Dialoge vermittelt werden, sondern auch durch die Kamerabewegung, das Licht, die Komposition der Bilder, die Schnitttechnik und auch die Filmmusik. Jedes Element der Filmsprache sollte eine eigene Funktion im Film übernehmen und alle Elemente zusammenwirken. Prokofjew stimmt dem zu: „Ich halte den Film weiterhin für die Kunst, die am ehesten zeitgenössisch zu nennen ist. Gerade weil die Filmkunst neu ist, hat man sich bei uns noch nicht daran gewöhnt, die einzelnen Faktoren, aus denen sie besteht, richtig zu werten, und so hält man die Musik etwa für das fünfte Rad am Wagen, das keine besondere Aufmerksamkeit verdient."[160]

Unter diesem gemeinsamen Gedanken führen die beiden Künstler eine intensive Zusammenarbeit. Dabei hatten sie von Beginn der Produktionsphase bis zur endgültigen Schnittfassung die Filmmusik als eindrucksvolles Verbindungsglied im Kopf.

Eisenstein und Prokofjew verfolgten verschiedene Arbeitsweisen: Manchmal drehte Eisenstein zuerst die Szene, dann komponierte Prokofjew anhand des Bildes die Filmmusik, bisweilen verlief der Prozess aber auch umgekehrt. Eisenstein erachtet die Filmmusik als dramaturgischen Teil des Films und erklärte sich bereit, manche Szenen des Films neu zu schneiden, umzustellen oder sogar herauszunehmen, damit die natürliche Entwicklung der Filmmusik nicht beeinträchtigt wird. Manchmal diskutierten beide zuerst, wie die Szene unter Einbeziehung der Filmmusik aufzubauen sei.[161]

Der Film wurde nicht nur als ein ausgezeichnetes Filmmusikwerk in der Zeit des Stummfilms angesehen, sondern beeinflusste auch spätere Filmschaffende. In Bezug auf den Einsatz von Musik in Filmen und speziell in Eisensteins Film *Alexander Newski* erinnert sich der Filmmusikkomponist Lalo Schifrin: „ Als ich alt genug war, ging ich vier- bis fünfmal in der Woche ins Kino, um denselben Film zu sehen, weil man damals noch

---

160 Vgl. Michael Stegemann (1978): *Sergej Eisenstein und Sergej Prokofjew. Protokoll einer Zusammenarbeit.* In: Melos/Neue Zeitschrift für Musik, VI/1978. S. 495-502; S. 497. Zitiert nach Wünschel (2006), S. 28.

161 Vgl. Wünschel (2006), S. 28.

keine sound-tracks kaufen konnte. Ich habe *Alexander Newski* wegen Prokofjews Musik vierzehnmal gesehen." [162]

Nicht nur das Zusammenspiel von Film und Filmmusik, sondern auch die Zusammenarbeit zwischen Sergej Eisenstein und Sergej Prokofjew gilt in der Filmgeschichte als Vorbild, weil sie mit ihrer intensiven Arbeitsbeziehung im Film *Alexander Newski* die gelungene Verbindung von Bild und Ton zu einem neuen Ganzen begründeten.[163] Deshalb beeinflusst auch die Beziehung und Arbeitweise von Eisenstein und Prokofjew das Werk späterer Filmschaffender. Als Beispiel kann hier die gute Zusammenarbeit zwischen dem Regisseur Paul Verhoeven und dem Komponisten Jerry Goldsmith beim Film *Basic Instinct* angeführt werden. Über das musikalische Endergebnis in *Basis Instinct* äußert sich Verhoeven wie folgt: „Als ich ein Filmstudent war, vor 30 Jahren, habe ich etwas über die wunderbare Zusammenarbeit zwischen Eisenstein und Prokofjew an *Alexander Nevski* und *Ivan the Terrible* gelesen. Die haben den Film wochenlang vor- und zurückgespult, wobei der Komponist seine Stücke spielt und der Regisseur sie kommentierte, änderte und sogar seinen Film den Rhythmen anpasste. Ich habe dieses kreative Verhältnis immer beneidet, bis ich anfing, mit Jerry Goldsmith an *Basis Instinct* zu arbeiten [...] Der Prozess der Zusammenarbeit fühlte sich genauso an."[164]

Die enge Freundschaft zwischen Eisenstein und Prokofjew endet mit dem Tod des Regisseurs am 11. Februar 1948. Eisensteins Tod bedeutet auch das Ende des filmmusikalischen Schaffens Sergej Prokovjews.[165]

2.4.2.4.2 Eisensteins eigene Analyse

1940/41 hat Eisenstein das Zusammenspiel von Musik und Bild in *Alexander Newski* (1938) in seine Theorie überführt. Eisensteins Analyse fokussiert darauf, wie sich die Bilder und die Musik verbinden und so gemeinsam Emotionen und Atmosphäre erzeugen. Zu diesem Zweck entwickelt Eisenstein seine eigene Analysemethode, die Vertikalmontage. Um die Vertikalmontage besser zu verstehen, empfiehlt sich ein Rückblick auf die Montagetheorie, mit der sich Eisenstein zur Stummfilmzeit beschäftigt hat.

Wie bereits erläutert [166] besteht die Aufgabe der Montage Eisenstein zufolge darin, ein Thema in seine bestimmenden Darstellungen zu zerlegen

162 Russell / Jung (2001), S. 83.

163 Vgl. Wünschel (2006), S. 27.

164 Vgl. Zitatübersetzung in Kreutzer (2001), S. 133.

165 Vgl. Wünschel (2006), S. 26.

166 Siehe Kapitel 2.1 und 2.2 dieser Arbeit.

und diese danach so zusammen zu fügen, dass sie in ihrer Gesamtheit das ursprüngliche verallgemeinerte Bild des Themas wieder herstellen. Dieses Prinzip der Montage verändert sich seiner Meinung nach nicht wesentlich durch den Übergang von der Stummfilmzeit zur Tonfilmzeit. Denn Bild A und Bild B, die als Montageteile im Stummfilm horizontal aufeinander folgen, gehen im Tonfilm mit der Tonebene eine zusätzliche vertikale Verknüpfung ein. Die Bilder können sich gleichzeitig in beide Richtungen (horizontal und vertikal) bewegen.

Über die Anwendung dieses theoretischen Prinzips sagt Eisenstein: „Jedoch bleibt die entscheidende Frage, wie sich Wege für die konkrete Praxis dieses neuen Montagetyps finden lassen. Intensive Forschungen auf diesem Gebiet wurden mit dem Film *Alexander Newski* unternommen. Und den neuen Montagetyp, der auf immer untrennbar mit diesem Film verbunden ist, nenne ich: die Vertikalmontage.“ [167]

2.4.2.4.2.1 Auswahl des Analysematerials

Eisenstein wählt für seine Analyse eine Szene mit zwölf Einstellungen aus dem Film *Alexander Nevski* aus. In der Szene steht Alexander auf dem Rabenfelsen und das russische Heer ist zu seinen Füßen am Ufer des zugefrorenen Peipus-Sees; sie blicken in die Ferne und erwarten von dort die Offensive des Feindes. Die Auswahl begründet Eisenstein damit, dass die umfassendsten Entsprechungen der Ton-Bild-Verbindungen in dieser Szene geschaffen wurden. Außerdem lässt sich diese Szene in gedruckter Form gut darstellen, weil sie aus unbewegten Einstellungen besteht. Es handelt sich um Standbilder, die sich sehr gut zur Reproduktion eignen.[168]

2.4.2.4.2.2 Die Analysemethode

Eisenstein hat die Vertikalmontage der zwölf Einstellungen analysiert und präsentiert sie durch parallel stehende Grafiken (Einstellungsbilder und Musiknoten). So wird gezeigt, wie und warum eine Reihe von Einstellungen in einer bestimmten Abfolge und mit bestimmter Dauer jeweils auf ebendiese Weise und nicht anders mit den entsprechenden musikalischen Abschnitten verbunden wird. Anhand dieser Sequenz wird das Geheimnis jener sukzessiven vertikalen Entsprechungen sichtbar, welche die Musik Schritt für Schritt mit den Einstellungen verbinden und zwar mittels einer sowohl der Bewegung der Musik als auch der des Bildes zugrunde liegenden gemeinsamen Geste.[169]

---

167 Eisenstein (1940-41). In: Lenz / Diederichs (Hrsg.) (2005), S. 242.

168 Vgl. ebd., S. 264.

169 Vgl. ebd., S. 263.

Diese gesamte Geste beruht nach Eisenstein darauf, dass „man die Bewegung eines Musikabschnitts erfassen und die Spur dieser Bewegung, also ihre Linie oder Form, zur Grundlage jener bildlichen Komposition nehmen muss, die der Musik korrespondieren soll."[170]

Eisenstein nennt hier die Begriffe „Bewegung" und „Bewegungslinie", mittels derer das Bild und die Musik verbunden werden können. Die beiden Begriffe beruhen auf der Wahrnehmung der Bildkomposition und der musikalischen Elemente. Das bedeutet, dass die vertikale Beziehung der Bildkomposition und der musikalischen Elemente durch die Ähnlichkeit der Wahrnehmung verbunden wird.

Aber die Begriffe „Bewegung" und „Bewegungslinie" werden häufig leider nur als der Graph verstanden. Adorno / Eisler beispielsweise steht dieser Analysemethode negativ gegenüber: „Die Ähnlichkeit zwischen der Musik und dem Bild ist eine begriffliche, durch die grafische Fixierung der Musik vermittelte, als solche aber gar nicht unmittelbar wahrzunehmen."[171] Für Helga De la Motte-Haber steht die Analyse nur auf dem Papier - „Ausgeklammert wird, was die Argumentation beeinträchtigen könnte; sie basiert im wesentlichen auf einer gewissen Ähnlichkeit zwischen dem Graph der Tonhöhenverläufe und der Lineatur der Bildkonturen (wobei u.a. eine fallende kleine Terz zum ‚abrupten melodischen Sprung' zurechtgedeutet wird). Verwechselt wird die Musik mit ihrem Notenbild, in dieses zudem hineininterpretiert, was zuvor als deskriptive Musik tabuisiert worden war. Die ‚strukturellen Korrespondenzen' exsistieren nur auf dem Papier."[172]

Es scheint in der folgenden Abbildung der Analyse zwar oberflächlich so, dass die Analyse auf der Ähnlichkeit zwischen dem Graph der Tonhöhenverläufe und der Lineatur der Bildkonturen basiert. Aber nach genauerer Untersuchung zeigt sich, dass der Graph eigentlich auf der Wahrnehmung basiert. Denn der Graph entspricht nicht nur dem Graphen der Tonhöhenverläufe und der Lineatur der Bildkonturen, die im Diagramm stehen, vielmehr spiegelt er auch die Wahrnehmung der Musik und der Bildkomposition wider.

Darauf wird im Folgenden näher eingegangen.

---

170 Vgl. ebd., S. 259.

171 Adorno / Eisler (2006), S. 114.

172 De la Motte-Haber (1980), S. 22.

2.4.2.4.2.3 Der Analyseprozess[173]

Es handelt sich um zwölf Eintellungen und 17 Takte.

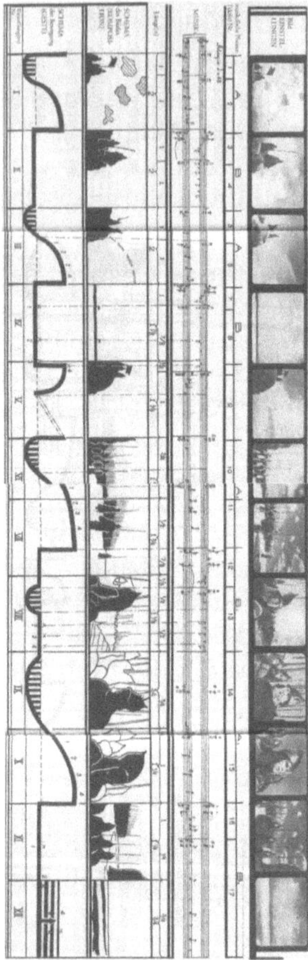

[173] Die Analyse der Vertikalmontage und die dazu gehörende Graphik von Eisenstein werden in der Literatur der Filmmusikwissenschaft auch von anderen Vertretern häufig kritisiert, der Analyseprozess aber an keiner Stelle detailliert verständlich vorgestellt. Die vorliegende Arbeit versucht dies nachzuholen

(Abb. 6: Vertikalmontage)[174]

Eisenstein analysiert der Wahrnehmung folgend zwei Bewegungslinien dieser Szene.[175]

Die erste Bewegungslinie geht vom musikalischen Satz A aus. Eisenstein analysiert, wie die Bilder der Einstellungen I, III, VI, VII, IX und X, welche zu Satz A passen, mit der Bewegungslinie der Musik eine identische Beziehung aufbauen.

Die zweite Bewegungslinie geht vom musikalischen Satz B aus. Einstellung II, IV, VIII, XI, XII passen zu diesem Satz. Eisenstein analysiert, wie sie sich verbinden.

2.4.2.4.2.3.1 Die Analyse der ersten Bewegungslinie

Eisenstein wählte zuerst zwei Einstellungen (III und IV) und die entsprechende Musik (Takt 5, 6, 7, 8 - Satz A und Satz B) aus, weil die Zuschau-

---

174 Eisenstein (1940-41). In: Lenz / Diederichs (Hrsg.) (2005), S. 265-270.

175 Eisenstein hat die beiden Bewegungslinien in seiner Analysearbeit nicht derart getrennt analysiert. Hier wird dies so gezeigt, um seine Analyse besser greifbar zu machen.

er nach seiner Untersuchung an dieser Stelle am stärksten auf die Verbindung von Bild und Musik reagieren.

Analyse der Einstellung III und IV:

Eisenstein erstellte eine der Bewegungslinie entsprechende Grafik der Musik. Er erläutert seine Vorgehensweise mit folgenden Worten: „Nehmen wir einmal diese vier Takte und versuchen wir, mit der Hand in der Luft jene Bewegungslinie nachzuzeichnen, die unserem Eindruck der Musik entspricht. Der erste Akkord wird von uns als eine Art ‚Startrampe' wahrgenommen. Die darauf folgenden auf der Tonleiter ansteigenden fünf Vierteltöne zeichnen wir natürlich als eine sich stufenweise angespannt emporhebende Linie."[176]

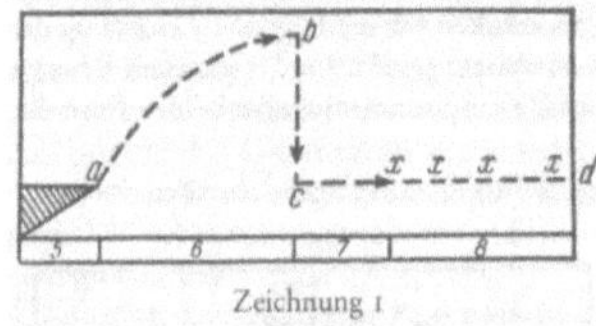

(Abb. 7: Musikalisch Bewegungslinie der Vertikalmontage)[177]

Was Eisenstein hier mit der Beschreibung und der Grafik meint, ist nicht die in Adorno / Eisler genannte grafische Fixierung der Musik, sondern sein Wahrnehmungsprozess der Musik, welche dem Notenbild entspricht. Es ist möglich, diese Graphik (Abb. 7) nach der Wahrnehmung zu den Musiknoten zu erstellen, da es wissenschaftlich nachweisbar ist, dass die menschlichen Wahrnehmungen mit der Tonhöhe in Verbindungen stehen. So ist bespielweise Zhou HaiHong in seiner Dissertation durch Experimente zu dem Ergebnis gekommen, dass die Wahrnehmung der Tonhöhe mit der Wahrnehmung von Helligkeit, Raumgefühl, Größe und Gewicht der Dinge sowie der eigenen emotionalen Aufregung korrespondiert.[178] Unterstützend für diese Grafik fügt Royal S. Brown hinzu: „There is also no question that, in music, a progression

176 Eisenstein (1940-41). In: Lenz / Diederichs (Hrsg.) (2005). S. 271.

177 Vgl. ebd.

178 Vgl. Zhou (2004), S. 244-247.
Die genauen Ergebnisse von Zhou sind die folgenden: Je höher die Tonhöhe, desto heller ist auch die visuelle Wahrnehmung; desto höher wirkt der Raum; desto kleiner und leichter nimmt man die Dinge wahr; desto größer ist die eigene emotionale Erregung.

from a note of a lower pitch to a note of a higher pitch is perceived, psychologically, as a movement upward, and vice versa for movement from a higher pitch to a low one."[179]

Dann wird in einer anderen Bewegungsgrafik gezeigt,[180] wie die Bildkomposition wahrgenommen wird (vgl. Bildkomposition in Abb. 6 und Abb. 8).

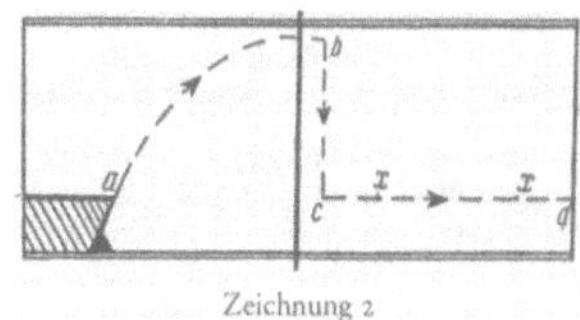

(Abb. 8: Bildliche Bewegungslinie der Vertikalmontage)[181]

Aus den beiden Grafiken geht hervor, dass die Bewegungslinie der Musik und die Bewegungslinie der Bildkomposition zueinander passen.

Dann analysiert Eisenstein: „Nun vergleichen wir die beiden Schemata: Die Bewegungsmuster sind absolut identisch, folglich stimmen in unserem Beispiel die Bewegung der Musik und die Bewegung der Augen entlang der graphischen Kompositionslinien überein.

Mit anderen Worten, beiden Bewegungslinien, die durch die Graphen repräsentiert werden, liegt etwas Gemeinsames zugrunde, das sowohl den Aufbau der musikalischen Konstruktion als auch die plastische Bildkomposition bestimmt."[182]

Bis hier wird also gezeigt, dass die identischen Grafiken auf verschiedenen menschlichen Wahrnehmungen beruhen. Die Korrespondenzen zwischen Bild und Musik existieren nicht, wie De la Motte-Haber meint, nur auf dem Papier, wenn sie auch durch die Grafik auf dem Papier präsentiert werden.

Eisenstein analysiert außerdem, dass die identischen Schemata auch der Emotionsbewegung entsprechen, welche sowohl in der Musik als auch im Bild enthalten ist: „Das ansteigende Tremolo der Violincelli in c-Moll

179 Brown (1994), S. 136.

180 Diese Bewegungslinie wird nach der Komposition des Bildes (der Augenbewegung des Betrachters folgend) gezeichnet. Vgl. Eisenstein (1940-41). In: Lenz / Diederichs (Hrsg.) (2005), S. 271f.

181 Vgl. Eisenstein (1940-41). In: Lenz / Diederichs (Hrsg.) (2005), S. 272.

182 Ebd., S. 273.

korrespondiert sowohl der zunehmenden nervösen Anspannung in der Szene, als auch der verstärkten Regung bei ihrer Betrachtung (Einstellung III). Erst der Akkord (in Takt 7) scheint eine Entspannung herbeizuführen. Die Reihung der Achtel in gleicher Tonhöhe unterstreicht nun förmlich die unbewegliche horizontale Heereslinie und bestärkt den Eindruck, sie würde sich über den ganzen Horizont ausbreiten."[183]

Analyse der Einstellung I:

Eisenstein meint, dass das Bewegungsschema nicht allein durch die Linie a-b-c ausgedrückt wird, sondern gleichermaßen durch verschiedene andere plastische Ausdrucksmittel. Dies ist in Einstellung I der Fall.

Die Musik bei der ersten Einstellung ist dieselbe wie in der dritten Einstellung (Satz A). Die Grafik ist zwar identisch, aber hier ist das passende Element nicht die Bildkomposition, sondern das Licht im Bild. Die Veränderung des Lichts entspricht dieser Grafik.

Der vollständige Eindruck von Einstellung I kann nicht durch eine Photographie vermittelt werden, da diese Einstellung durch Aufblende entsteht und sich erst aus der Dunkelheit entwickelt: „Zunächst erscheint von links eine dunkle Gruppe mit einem Banner; daraufhin hellt sich der Himmel stufenweise auf, wobei schließlich die Umrisse einzelner Wolkenberge sichtbar werden." [184]

Analyse der Einstellung VI und VII:

Die beiden Einstellungen werden als Paar behandelt. Während Phrase A (mit ihren beiden Takten) in Einstellung I vollständig auf ein Bild fällt, kommen auf die Phrase A in neuer Tonart mit den Einstellung VI und VII beinahe zwei ganze Einstellungen.[185]

Hier ist die Grafik der Musikbewegung identisch mit der oben gezeigten Grafik.

Anschließend analysiert Eisenstein, wie die Bildbewegung von Einstellung VI und VII zur Musikbewegung passt, da sie die gleiche Bewegung haben wie Einstellung III und VI.

Zuerst entspricht die Bewegungslinie dem Senkungsgefühl des Akkordes und der Linie der Lanzen. Eisenstein äußerte seine Wahrnehmung: „Ich weiß nicht, wie es anderen damit geht, aber in mir erzeugt der erste

---

183 Ebd., S. 273.

184 Ebd., S. 274.

185 Vgl. ebd., S. 275.

Akkord de 10. Taktes immer den Eindruck einer schwerfälligen Masse von Tönen, die an den Linien der Lanzen entlang von oben nach unten gleitet. (Wegen diesem Eindruck montierte ich dieses Stück an genau diese Stelle.)“[186]

Dann wird analysiert, wie die Kurve von a bis b mit dem Bild zusammen passt. Die Krieger sind in der Einstellung VI in vier Stufen 1,2,3,4 in die Tiefe gestaffelt. Das beginnt mit den vier Lanzenträgern im Vordergrund, die hier die Funktion der „Startebene“ jener Bewegung in die Tiefe übernehmen. Der Unterschied ist, dass die Bewegungslinie hier nicht vertikal auf der Oberfläche des Bildes verläuft, sondern jetzt perspektivisch und horizontal in die Bildtiefe führt.[187]

Die Bewegung von b nach c wird von dem Akkord dargestellt, der am Anfang von Takt zwölf steht. „Es handelt sich um jenen Akkord mit der einleitenden grell akzentuierten Sechzehntelnote, die in Einstellung III im Übergang zu Einstellung IV den Eindruck eines jähen vertikalen Absturzes des Blicks nach unten verursacht hatte.“[188]

Die entsprechende Bewegung aus dem Bild ist der „Sprung“ von der Linie der Krieger zur Ansicht der Horizontlinie. Diese Ton-Bild-Verbindung spiegelt zudem exakt das Empfinden der Soldaten wider, denn ihre Aufmerksamkeit ist weit hinter den Horizont gerichtet, von wo aus sie die Offensive des Feindes erwarten.[189]

Auf diese Weise wird eine weitere Form der Entsprechung von Musik und Bild gezeigt. Diesmal handelt es sich um eine räumliche Entsprechung.

Die bisherigen Analyseergebnisse können wie folgt zusammengefasst werden:

- Einstellung III und IV, Einstellung I sowie Einstellung VI und VII haben eine ähnliche Bewegungslinie.
- Die Musiksätze sind in Einstellung III und IV (Satz A), Einstellung I (Satz A) sowie Einstellung VI und VII (Satz A,) gleich, deswegen ist die Bewegungslinie bei ihnen ebenfalls identisch.
- Die Bewegungslinien des Bildes bei Einstellung III und IV, Einstellung I sowie Einstellung VI und VII passen alle zur Bewegungslinie der Musik. Im Vergleich zur Musikebene wird aber die gleiche Bewegungslinie des Bildes (Einstellung III und IV, Einstellung I sowie Einstellung VI und VII) in verschiedenen Ebenen präsentiert.

---

186 Ebd.

187 Vgl. ebd., S. 276f.

188 Ebd., S. 277.

189 Vgl. ebd., S. 278.

- Die Akkordbewegungen des siebten und zwölften Taktes erzeugen ein ähnliches Gefühl beim Rezipienten. Im Bild gibt es zwei Entsprechungen: eine in der Ebene, die andere im Raum.

Analyse der Einstellung VIII:

Einstellung VIII ist eine Übergangseinstellung. Mit ihr findet die Phase der Halbtotalen der Krieger, welche die Einstellungen VI, VII und VIII prägt, ihren Abschluss und es setzt die Phase der Großaufnahme der Einstellungen VIII-IX-X ein.[190] (Die Analyse der Einstellung VIII wird anschließend mit der zweiten Bewegungslinie vorgestellt, da diese Einstellung zum musikalischen Satz B passt.)

Analyse der Einstellung IX und X:

Zu Einstellung IX und Einstellung X passt wieder der musikalische Satz A, deswegen ist die Bewegung hier erneut identisch mit der vorherigen, wobei die Bewegungslinie hier nicht durch die Ebene oder den Raum, sondern durch das Schauspielen präsentiert wird. Der „Bogen" a-b wird hier durch die unerwartete Gestalt von Atemwölkchen ausgedrückt, die nacheinander aus dem halb geöffneten Mund des angespannt atmenden Kriegers ausgestoßen werden. Eisenstein äußert dazu: „Das heißt also, dass ein weiterer Faktor in der Verkörperung unserer grundlegenden ‚Geste' [= Bewegungslinie, Anm. d. Verf.] hinzutritt, nämlich der psychologisch-dramatische, der durch die wachsende Intensität der Gefühle Gestalt annimmt."[191]

Für diese Bewegungslinie fasst Einsenstein zusammen, dass eine Synchronität zwischen der inneren Bewegung der Musik und der des Bildes in allen Variationen durch folgende Methoden hergestellt wird:

„- Über die Tonalität (Einstellung I)
- Über die Linienführung (Einstellung III)
- In räumlicher Form (über die Staffelung der kulissenartigen Heeresflügel in den Einstellungen VI-VII)
- Handlungsdramaturgisch und im Bildvolumen (über das Verhalten der Figuren in IX-X und als plastischer Einsatz des Bildvolumens im Übergang der Einstellung X-XI) "[192]

---

190 Vgl. ebd., S. 279.

191 Ebd., S. 291.

192 Ebd., S. 292.

Damit wird der Grundgedanke Eisensteins verdeutlicht, dass die gleiche Wahrnehmung zwischen Bild und Musik durch verschiedene Ebenen der Filmsprache präsentiert werden kann.

2.4.2.4.2.3.2 Die Analyse der zweiten Bewegungslinie

Die zweite Bewegungslinie geht von Satz B aus. Zu dieser Bewegungslinie hat Eisenstein die Einstellungen IV, VIII, XI und XIII analysiert.

Einsenstein stellt fest, dass in Einstellung IV (entsprechend zu Satz B) die Tonlage mit den zwei Flaggen korrespondiert.

Weiterhin analysiert er, dass die Einstellung VIII drei deutliche Elemente enthält. Am auffälligsten ist, dass das Funkeln der Helme in Einstellung VIII (entsprechend zu Satz B') zum Akkord am Anfang von Takt 13 passt. In der Mittel dieses Taktes gibt es vier Achtelnoten, die durch eine Pause unterbrochen werden. Zu dieser Tonlage gehören die funkelnden Lichtreflexe auf den Helmen der Krieger. Der Zwischenraum am linken Rand der Einstellung korrespondiert mit dem letzten Achtel von Takt 12.

Der zu Einstellung XI und XII passende musikalische Satz ist Satz B'. Eisenstein analysiert, dass die beiden Einstellungen eine ähnliche Bewegung wie Einstellung II, IV (entprechend zu Satz B) und VIII (entsprechend zu Satz B') haben. Eisenstein zufolge wiederholt sich in Einstellung XII ein „Abklopfen" wie bei den Flaggen in Einstellung IV oder dem Funkeln der Helme in Einstellung VIII: „Diese Elemente sind in Einstellung XII in der nach oben aufgetürmten Streifenmusterung zu finden, die weiße und graue Zonen der Schneeoberfläche sich voneinander abheben lässt."[193]

Bis hier wurde gezeigt, dass Eisenstein die zwei Bewegungslinien mit einem Gedanken beschreibt, dass die Ähnlichkeit der Bewegungslinie nach Eisenstein hier in der Bewegung steht, die sowohl vom Bild als auch von der Musik zusammen von Links nach rechts geht.[194] Nun stellt sich die Frage, auch wie Wünschel erläutert, ob man in der Analyse tatsächlich eine musikalische Phrase mit einer Einstellung zusammensetzen kann, besonders weil das unbewegte Bild räumlich existiert, und die Musik zeitlich existiert ist. Wenn man die Bilder im Film sieht, schaut man sie sich nicht nacheinander von links nach rechts an, sondern man nimmt alle Elemente des Films wegen der rasch abtastenden Augenbewegungen gleichzeitig in einem simultanten Eindruck wahr.[195]

---

193 Ebd., S. 293.

194 Vgl. ebd., S. 284.

195 Vgl. Wünschel (2006), S. 50.

Zu dieser Frage hat sich Eisenstein wie folgt geäußert. Er meint, dass das unbewegte ganze Bild nicht sofort und auch nicht alle Teile des Bildes vom Zuschauer wahrgenommen werden, sondern es davon abhängt, ob der Regisseur die Komposition des Bildes wirklich auf diesen Effekt ausgerichtet hat: „Die Kunst der Bildkomposition besteht eben gerade darin, die Aufmerksamkeit des Zuschauers genau entlang jenes Weges und in jener Reihenfolge zu leiten, die der Künstler für diese Augenbewegung über die Bildoberfläche (bzw. im Film über die Leinwand) vorgesehen hat. "[196] Diese Begründung erwächst sowohl aus Eisensteins umfangreicher Analyse der Malerei als auch aus seiner Erfahrung der praktischen Arbeit.

2.4.2.4.2.3.3 Die Analyse der Emotionsentwicklung

Eisenstein meint des Weiteren zu erkennen, dass sich die beiden Bewegungslinien auch zu einem emotionalen Bewegungsschema zusammenfügen. Musik, Bild und Emotion sind in eine Einheit: „Ausgehend von einem Zustand relativer Ruhe beginnt eine angestrengt ansteigende Bewegung, die sich leicht als das angespannte Umhersehen in unruhiger Vorahnung verstehen lässt. In diesem Moment, wenn die Anspannung ihren höchsten Punkt erreicht, tritt eine plötzliche Entladung ein, ein gänzliches Ablassen der Spannung wie bei einem ausgestoßenen Seufzer [...] Das Fragment a-b-c reproduziert exakt den Akt des ‚Atemanhaltens', während der Brustkorb kurz davor ist, infolge des steigenden Druck zu zerspringen, der mit dem forcierten Einatmen untrennbar einhergeht: ‚Dort, dort erscheint am Horizont der Feind.' ‚Nein. Er ist noch nicht zu sehen.' Darauf setzt ein erleichterter Seufzer ein: Der Brustkorb, der sich nach oben aufgebäumt hatte, sinkt mit einem tiefen Ausatmen nach unten. Selbst jetzt bei der Beschreibung dieses Vorgangs reagiere ich ungewollt mit einer Reihe von Pünktchen, die sich wie ein pulsierender Ausklang auf die gerade erst angestiegene Anspannung ergeben. Doch schon findet sich ein weiterer Anlaß für unsere gesteigerte Aufmerksamkeit."[197]

Innerhalb dieses unveränderlichen, verallgemeinerten Schemas, welches die Emotionalität der Szene ausdrückt und musikalisch mehrmals wiederholt wird, fällt der bildlichen Seite die Aufgabe zu, diesen Spannungsanstieg mit der plastischen Abfolge der bildlichen Einstellungselemente darzustellen.[198]

---

196 Eisenstein (1940-41). In: Lenz / Diederichs (Hrsg.) (2005), S. 282.

197 Ebd., S. 297.

198 Vgl. ebd., S. 298.

Der Analyseprozess zeigt bisher, dass er genau zu jenem Gedanken passt, mit dem Eisenstein sich bei der Untersuchung der Montagetheorie beschäftigt, nämlich wie der Regisseur seine Emotionen durch die eigene Filmsprache an den Zuschauer vermitteln kann.[199] Eisenstein hat nicht nur analysiert, wie die Bilder und Musik nach der Wahrnehmung zusammenpassen, sondern auch, wie die Verbindungen zwischen Bild und Musik mit der Emotion und Atmosphäre im Film zusammenpassen.

Nach dieser Analysearbeit äußert Eisenstein zusätzlich, dass man während des Schaffensprozesses kein „wie" oder „warum" formuliere, das die eine oder andere Reihenfolge oder die Wahl der einen oder anderen „Korrespondenz" diktiere. In dieser Phase werde die stichhaltige Auswahl nicht in logische Einsichten überführt - dies geschehe in einer nachträglichen Analyse wie der oben durchführten - sondern werde in unmittelbare Aktion umgesetzt.[200]

Mit Hilfe der Vertikalmontage analysiert Eisenstein detailliert die vertikalen Beziehungen zwischen Bild und Musik im Film *Alexander Nevski*. Obwohl es einige Punkte in der Analyse gibt, die von anderen Autoren kritisiert werden, ist die Vertikalmontage m. E. eine nützliche Methode, die auch heute noch benutzt werden kann.

199 Vgl. Kapitel 2.2.1 und 2.2.2 dieser Arbeit.

200 Vgl. Eisenstein (1940-41). In: Lenz/Diederichs (Hrsg.) (2005), S. 299.

3 Eisensteins Theorie und die Analysemethode des Films *Der letzte Kaiser*

3.1 Allgemeines zum Film *Der letzte Kaiser*

Der Film *Der letzte Kaiser* ist eine multinationale, unabhängig finanzierte Produktion aus Italien, England und China aus dem Jahre 1987. Der Film gewann 1987 neun Oscars, darunter auch einen Oscar für die von Ryuichi Sakamoto, David Byrne und Cong Su komponierte Filmmusik.

Das Drehbuch des Films wurde von Regissuer Bernardo Bertolucci in Zusammenarbeit mit Marc Peploe und Enzo Ungari ausgehend von Pu Yis Autobiographie[201] erarbeitet. Der Film erzählt eine epische Geschichte, welche die Entwicklung Chinas im 20. Jahrhundert nachzeichnet und damit die Zeitspanne der wichtigsten sozialpolitischen Veränderungen, die dieses Land jemals erlebt hat. Im Mittelpunkt steht die tragische Geschichte des letzten chinesischen Kaisers Pu Yi (1905-1967), der vom Status des Gott-Kaisers herabfällt und zu einem schlichten Gärtner in Maos China wird. Dabei entstand eine Parabel über das Individuum unter dem übermächtigen Zwang sich ändernder historischer sozialpolitischer Verhältnisse.[202] Die Filmhandlung lässt sich folgendermaßen wiedergeben:

Im Jahre 1908 wird ein dreijähriger Junge mit dem Namen Pu Yi in die Verbotene Stadt Beijings gebracht. Einige Tage später wird er zum letzten Kaiser der Qing-Dynastie gekrönt. Obwohl er die Herrschaft über ganz China innehat, ist er der einsamste Junge Chinas. Bereits 1911 ist die Herrschaft Pu Yis zu Ende, als die Republik Chinas ausgerufen wird. Während sich die politischen und sozialen Verhältnisse im Land völlig verändern, bleibt das Leben im Kaiserpalast noch über ein Jahrzehnt lang wie zuvor. Pu Yi wird von den Hofbeamten weiterhin wie ein Gott behandelt, darf nie in der realen Gegenwart leben oder die Verbotene Stadt verlassen. Als Beijing 1924 von einem der das zu dieser Zeit zersplitterte Land beherrschenden Kriegsherrn eingenommen wird, muss Pu Yi den Kaiserpalast verlassen. Mit der Hilfe seines schottischen Freundes und Tutors Sir Reginald Johnston flieht er nach Tianjin, wo er einige Jahre das Leben eines westlichen Playboys führt, was ihn aber ebenfalls nicht glücklich macht. Als die Japaner 1931 die Mandschurei besetzten, begeht er den größten Fehler seines Lebens: Er nimmt das Angebot der Japaner an, die Mandschurei als Kaiser zu regieren, jedoch

201 Pu Yi (2007).

202 Vgl. o. N. (1989). In: Katholischen Institut für Medieninformation e.V. und der Katholischen Filmkommission für Deutschland (Hrsg.) (1989), S. 398.

nicht unabhängig, sondern nach den Vorstellungen der Japaner. Damit begann nicht nur der Alptraum des Pu Yis, sondern auch der des chinesischen Volkes, welcher erst mit der Kapitulation Japans 1945 endet. Nach der Kapitulation wird Pu Yi von den Russen gefangen genommen und später an die VR China ausgeliefert, wo ihn das Todesurteil erwartet. Doch bleibt er davon verschont und darf nach 10 Jahren Gefängnis als veränderter Mensch wieder ins Leben zurückkehren. Als die Kulturrevolution kurz vor ihrem Ausbruch steht, kehrt Pu Yi nach Beijing zurück und führt dort ein einfaches Leben als Gärtner. Erst in jener Zeit fühlt er zum ersten Mal Glück und Freiheit. 1967 stirbt Pu Yi im Alter von 62 Jahren.

Der Regisseur Bernardo Bertolucci und sein Produzent Jeremy Thomas sind die ersten westlichen Filmemacher, denen es erlaubt wurde, einen Film im modernen China nach 1949 zu drehen.[203] Auch ist dies der einzige ausländische Film, der am Originalschauplatz - in der Verbotenen Stadt in Beijing - gedreht werden durfte.

Ein großes internationales Team wurde dafür zusammengestellt: Nicht nur Regisseur und Kameraleute, sondern auch die Schauspieler und Filmmusikkomponisten kommen aus verschiedenen Ländern und genießen weltweiten Ruhm. „100 italienische Techniker, 20 Engländer und 150 Chinesen haben während der vier Monate dauernden Dreharbeiten in China (Beijing, Dalian und Changchun in der Mandschurei) gearbeitet. Für die Massenszenen wurden 19.000 Komparsen eingesetzt, die zum großen Teil aus chinesischen Soldaten bestanden.“[204]

Bertolucci beobachtet die Geschichte und Pu Yis Schicksal aus einer eigenen Perspektive. Ihn interessieren die konkreten historischen Details nur am Rande, vielmehr wählt er eine subjektive Erzählweise. Wie Tonetti ausführt, war das Thema, welches Bertolucci dabei besonders faszinierte, „the moral and political apology of the last emperor of China and [...] his voyage from darkness into light.“[205] Bertolucci wurde von folgenden Fragen geleitet: Kann ein Mensch sich ändern? Hat Pu Yi sich geändert? Und wenn ja, inwiefern?[206] Die Beantwortung dieser letzten Frage lässt der Film allerdings offen. Um seine eigenen Gedanken besser auszudrücken, hat Bertolucci in seinem Film eine Flashback-Struktur

203 Vgl. *Der letzte Kaiser* (1987), S. 4. *Der letzte Kaiser* ist der Titel des Verleiharchivs zu diesem Film. Dieses Archiv ist nicht veröffentlicht. Es stammt aus dem Schriftgutarchiv des Deutschen Kinemathek Museums für Film und Fernsehen.

204 Vgl. Warnecke (1995), S. 48.

205 Tonetti (1995), S. 200.

206 Vgl. Wissdorf (1987), S. 44.

benutzt: So dienen die Gefängnisszenen als Rahmen für die Erzählung der Geschichte in der Erinnerung von Pu Yi. Bertolucci drückt es so aus: „You cannot tell sixty years of the life of a man and a country in two hours without cutting something. So I find it a good way."[207]

Neben der Erzählweise spielt die Filmmusik, die von den drei Komponisten David Byrne, Ryuichi Sakamoto und Cong Su komponiert wurde, eine große Rolle. Versucht man einmal, den Film *Der letzte Kaiser* ohne Ton zu sehen, wird man sofort bemerken, wie viel von der Handlung und von der Emotion durch die Filmmusik transportiert wird. Die Musik unterstreicht die Spielhandlung im Film und koloriert die Vorgänge: Mit ihrer ungeheuren Kraft ist es die Musik, welche die psychologische Wirkung des Bildes intensiviert, die Emotionen ins Unermessliche steigert. Drama, Schauspiel und Musik gehen in diesem Film eine harmonische Verbindung ein. Man kann hier nicht sagen, dass die Musik das Bild dabei unterstützt, die Geschichte zu erzählen, sondern vielmehr bauen beide den narrativen Stil des Films zusammen auf. Der musikalische Ausdruck und die visuelle Narration schaffen in den richtigen Momenten mit angemessenen Methoden die Harmonie im Film: Sie bilden somit eine Bild-Musik-Symphonie. Ohne seine Musik könnte dieser Film nicht seine volle Wirkung entfalten.

3.2 Das Emotionsvermittlungsmodell Eisensteins in der Analyse des Films *Der letzte Kaiser*

Um die hier angewandte Analysemethode besser zu verstehen, ist es notwendig, auf das Emotionsvermittlungsmodell von Eisenstein zurückzugreifen[208]: Nach diesem Modell bestimmen die Emotionen und Wahrnehmungen des Autors die Emotionen und Wahrnehmungen der Figuren im Film; die Emotionen und Wahrnehmungen der Figuren im Film wiederum bestimmen die Entwicklung der Filmhandlung, das Verhalten der Figuren und die Komposition der filmischen Sprache; diese drei bestimmen die Emotionen und Wahrnehmungen des Zuschauers.

In meiner Dissertation möchte ich insbesondere analysieren, welche Emotionen Bertolucci ursprünglich mit seinem Film *Der letzte Kaiser* auslösen wollte, wie er (seine) Emotionen durch seine Filmsprache im Film *Der letzte Kaiser* vermittelt, welche Rolle die Musik in der Filmsprache für die Vermittlung der Emotionen spielt und mit welchen Mitteln dies erreicht wird. In meinen Analysen wende ich das Emotionsvermittlungsmodell von Eisenstein an, da dieser Gedanke meiner Ansicht nach den

---

207 Sklarew / Spitz (1990), S. 48.

208 Siehe Abb. 1 in Kapitel 2.2.2 dieser Arbeit.

Ausgangspunkt für ein gutes Analysemodell der Filmmusik bieten könnte.

Der Film *Der letzte Kaiser* eignet sich sehr gut, um mit Eisensteins Emotionsvermittlungsmodell - Vermittlung von Emotionen durch die entsprechende Filmsprache - analysiert zu werden:

Erstens erzählt der Film das tragische Leben des letzten chinesischen Kaisers Pu Yi. Im Film gibt es keinen dramatischen Konflikt zwischen zwei Hauptfiguren, wie er normalerweise in den vielen Filmen besteht. Wie Bernardo Bertolucci im Interview äußerte: „This is a movie with one character at the center more than a dialectic between many characters, even if it's full of characters. But it comes from an autobiography; it is more or less seen through the filter of his eyes."[209] Diese klare Emotionsentwicklung von nur einer Person bietet eine gute Basis für die Filmanalyse.

Zweitens ist der Film *Der letzte Kaiser* ein Autorenfilm. Unter dem Begriff Autorenfilm versteht man einen Film, der die persönliche Weltsicht eines Regisseurs präsentiert. Der Regisseur hat jeweils eine eigene, individuelle Herangehensweise an die Erschaffung eines Films, um seine persönliche Weltsicht so gut wie möglich durch die eigene Filmsprache visualisieren zu können: Er besitzt die zentrale Position beim Filmschaffen; er nimmt am Schreiben des Drehbuchs teil und stilisiert die Geschichte auf intime Art; er entscheidet über die Faktoren vom Drehbuch bis hin zur Kamera, vom Licht bis zur Filmmusik.[210] Bernardo Bertolucci ist beispielhaft für diese Art des Filmschaffens: "I mean, writing in the sense that I write with the camera as an author does in literature. It is my own writing, and it is clear. In all my movies, you can see things which are recognizable."[211] Beim Autorenfilm lässt sich die Vermittlung von Emotionen durch die Analyse der Filmsprache besonders gut untersuchen, weil zwischen den Emotionen des Regisseurs und der Sprache eine größere Einheit als in anderen Filmen besteht. „Filme können [...] Gefühle von Filmemachern ausdrücken; dies ist bei Autoren- oder Amateurfilmen eher greifbar als bei arbeitsteiligen Großproduktionen."[212]

Das Emotionsvermittlungsmodell Eisensteins unterscheidet drei Prozesse der Emotionsvermittlung. Diese werden in der Filmanalyse dieser Arbeit verwendet und sollen nachfolgend einzeln dargestellt werden.

---

209 Bachmann (1973), S. 191.

210 Vgl. Grob (2002), S. 46-50.

211 Sklarew / Spitz (1990), S. 44.

212 Eder (2005), S. 107.

In der folgenden Filmanalyse wird zunächst in Kapitel 4.1 der erste Prozess des Emotionsvermittlungsmodells - die Emotionen und Wahrnehmungen des Autors bestimmen die Emotionen und Wahrnehmungen der Figuren im Film - betrachtet:

(Abb. 9: Der erste Prozess der Emotionsvermittlung)

Zu diesem Zweck wird der emotionale Beweggrund von Bernardo Bertolucci vor dem Hintergrund seiner Biographie untersucht. Auf dieser Grundlage wird anschließend analysiert, welche Emotionen Bertolucci gegenüber der Hauptfigur des Films Pu Yi empfindet.

Einige Hintergrundinformationen zu den Vorstellungen Bertoluccis über die Filmmusik und zu seiner Zusammenarbeit mit den Komponisten werden in Kapitel 4.2 geliefert. Diese Informationen sollten helfen, die jeweiligen Schaffensphasen der Filmmusik so unverfälscht wie möglich nachzuvollziehen. Die Beschäftigung mit Bertoluccis Gedanken sowie seiner Arbeitsweise in Bezug auf seine Filmmusik vertieft die sich anschließende detaillierte filmsprachliche Analyse.

Der zweite Prozess des Emotionsvermittlungsmodells - die Emotionen und Wahrnehmungen der Figuren im Film bestimmen die Entwicklung der Filmhandlung; das Verhalten der Figuren; und die Komposition der filmischen Sprache[213] - wird durch eine detaillierte sprachliche Analyse in Kapitel 4.3 untersucht. Hier wird der Schwerpunkt der Analyse auf die filmische Sprache gelegt. Die Entwicklung der Filmhandlung und das Verhalten der Figuren werden innerhalb der sprachlichen Analyse präsentiert.

213 Vgl. Abb. 10.

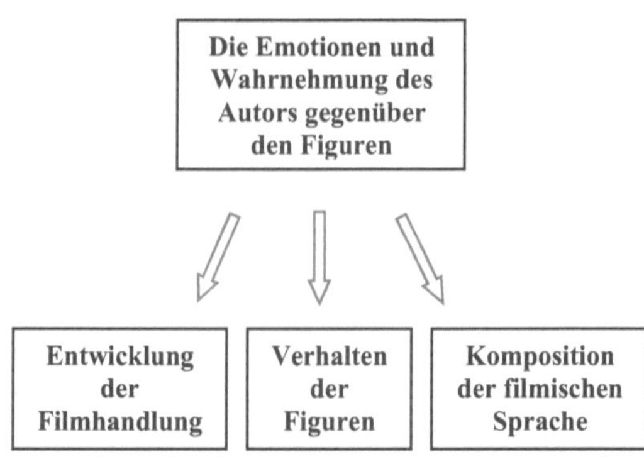

(Abb. 10: Der zweite Prozess der Emotionsvermittlung)

Diese detaillierte sprachliche Analyse konzentriert sich auf die konkrete Sprachebene, um zu analysieren, wie die musikalische Sprache mit anderen filmischen Elementen kombiniert wird, um die Emotionen zu vermitteln. In der Analyse die Vertikalmontage von Eisenstein angewandt, da vielfache vertikale Verbindungen zwischen Musik und anderen filmischen Elemente bestehen. Außerdem wird der Begriff der Horizontalmontage entwickelt und in der Analyse verwendet.

Der dritte Prozess des Emotionsvermittlungsmodells - die Entwicklung der Filmhandlung, das Verhalten der Figuren und die Komposition der filmischen Sprache bestimmen die Emotionen und Wahrnehmungen des Zuschauers - wird in dieser Arbeit nicht berücksichtigt: Wenn die Emotionen des Regisseurs erfolgreich durch die Filmsprache vermittelt werden können, bedeutet dies für die Zuschauer, dass sie die Emotionen erfolgreich akzeptieren können. In den Worten Bernardo Bertoluccis: „You can´t think about the audience; the best way to think about the audience is never to think about them at all." [214]

3.3 Anwendung und Erweiterung der Vertikalmontage

In der nachfolgenden Analyse des Films *Der letzte Kaiser* wird auf die Vertikalmontage von Eisenstein[215] zurückgegriffen, um die vertikalen Verbindungen zwischen Musik und Bild analysieren zu können.

Auf der bildlichen Ebene werden dabei folgende Elemente analysiert:

---

214 Garibaldi / Giannarelli / Giusti (1984), S. 187.

215 Vgl. Kapitel. 2.3.2.2 dieser Arbeit.

Bildinhalt; Farben; Helligkeitswerte; Schauspiel; Kamerabewegung: Schwenk (nach links, nach rechts), Zoom, Fahrt; Einstellungsgröße: Detailaufnahme, Großaufnahme, Nahaufnahme/Halbnahaufnahme, Amerikanische Aufnahme, Halbtotale Aufnahme, Totaleaufnahme, Weitaufnahme.

Auf der musikalischen Ebene werden insbesondere die folgenden Elemente analysiert:

Spielart, Klangfarbe, Takt, Rhythmus, Tempo, Melodie, Akkorde, Intervall, Thema.

Außerdem wird die Vertikalmontage Eisensteins erweitert: Neben den bildlichen Elementen werden Dialoge und Geräusche in die vertikale Analyse einbezogen.

Die akustische Ebene des Films wird von Dialog, Musik und Geräuschen gebildet. Bei der Analyse der Filmmusik sollten Dialog und Geräusche nicht unberücksichtigt bleiben, da die Musik mit den auditiven Elementen unmittelbar zusammenwirkt und diese somit ebenso wie die Musik in vertikaler Verbindung zum Bild stehen. Die Filmmusikanalyse ist erst sinnvoll, wenn die musikalische Ebene gemeinsam mit den anderen filmischen Elementen analysiert wird, da sich der Films aus all diesen unterschiedlichen Ebenen zusammensetzt.

3.4 Entwicklung der Horizontalmontage

In der Analyse der vorliegenden Arbeit wird nicht nur die Vertikalmontage, sondern auch die Horizontalmontage betrachtet. Die Horizontalmontage bezieht sich dabei speziell auf die dramaturgische Funktion der Musik in horizontaler Richtung, während die Vertikalmontage die vertikale Beziehung zwischen Bild und Musik betrachtet.

Der Begriff der Horizontalmontage findet in Eisensteins Arbeit noch keine Verwendung, wenngleich er die Montage in horizontaler Richtung tatsächlich bereits untersucht. Eisensteins Untersuchung des horizontalen Verlaufs ergibt bereits zur Stummfilmzeit, dass die aufeinanderfolgende Verknüpfung zweier Bilder eingesetzt werden kann, um eine neue Bedeutung zu erschaffen.[216]

Zwar stellt Eisenstein in der Montagetheorie fest, dass sich das Prinzip der Montage durch den Übergang von der Stummfilm- zur Tonfilmzeit nicht wesentlich verändert, da Abbild A und Abbild B, welche als Montageteile im Stummfilm nacheinander stehen, im Tonfilm mit der Tonebene in der vertikalen Richtung eine neue Verknüpfung eingehen und

216 Vgl. Kapitel 2.3.1, Kapitel 2.3.2.2.1 sowie Abb. 4 dieser Arbeit.

sich in beide Richtungen (horizontal und vertikal) gleichzeitig bewegen können.[217] Jedoch analysiert er für den Tonfilm nicht, wie die Bewegung der Montage in horizontaler Richtung verläuft. In der Analyse der 12 Einstellungen des Films *Alexander Nevskj* konzentriert er sich auf die Vertikalmontage und entwickelt die Horizontalmontage nicht weiter.

Der Begriff der Horizontalmontage wird in dieser Arbeit eingeführt, um zu verdeutlichen, welche Rolle die Musik in horizontaler Richtung, d.h., in der dramaturgischen Entwicklung bzw. im Prozess der Emotionsvermittlung spielt.

Die filmische Dramaturgie ist eng mit dem traditionellen Drama verwandt. Aristoteles beschreibt in seiner *Poetik* das Drei-Akte-Modell des Dramas: „Ein Ganzes ist, was Anfang, Mitte und Ende hat."[218] Dieses Modell wurde durch den Schriftsteller und Literaturwissenschaftler Gustav Freytag erweitert. In seinem Buch *Die Technik des Dramas* von 1894 fasst er die Theorie des klassischen Dramas zusammen: „Diese Teile des Dramas, a) Einleitung, b) Steigerung, c) Höhenpunkt, d) Fall oder Umkehr, e) Katastrophe, haben jeder einen besonderen Zweck und eine eigene Baueinrichtung. Zwischen ihnen bestehen drei wichtige szenische Wirkungen, durch welche die fünf Teile sowohl geschieden als auch verbunden werden."[219] Das fünfaktige Drama ist häufig als optimale dramaturgische Form für die organische Entwicklung einer Handlung bezeichnet worden.[220]

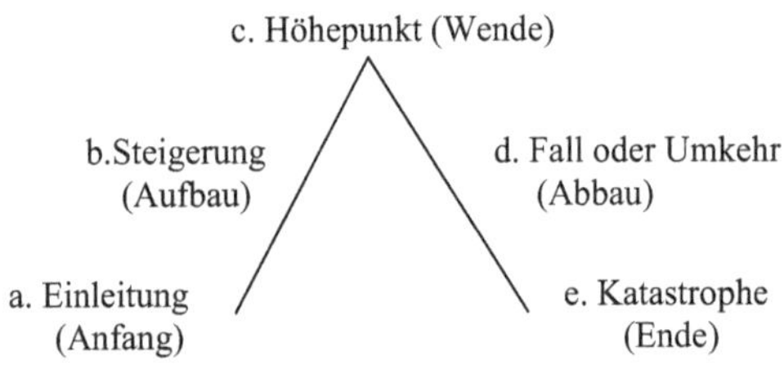

(Abb. 11: Das fünfaktige Drama)[221]

In der vorliegenden Analyse wird für jene Szenen, in denen Musik eine dramaturgische Funktion besitzt, auf das Drei-Akte-Modell und das

217 Vgl. Kapitel 2.3.2 dieser Arbeit.

218 Aristoteles (2002), S. 74.

219 Freytag (1894), S. 102.

220 Vgl. Kuchenbuch (2005), S. 172.

221 Vgl. Freytag (1894), S. 102.

Fünf-Akte-Modell verwiesen. Die Modelle werden jedoch nicht in der gesamten Analyse zum Einsatz gebracht, da der Aufbau der Dramaturgie in der Praxis sowohl beim Theater als auch beim Film sehr flexibel ist. Einige Szenen bewegen sich konsequent entlang der klassischen Dramaturgie, einige halten sich hingegen nicht an diesen Aufbau.

Die Dramaturgie des Films ist aufgrund der technischen Möglichkeiten noch komplexer als die des Dramas, weil die filmische Dramaturgie auf visuellen und akustischen Elementen beruht. In dieser Arbeit wird die Musik zusammen mit den anderen filmischen Elementen analysiert. Dabei zeigt die Analyse, wie die Musik im Zusammenspiel mit diesen Elementen zur Dramaturgie beiträgt und wie ihre dramaturgische Funktion verwirklicht wird.

Die oben beschriebene Vertikal- und Horizontalmontage wird in allen Szenen des Films analysiert, die Musik enthalten. In der Geschichte der Filmmusiktheorie werden die meisten Filmmusikanalysen an die Analyse der Filmmusikfunktion angebunden. Viele Forschende analysieren Ausschnitte von Filmmusik, die aus verschiedenen Filmen ausgewählt sind, um die verschiedenen Funktionen der Filmmusik herauszustellen. So werden zum Beispiel atmosphärische Funktion, strukturierende Funktion, Charakterbeschreibung u.a. unterschieden. Der Film jedoch ist eine organisch aufgebaute Einheit. Es besteht ein Unterschied darin, die Funktionen von Filmmusik in einzelnen Szenen, abgetrennt vom Gesamtwerk, zu betrachten oder sich bei der Analyse auf den ganzen Film zu beziehen.

Verschiedene Regisseure haben unterschiedliche kulturelle Hintergründe und sehr individuelle ästhetische Vorstellungen. Sie möchten ganz verschiedene Emotionen in ihren Filmen mit einer eigens hierfür entwickelten Filmsprache ausdrücken. Durch die Analyse des ganzen Films kann die Entwicklung der Emotionen und des Filmssprachstils stringenter verfolgt werden.

In der folgenden Analyse wird anhand des gesamten Filmes gezeigt, wie der Regisseur Bertolucci die Musik in seinem filmischen Sprachsystem einsetzt, um seine Emotion zu vermitteln.

4 Analysearbeit zum Film *Der letzte Kaiser*

4.1 Bernardo Bertoluccis Emotionen zu Pu Yi

4.1.1 Biographie Bertoluccis

4.1.1.1 Die Untersuchungsperspektive der Biographie

Um besser analysieren zu können, wie der Regisseur Bernardo Bertolucci die Musik in seinem Film *Der letzte Kaiser* einsetzt, um seine Emotionen zu vermitteln, ist es empfehlenswert, sich die Biographie von Bertolucci anzusehen. Im Unterschied zu anderen, herkömmlichen Biographien wird in dieser Arbeit der Fokus auf zwei Aspekte gerichtet: einerseits auf den eher emotionalen Beweggrund Bertoluccis, andererseits auf seine Filmsprache.

Jeder Regisseur verfolgt seine eigenen Interessen: Wenn man die Filme eines Regisseurs über eine lange Zeitspanne hinweg betrachtet, stellt man häufig fest, dass sich ein Gefühl oder ein Interessenschwerpunkt wie ein roter Faden durch das filmische Werk zieht.

Bertolucci interessiert sich für epische und politische Themen, allerdings weniger für die genauen geschichtlichen Details als für historische Persönlichkeiten. Sein Fokus liegt auf den Emotionen dieser Menschen, womit Fragen aufgeworfen werden wie etwa: Wie reagiert ein Mensch und seine Umgebung auf ein großes geschichtliches Ereignis? Wie verändern und entwickeln sich ihre Emotionen?

Bertolucci verwendet die Geschichte damit nur als ein Mittel, um die Menschen und ihre Schicksale im Laufe der Zeit zu beobachten: „Even though history is very important, I wouldn't define my films as historical films at least not in the sense that historians or even Marxist historians give to the word. Better yet, it is precisely the work of historians that has allowed me to adopt a particular view of history. I use history, to be sure, but I don't make historical films, I make falsely historical films, because in fact you can´t write history through cinematic means [...]"[222]

Es ist auch wichtig zu erfahren, was Bernardo Bertolucci unter einer Filmsprache versteht, welche Faktoren seine Filmsprache beeinflusst haben, wie er in seinem Filmschaffen seine Filmsprache entwickelt hat.

Im Fall von Bertolucci haben Gedichte seine Filmsprache sehr stark beeinflusst. Schon als Kind hat er angefangen, Gedichte zu lesen und zu schreiben. Dies bedeutet, dass er bereits in seiner Kindheit gelernt hat,

222 Gili (1978), S. 129.

wie er mittels seiner Sprache Emotionen ausdrücken kann. Gedichte haben mithin auch einen großen Einfluss auf seine spätere Filmsprache: „Making movies is like writing poetry. I believe much more in this equation than in the equation that one usually makes between films and novels."[223]

In seiner Filmsprache spielt die Musik eine große Rolle: Im Unterschied zu anderen Regisseuren verwendet er die Musik als grundsätzliches Element wie z.B. Licht, Einstellungsgröße, Schnitt, u.s.w.

4.1.1.2 Bernardo Bertoluccis Biographie[224]

Charakteristisch für Bertoluccis Filmschaffen sind große Produktionen, historische Themen sowie ein existentieller oder religiöser Zugang. Seine Filme sind episch und politisch, aber zugleich phantastisch und emotional. Er berührt die Realität gleichsam durch den „Traum", der von ihm geschaffen wird, so dass die radikale Realität durch seine expressiven filmischen Mittel ausgedrückt wird. Die epischen und politischen Themen, die langsam „überlegende" Bewegung der Kamera, das symbolische Licht sowie Farben und die vielfältige Musikauswahl provozieren den Zuschauer und konfrontieren ihn mit der Wahrheit, zugleich lassen sie ihn jedoch an den Emotionen teilhaben.

In seinem Denken fühlt sich Bertolucci beeinflusst von den Gedanken Sigmund Freuds, Karl Marx' und Giuseppe Verdis. Für sein künstlerisches Leben spielen vor allem sein eigener Vater, Pasolini und Godard eine wichtige Rolle.

Bernardo Bertolucci wird am 10.03.1948 in der Stadt Parma in Italien geboren. Sein Vater Attilio Bertolucci ist ein berühmter italienischer Dichter und Filmkritiker, der seinem Sohn von Anfang an eine äußerst anregende Umgebung bietet. Bernardo Bertolucci wächst inmitten von Gedichten, Filmen und Kunst auf: Schon von klein auf spricht Attilio Bertolucci häufig mit seinem Sohn über Literatur und gibt ihm Gedichte zum Lesen. Unter diesem Einfluss beginnt Bernardo Bertolucci bereits mit sechs Jahren, Gedichte zu schreiben. Auch der Grundstein für seinen Zugang zur Welt des Films wird früh gelegt: Bertolucci nutzt jede Gelegenheit, um mit seinem Vater ins Kino zu gehen.

Bernardo Bertolucci übt sich dabei schon früh in der Rolle des Regisseurs und lässt die filmischen Szenen von den anderen Kindern unter seinen Anweisungen nachspielen, nachdem er den Film gesehen hat. Seit seiner

---

223 Barberis (1962), S. 7.

224 Dieser Abriss der Biographie von Bertolucci stützt sich auf Gerard / Kline / Sklarew (Hrsg.) (2000), Ungari (1984), Tonetti (1995) und Sklarew / Kaufman / Spitz / Borden (Hrsg.) (2001).

Kindheit hat er den Wunsch, später selbst Filme zu drehen: „When I was a child, people would sometimes ask me, ‚what do you want to be when you grow up?' I always answered, 'I want to make movies.'"[225]

Die Familie Bertolucci wohnt in dörflicher Umgebung in der Nähe der Stadt Parma, bis Bertolucci 12 Jahre alt ist. Danach zieht sie nach Rom. Das dörfliche Ambiente seiner Kindheit hat Bernardo Bertolucci entscheidend beeinflusst: Er hat sowohl das schlichte Leben der bäuerlichen Welt schätzen gelernt als auch eine erhöhte Sensibilität für ihr Leben entwickeln können.

Bertolucci drückt seit seiner Kindheit und Jugend seine Emotionen und Gedanken in Gedichten und Filmen aus. Gedichte helfen ihm sehr, Filme zu verstehen, weil er durch die Gedichte nicht nur Kombinationen von Wörtern, sondern auch den Ausdruck von Gefühlen kennengelernt hat. Gedicht und Film treffen in Bertoluccis Filmen aufeinander: Er benutzt in seinen Filmen poetische Dialoge und poetische Kombinationen filmischer Sprache, um seine Emotionen zu vermitteln, und seine Filmhandlungen weisen poetische Strukturen auf. Die Beziehung zwischen Gedicht und Film wird Bertolucci schon mit 15 Jahren deutlich: „I felt these things in a confused way when I was fifteen and making this little film on a cable. I remember that I wrote some of the explanatory titles in poetry. I recopied them as carefully as I could, filmed them and inserted them in the editing. Now I believe that to edit a sequence of a film is like placing words in a poem. There is the same tension and the same liberty of expression."[226]

Ebenfalls mit 15 Jahren kehrt er in den Ferien nach Parma zurück und bekommt eine 16mm Kamera geschenkt. Zusammen mit seinem Bruder und seiner Cousine dreht er einen kurzen Film mit dem Titel *The Cable Car*. Die Geschichte ist zwar einfach, aber auf inhaltlicher Ebene geht es schon hier um die Frage nach der Existenz: Während die Erwachsenen eines Nachmittags schlafen, suchen drei Kinder nach einer Seilbahn, die reell existierte, wie Giuseppe - Bertoluccis neun Jahre alter Bruder - sich erinnert, als er fünf Jahre alt war. Die Kinder können die Seilbahn nicht finden, aber sie ist noch existent: Sie befindet sich unter ihren Füßen, eingebrannt auf der Wiese. „It was a minor subject with not much, to be sure, but it contained a concept I care a lot about: the fact that nothing is repeatable and the past is irretrievable",[227] wie Bertolucci es später selbst formuliert. Der zweite Film, *The Death of a Pig*, wird von Bertolucci auch neben seinem Haus in Parma gedreht. Das Thema ist - wie der Titel

---

225 Gili (1978), S. 108.

226 Barberis (1962), S. 7.

227 Ebd.

schon andeutet – das Schweineschlachten im Dorf. Diese Szene, die Bertolucci lebhaft in Erinnerung geblieben ist, ist seiner Meinung nach im dörflichen Leben von großer Bedeutung: „One cannot talk about peasant culture without talking about that pagan rite which is the killing of the pig, a rite in which blood drips on the earth while children, with feverish eyes, see the blood mixing with snow while the steam rises from the cauldron in which the first pieces of lard are thrown."[228]

Zusätzlich zum Einfluss der Gedichte und den frühen Gelegenheiten, Filme zu drehen, hat Bertolucci dank seines Vaters auch Gelegenheit, mit anderen Künstlern zu kommunizieren. Diese Kontakte helfen ihm sehr, sowohl die Kunst als auch das Leben zu verstehen. Schon früh versucht er jedoch, einen eigenen Zugang zum Film zu finden. „I never studied Filmmaking. The only school for the cinema is to go to the movies, and not to waste time studying theory in Film school. [...] To make a film it is not necessary to know anything technical at all. It will come with the time. [...] Technical skill can be learned, inspiration and talent cannot."[229]

Im Jahr 1961 – mit 20 Jahren – bricht Bertolucci sein Studium der modernen Literatur an der Universität Rom ab, um Assistent beim Film *Accattone* von Pasolini (1922-1975) zu werden und sich ganz dem Film zu widmen: „This is something that I dream about: to live films, to arrive at the point at which one can live for films, can think cinematographically, eat cinematographically, sleep cinematographically, as a poet, a painter, lives, eats, sleeps painting."[230]

Sein Vater Attilio Bertolucci und Pasolini haben eine gute und enge Beziehung. Pasolinis erster Gedichtband wird mit Hilfe von Attilio Bertolucci veröffentlicht. Bernardo Bertolucci kennt Pasolini ebenfalls gut, weil Pasolini lange Zeit im Haus der Familie Bertolucci gewohnt hat: „When I was sixteen, I would write poems and then run downstairs to read them to Pasolini. It was he who encouraged me to publish them. Thus we developed a classic and very traditional teacher-disciple relationship, and so when he shot his first film, he naturally asked me to be his assistant."[231]

Als Assistent Pasolinis arbeitet Bertolucci in dieser Zeit eng mit Pasolini und den anderen Künstler zusammen, was ihm mehr an Lebens- und Praxiserfahrung einbringt, als es ein Studium an einer künstlerischen Universität jemals könnte. Diese Periode hilft ihm sehr, seine Gedanken, seine künstlerischen Gefühle und seinen Geschmack zu entwickeln: „For

228 Ungari / Ranvaud (1987), S. 13. Zitiert nach Tonetti (Hrsg.) (1995). S. 2f.

229 Tonetti (1995), S. 3.

230 Ebiri (2005).

231 Gili (1978), S. 109.

two or three years when I was 20, 21, 22, I had dinner almost every night with Pasolini, Moravia and Elsa Morante, and I consider that my university."[232]

Außerdem hat Bertolucci in diesem Zeitraum ein sehr wichtiges filmisches Erlebnis, das für sein späteres Filmeschaffen von großer Bedeutung ist: Durch seine Assistenzarbeit erlebt er die Entstehung der Filmsprache mit: „It was very moving because every time Pasolini did a tracking shot it was like assisting the first tracking shot that had ever been made in the world. Even the close-up. It was the first close-up that had ever been made. It was like the birth of language. For me it was like assisting at the birth of the cinema. *Accattone* showed me that cinema is true poetic language."[233]

Der poetische und zugleich realistische Stil von Pasolini beeinflusst Bertolucci sehr: Er lernt sowohl die filmische poetische Sprache als auch den Dialog von Pasolinis Filmen. Gleichzeitig versucht Bertolucci, sich von dem starken Einfluss seines Lehrers zu emanzipieren und eine eigene poetische Sprache zu entwickeln.

Nachdem seiner Tätigkeit als Assistent Pasolinis veröffentlicht Bertolucci 1962 *In cerca del mistero,* eine Gedichtsammlung, für die er eine Ausgezeichnung erhält. Darauf erhält er die Chance, seinen ersten Film zu drehen. Er schreibt das Drehbuch für den Film *La commara secca* (*The Grim Reaper)* (1962) nach einer Vorgabe von Pasolini. Der Film erhält gute Kritiken, was den Regisseur zu seinem nächsten Film ermutigt: *Vor der Revolution* entsteht im Jahre 1964. Mit diesem in Zügen auch autobiografischen Film etabliert sich Bertolucci als einer der Erneuerer des internationalen Kinos.

Neben Pasolini wird Bertolucci in den 1960er Jahren auch von der französischen Nouvelle Vague (Neue Welle)[234] beeinflusst. Er spricht in dieser Zeit sogar bei Interviews Französisch, weil er glaubt, dass die franzö-

---

232 Nowell-Smith / Halberstadt (1997), S. 256.

233 Gelmis (1970), S. 113f.

234 Der Begriff Nouvelle Vague (*Neue Welle*) geht auf eine Ende der 1950er Jahre in Frankreich entstandene Bewegung junger Cinéasten zurück, welche sich gegen die überkommene Bildsprache und den vorhersagbaren Erzählfluss des etablierten kommerziellen Kinos richtete. Ihre Vertreter verfügten über Berufserfahrung sowohl als Regisseure wie auch als Filmkritiker und veröffentlichten vor allem in *Les Cahiers du cinéma*. In ihren Artikeln wandten sie sich gegen die Verbiederung und die Vorhersehbarkeit des französischen Qualitätskinos und erklärten Regisseure wie Alfred Hitchcock, Howard Hawks, Jean Renoir und Roberto Rossellini zu ihren wichtigsten Vorbildern (vgl. o.N. 1977g. In: Bawden Hrsg. 1977, S. 558; Heller 2002. In: Koebner Hrsg. 2002, S. 423-428).

sische die ursprüngliche filmische Sprache sei. Bertolucci ist zu dieser Zeit besonders von Jean-Luc Godard fasziniert.

Godards Filme werden heftig geliebt und ebenso heftig abgelehnt. Sie führen zu hitzigen Diskussionen unter Kritikern und Regisseurskollegen. Eins allerdings ist unbestritten: Sie präsentieren neue Themen und Methoden wie Witz, Frechheit, Intelligenz, historische Kenntnisse, moderne Ästhetik, und bringen damit einen völlig frischen und respektlosen Wind in das damals von vielen als erstarrt charakterisierte französische Kino der „guten Qualität". Godards Filme verbinden sich immer wieder mit heftigen politischen und ästhetischen Kontroversen, mit einer Vorliebe für die gewagte Nacktheit.[235]

Verschiedene Regisseure zeichnen sich durch verschiedene individuelle Stile aus. Ob ein Regisseur gut ist, hängt davon ab, ob er während der Aufnahme von anderen seinen eigenen Stil entdecken und gleichzeitig eine eigene Sprache finden kann. Bernardo Bertolucci wird zwar sehr von Pasolini und Godard beeinflusst, verliert aber keinesfalls seine Eigenständigkeit, sondern entwickelt seine filmische Sprache immer weiter.

Die Ähnlichkeiten zwischen Godards und Bertoluccis Filmen sind nicht zu übersehen: Beide lassen die Zuschauer bisweilen durch ihre Filmsprache mit den Figuren „zusammenleben", nur, um diese einige Sekunden später ihrer bloßen Zuschauerrolle bewusst werden zu lassen. Die Zuschauer sind sich in ihren Filmen häufig darüber im Klaren, dass sie den Film rezipieren, dass sie nur als beobachtende Zuschauer existieren. Godard und Bertolucci haben durch jeweils eigene Mittel diesen Effekt verwirklicht. Godard bedient sich vor allem der Struktur, des Dialogs, der Kamera und der Musik, während Bernardo Bertolucci neben solchen Mitteln hauptsächlich die Musik als Basiselement des Films benutzt, das seinem eigenen Stil und Geschmack entspricht. Sein Stil ist entgegen dem Godards nicht sehr extrem, sondern viel sanfter, da der musikalische Effekt in Bertoluccis Filmen eine größere Rolle spielt.

Nach dem Film *Vor der Revolution* bereitet sich Bertolucci auf den Film *Partner* (1968) nach dem Roman *Der Doppelgänger* von Dostojewski vor. Für die Hauptfigur Giacobbe taucht ein Doppelgänger auf: in der Realität und als Illusion. Sein hartes Schicksal wird durch die unverbindlich ironische Spielerei wie auch faszinierend lustige Situationen dargestellt. Es sind die Einflüsse Godards, mit dem Bertolucci zu dieser Zeit befreundet ist.

---

235 Vgl. o.N. (2006a).

Bertolucci hat schon in seinen frühen Filmen, besonders in *Vor der Revolution* und *Partner*, herauszufinden versucht, was seine eigene Filmsprache im Besonderen darstellt, was seine eigene Ästhetik und sein persönlicher Stil sind. Er meinte: „My style ist more impressionistic. I approach things much more gently and don't see them from an entirely frontal position. I try to move around my subject."[236]

1969 inszeniert er dann zwei Filme: *Strategie der Spinne* und *Konformisten*. Der Film *Konformisten* ist eine Adaptation eines Romans von Albert Moravia. Dieser Film gilt als einer der wichtigsten Filme Bertoluccis, weil er nicht nur internationale Anerkennung gewinnt, sondern auch im Jahre 1971 eine Oscar-Nominierung erhält.

In den 70er Jahren brachte es Bertolucci vor allem durch die intelligente Kombination provozierender Inhalte mit seinem expressiven visuellen Stil zu großem Ruhm. Gleichzeitig begann er, mehr Interesse für den kommerziellen Film zu entwickeln, da er das Bedürfnis zu stärkerer Kommunikation mit dem Publikum verspürte: „Little by little, I began to give up this idea of ,rigor'. I want to have contact, to embrace my audience."[237]

1972 entsteht der Film *Der letzte Tango in Paris*. Dieser wird ein großer kommerzieller Erfolg, der es Bertolucci später erlaubt, mit großem Aufwand und einer hervorragenden Besetzung weitere Filme zu drehen. Außerdem entwickelt Bertolucci in diesem Film die Filmsprache, derzufolge die Positionen der Kamera Positionen beim Sex imitieren.

Bertoluccis Ruf als Spezialist für anspruchsvolles Kino wird durch das Jahrhundert-Epos *1900* verfestigt. Mit diesem 1975 entstandenen Werk lässt er ein großräumiges Adels- und Proletarier-Epos um die Geschichte Norditaliens entstehen, das vom Sterben des Feudalismus über die Landarbeiteraufstände und den Faschismus bis zum Kriegsende reicht. Nach diesem Film tritt Bertolucci der kommunistischen Partei bei.

Im Jahr 1979 dreht der Regisseur eine private, intime Familiengeschichte - *La Luna*. Ein Jahr später entsteht *Die Tragödie eines lächerlichen Mannes* (1980), der das Aufeinanderprallen zweier Welten und Mentalitäten thematisiert.

Vor allem mit den Filmen *Vor der Revolution, Der Konformist* und dem nationalen Epos *1900* wird Bernardo Bertolucci zu einem der typischen erfolgreichen Vertreter seiner Heimat. Seine literarischen Arbeiten und Kinogeschichten haben stets Italien zum Thema bzw. werden dort gedreht.

---

236 Barberis (1962), S. 8.

237 Ebiri (2005).

Bertolucci entwickelt in den 1980er Jahren ein großes Interesse an orientalischen Kulturen, wenn der Ursprung dieses Interesses auch viel weiter zurückreicht: Denn im Alter von 20 Jahren erfährt Bertolucci von Pasolini und Moravia viel über ihre Reisen nach Indien, Afrika und Mexiko. Für Pasolini und Moravia sind diese fremden Kulturen der „Dritten Welt" im Vergleich zu ihrer westlichen Kultur eine Art Utopie. Sie hoffen, dass sie in ihnen Neues finden können. Bertolucci beginnt erst in den 1980er Jahren zu reisen: „I started travelling much later, only because I could not stand the reality of Italy in the 80s. A kind of voluntary exile."[238] Er hofft, eine kulturelle Atmosphäre zu finden, die noch nicht vom Kommerz dominiert ist: „I was and I am a bit fed up with reality in my country - even here, everywhere in the West, and so I go looking for a cultural atmosphere which has not been completely invaded and polluted and suffocated and killed by consumerism monoculture."[239]

Ebenfalls in den 1980er Jahren beginnt Bertolucci seine orientalische Trilogie mit dem Film *Der letzte Kaiser*, die wahre Geschichte des letzten chinesischen letzten Kaisers Pu Yi. Der Film schildert das Leben PuYis von seiner Kindheit im geschlossenen Palast bis hin zu seiner schließlichen Tätigkeit als einfacher Gärtner. Als erster ausländischer Filmmacher enthält Bertolucci die Erlaubnis, diesen Film in der Verbotenen Stadt in Beijing zu drehen, worauf er sich vier Jahre lang vorbereitet. 1987 kommt *Der letzte Kaiser* in die internationalen Kinos, ein gewaltiges Epos, das mit insgesamt neun Oscars prämiert wird

1990 adaptiert Bertolucci Paul Bowles' berühmten Roman *Himmel über der Wüste*, der vom Ausbruch aus der bürgerlichen Normalität handelt. Der Film wird in der Sahara mit den Schauspielern Debra Winger und John Malkovich gedreht.

Im Jahr 1993 kehrt Bertolucci in den Fernen Osten zurück, um seinen vorerst letzten exotischen Beitrag mit *Little Buddha* zu realisieren, der die Suche nach Spiritualität in der Moderne, in Nepal und den Klöstern des Himalaya-Staates Bhutan thematisiert.

Nach 15 Jahren filmischer Entdeckungsreise in den Fernen Osten kehrt Bertolucci 1995 mit dem Film *Gefühl und Verführung* (*Stealing Beauty*) nach Italien zurück. Er inszeniert das romantisch-erotische Drama, das die Selbstfindungsgeschichte einer jungen Amerikanerin in der Toskana erzählt. Nach seiner fernöstlichen Trilogie sagt Bertolucci selbst: „Ich versuche, die Toskana so zu sehen, als ob sie Bhutan wäre, als ob ich sie ganz neu entdecken möchte."[240]

---

238 Nowell-Smith / Halberstadt (1997), S. 256.

239 Sklarew / Spitz (1990), S. 49.

240 O.N. (2006b).

2003 folgt der Film *Die Träumer*, in dem drei junge Menschen im revolutionären Frühjahr 1968 in Paris ihre Sexualität ausleben. Kurz vorher hat sich Bertolucci neben anderen bekannten Regisseuren mit einem zehnminütigen Film über die Zeit am Gemeinschaftsprojekt *Ten Minutes Older: The Cello* beteiligt.

Bertolucci interessiert sich zwar für epische und politische Themen, aber trotzdem sind seine Filme etwas anderes als gewöhnliche Monumentalfilme: „Even though history is very important, I wouldn't define my films as historical films at least not in the sense that historians or even Marxist historians give to the word. Better yet, it is precisely the work of historians that has allowed me to adopt a particular view of history. I use history, to be sure, but I don't make historical films, I make falsely historical films, because in fact you can't write history through cinematic means [...]"[241]

Bernardo Bertolucci benutzt die Geschichte folglich nur als Mittel, um die Menschen und ihre Schicksale in der Geschichte zu beobachten. Es ist als besonders verdienstvoll hervorzuheben, dass er Ideologien auf ihren konkreten Wert für den Menschen hin beschreibt, da er aufzeigt, wie Ideologien letztendlich den Missbrauch von Menschen glaubwürdig und sinnvoll erscheinen lassen sollen.

Bertolucci beschreibt in seinen Filmen sehr aufmerksam die Emotionsentwicklung von Menschen in der Geschichte: „I believe that in today's world, emotion is the only way to communicate. Its really through feelings that we can rediscover the source of reason."[242]

Im Film vermittelt der Regisseur dem Publikum seine Emotionen mittels einer filmischen Sprache. Jeder Regisseur verfügt für die Emotionsvermittlung über eigene Mittel. Für Bertolucci spielt die Musik bei der Emotionsvermittlung im Film eine elementare Rolle, was man auch daran sehen kann, dass die Qualität seiner Filmmusik sowie der von ihr eingenommene Raum sehr viel höher bzw. größer ist als bei anderen Regisseuren.

Als Bertolucci seinen ersten Film *La commara secca* (*The Grim Reaper*) (1962) dreht, ist sein Filmmusikstil schon eindeutig definiert durch vielfältige Musikquellen und vielfältige Ebenen des Musikgebrauchs. Bertolucci betont jede Möglichkeit, die in der Musik zu hören sein könnte: So stammt z.B. in seinen Filmen die Musik nicht nur von Menschen, nämlich in Form von Gesang, sondern auch aus dem Radio, dem Fernsehen, von der Band auf einer Party oder der begleitenden Musik etc. Er ent-

241 Gili (1978), S. 129.

242 Ebd. S. 111.

wirft die Musik auf potentiell unterschiedlichen Filmebenen. So soll z.B. die Radiomusik in einigen Einstellungen die realistische und historische Atmosphäre anzeigen. In den folgenden Einstellungen spielt die Musik aber eine Rolle bei der Emotionsbeschreibung. Solche Musik ist auch sehr eng mit Geräuschen und Dialogen verbunden und lässt einen gemeinsamen Rhythmus entstehen. Außerdem beschreibt seine Filmmusik detailliert sowohl die Struktur der Filmhandlung als auch jede kleinste Emotionsveränderung. Dieser Stil entwickelt sich weiter bis zum Film *Der letzte Kaiser*, mit dem er seinen Höhepunkt erreicht.

4.1.2 Die Emotionen Bertoluccis zu Pu Yi

Jeder Regisseur hat eine eigene Herangehensweisen an historische Themen. Es existieren grundsätzlich unendlich viele Möglichkeiten, Pu Yis Schicksal nachzuzeichnen. Bertolucci erzählt als Europäer im Film eine tragische Geschichte, die vom letzten chinesischen Kaiser Pu Yi (1905-1967) handelt, dessen Weg vom Status eines Gott-Kaisers bis hin zum schlichten Gärtner in Maos China führt. Bertolucci führt aus, Pu Yi als eine vereinsamte und völlig isolierte Person im Film zu präsentieren.[243]

Aus Bertoluccis Sicht hat Pu Yi sein Leben sehr einsam verbracht: „Es ist die Geschichte eines Gefangenen. Im Alter von drei Jahren wurde Pu Yi von seiner Mutter getrennt. Ein Mann hat ihm stets gefehlt, da sein Vater ihn schon früh verlassen hat. Im Grunde ist er immer ein Kind geblieben."[244]

Mit drei Jahren wird Pu Yi zum Kaiser von China gekrönt, mit sechs muss er bereits wieder abdanken. In Beijings Verbotener Stadt wächst er mit seinem schottischen Hauslehrer als einzige Verbindung zur Außenwelt auf. Als er den Ort seiner Kindheit, nämlich Beijing, verlassen muss, wird er zum Playboy. Später kollaboriert er mit den Japanern und wird Marionettenkaiser in der Mandschurai. Gegen Ende des Zweiten Weltkriegs wird er von den Russen gefangen genommen und von Chinas Regierung zu einem "nützlichen" Menschen umerzogen: „And so, Pu Yi turned into an actor instead, and painstakingly learned to play the part of his own life, first on the empty stage of the Forbidden City, then in the snowy, claustrophobic, operetta-like State of Manchukuo, and finally in Mao's prison schools."[245]

Bertolucci hat solche Emotionen im Film eingesetzt. Zun Long, der den erwachsenen Pu Yi im Film darstellt, hat diese Figur im Film folgendermaßen verstanden: „Ich habe großes Mitgefühl mit ihm. Ich halte ihn

---

243 Vgl. Bertolucci (1997), S. 15.

244 Hinton (1991), Fernseh-Interview.

245 Bertolucci (1997), S. 15.

für einen einfachen Menschen, gefangen in außergewöhnlichen Umständen. Es war das Ende der Ära, und es beginnt eine neue Zeit in China. Ich glaube nicht, dass er eine finstere Gesinnung hat, eher das Gegenteil. Er ist drei Jahre alt, unschuldig und vollkommen von der Realität isoliert. Emotional und körperlich. Ich empfinde gefühlsmäßig sehr stark für ihn. Bis zu seinem Tod ging er kaum enge Beziehungen ein: Lediglich zu seinem Lehrer in der verbotenen Stadt, danach zu Jonston, und natürlich zu seiner Amme, deren Brust ihn versorgt hat. Das war ein körperlicher Trost für ihn, denn sie hat ihn wie einen Menschen behandelt. Schließlich zu seiner Frau, mit der er eine kurze Beziehung hatte und zuletzt zu dem Gefängnisdirektor. Aber für ein ganzes Leben ist das sehr wenig."[246]

4.2 Regisseur und Komponisten

4.2.1 Bertoluccis „Autoren"- Position

Jeder Film ist unterschiedlich. Beim Filmschaffen gibt es deshalb auch verschiedene Formen der Kooperation zwischen den Mitarbeitern. Bertolucci steht bei seinem Filmschaffen in einer absolut zentralen Position, um seine Ideen und Vorstellungen im Film verwirklichen zu können, und somit seinen Traum. Er meint: „I take complete charge of the camera. The camera and the actors in front of the camera and around the camera, the movement of the camera and the movement of the actors, the choice of lenses, the movement on dollies, on rail, or on cranes, etc.: this is completely my job."[247]

Dies trifft auch für die Filmmusik zu. Er entscheidet über die Musik auch selbst.

Bertolucci sieht die Musik im Film als ein Grundelement wie z.B. die Kamera. Deswegen legt er viel Wert darauf. Er bestimmt den Musikstil des Films und leitet die Zusammenarbeit mit den Komponisten. Bevor der Film *Der letzte Kaiser* gedreht wurde, hatte Bertolucci schon einen eigenen Musiktraum: "我希望这个音乐是让一个欧洲人听起来象中国音乐的音乐，其实已经是中国音乐和欧洲音乐的混合物。" [248] Die Musik im Film sollte sowohl vom chinesischen als auch vom europäischen Publikum akzeptiert werden und die gleiche emotionale Wirkung auf beide Zielgruppen haben. Um diese sowohl chinesische als auch internationale Filmmusik

---

246 Hinton (1991), Fernseh-Interview .

247 Sklarew / Spitz (1990), S. 42.

248 Zhang (1988), S. 3.
"Das ist eine Musik, die für einen Europäer chinesisch klingt. Aber das ist schon eine chinesisch-europäische Mischung." (Übersetzung von der Autorin)

erfolgreich zu komponieren, hat Bertolucci drei Komponisten eingeladen: David Byrne, Ryuichi Skamoto und Cong Su.

4.2.2 Vorstellung der drei Komponisten

David Byrne[249]

David Byrne wurde am 14. Mai 1952 in Dumbarton, Schottland geboren, wuchs jedoch in Baltimore, Ohio, in den USA auf. Er begann ein Design-Studium, das er aber bereits nach einem Jahr wieder abbrach. Mit zwei Studenten gründete er später die Band *Talking Heads*, die eine der bedeutendsten und musikalisch anspruchsvollsten Bands der Post Punk und New-Wave-Bewegung der 1980er war. Vor allem unter ihrem Leadsinger, dem Schotten David Byrne feierte sie 1975 bis 1990 auf der ganzen Welt musikalische Erfolge. Die Solo-CD *My Life in the Bush of Ghosts* nahm Byrne im Jahr 1981 zusammen mit Brain Eno auf, sie gilt als wegweisende Aufnahme traditioneller Musik gemischt mit Computertechnologien. Für den Soundtrack zum Film *Der letze Kaiser* erhielt der Musiker zusammen mit Ryuichi Sakomoto und Cong Su den Oscar für beste Filmmusik (1988).

Ryuichi Sakamoto[250]

Am 17. Januar 1955 wurde Sakamato in Tokio, der Hauptstadt Japans geboren. Bereits mit drei Jahren beherrschte er das Klavierspiel, während seiner Schulzeit spielte er in mehreren Bands und studierte später elektronische Musik an der Tokioter University of Art. Sakamato wurde von den verschiedensten Künstlern geprägt: Neben Ludwig von Beethoven, den Beatles und John Cage galt sein Interesse den Filmen Godards. Das spiegelt sich vor allem in seinen zahlreichen Filmmusiken wider.

1978 gründete er zusammen mit Haruomi Hosono und Yukihiro Takahashi die einflussreiche Elektropop-Band *Yellow Magic Orchestra*, die auf Asien den gleichen Einfluss übte wie *Kraftwerk* in Europa. Den Top-20-Hit hatte die Band im Jahr 1979 mit *Computer Game. Yellow Magic Ochestra* und andere Bands von Sakamoto verkauften mit ihrem Mix aus japanischer Tradition und westlichem Rock hundert Millionen von Platten weltweit.

Seine erste Filmmusik komponierte Sakamoto zu *Merry Christmas Mr. Lawrence* im Jahre 1982. Im Jahr 1987 wurde ihm (zusammen mit David Byrne und Cong Su) der Oscar für die musikalische Umsetzung zu *Der letzte Kaiser* verliehen, zusätzlich zu einem Grammy und einem Golden Globe. Danach arbeitet er noch für zwei weitere Filme von Bertolucci:

249 Vgl. o.N. (1999a). In: Larkin (Hrsg.) (1999), Volume 2, S. 870f.

250 Vgl. o.N. (1999b). In: Larkin (Hrsg.) (1999), Volume 6, S. 4722f.

Himmel über der Wüste (1989) und *Little Buddha* (1993). Auch für den Film des spanischen Regisseurs Pedro Almodovar komponierte er die Musik. Ein außergewöhnliches Merkmal Sakamotos ist, dass er in einigen der Filme selbst als Darsteller mitwirkte.

Seine musikalische Einflüsse und Interessen sind sehr vielfältig, sein Stil ist geprägt von Elementen der elektronischen Musik, von zeitgenössischern Melodien, von Jazz, Weltmusik und japanischer Popmusik. Es war nicht Ryuichi Sakamotos Art, linear zu denken. Stattdessen konzentrierte er sich in den 1990er Jahren auf multimediale Projekte wie Discord. Am Ende des Jahrzehnts wechselte er jedoch wieder die Stilrichtung und kehrte zur klassischen Komposition zurück. Und so gilt er als schillernde Figur im Popgeschäft.

Cong Su[251]

Cung Su wurde 1957 in Tientsin (TianJin), China geboren und studierte von 1978 bis 1982 an der Musikakademie der Hauptstadt Beijing. Im Rahmen eines katholischen Austauschprogrammes kam er nach Deutschland, wo er zwei Jahre an der Münchener Akademie für Musik und vier Jahre an der Freien Universität in Berlin studierte. 1985 gewann Cong Su den zweiten Preis eines internationalen Wettbewerbs für Komponisten im Gedenken an Franz Liszt.

Seit 1991 unterrichtet er als Professor für Medienkomposition an der *Staatlichen Filmakademie Ludwigsburg*, davor unterrichtete er von 1989 bis 1991 an der Musikhochschule München. Für seine Filmmusik zu Bernardo Bertoluccis Filmepos *Der letzte Kaiser* wurde Cong Su (zusammen mit David Byrne und Ryuichi Sakamoto) mit dem Oscar ausgezeichnet. Weiterhin zählen neben Filmmusiken mehrere Instrumentalwerken sowie Bühnenstücke zu seinen Werken. Im Jahr 1997 führte er in Krefeld/Mönchengladbach die Premiere seiner Multi-Media-Kammeroper *When the Sun is rising* auf und drei Jahre später fand bei den Europäischen Kulturtagen die Uraufführung seines Balletts *Distance to Eternity* statt. Derzeit arbeitet der Komponist mehreren Projekten: an einer Oper für die Berliner Festspiele und das Theater Basel (*World of Mercurial Light*), an einem Musical (*Shanghai Rose Garden*) für die Olympischen Spiele 2008 in Beijing und die Expo 2010 in Shanghai sowie an der neuen Vertonung *Lieder der Erde*.

4.2.3 Kooperation zwischen Regisseur und Komponisten

Für eine strikte Trennung und Verteilung der Aufgaben innerhalb des Komponisten-Trios war von vornherein gesorgt. Bertolucci hat nach dem

251 Vgl. Su (2007).

Filmdrehen im Interview gesagt: "For Last Emperor I had three composers and I wanted different things from each of them. From Ryuichi Sakamoto I wanted something epic with an Eastern flavour. Cong Su was brought back from Germany, where he lives, to do Chinese-flavoured court Music. And I also had David Byrne. In the end Sakamoto did a kind of western, symphonic music and David Byrne did the chinoiserie because of his music is always full of subtle irony."[252]

Der letzte Kaiser ist die erste Filmmusik des Komponisten Cong Su. „Eigentlich wollte ich chinesische Filmmusik komponieren, doch Bernardo bestand darauf, dass ich europäische Musik machte, die im Westen wie chinesische Musik klingt."[253] Cong Su kann sich daran noch erinnern: Als sich Bertolucci mit ihm für *Der letzte Kaiser* zum ersten Mal traf, drückte Bertolucci seine Erwartungen wie folgt aus: "你应当在这部电影中按照我的想法去做。 虽然你已经获得了很多的国际奖项，但是做自己的音乐和做电影音乐是不同的。做你自己的音乐是实现你自己的想法，做电影音乐是实现我的想法。你应该实现我在这部电影中的音乐梦想。" [254]

Häufig beklagen Komponisten beim Schaffen der Filmmusik, dass viele Regisseure nicht erklären können, welche Musik sie eigentlich wollen. Aber Bertolucci weiß sehr klar, welche Musik er in seinem Film will. Der Komponist Cong Su bewunderte eine erstaunliche musikalische Urteilsfähigkeit von Bernardo Bertolucci: „Er beurteilte das Manuskript einer Musik sehr schnell und erkannte sofort, ob es zu dem Film passt und wo vielleicht die Eigenheit fehlt. Die Zusammenarbeit mit einem Regisseur, der selber Musikverständnis besitzt, macht ungeheuren Spaß."[255] Diese gute Urteilsfähigkeit fördert auch die Komponisten, gute Musik zu schreiben. Beispielweise meinte Chong Su: „Ohne Bertoluccis strikte Kontrolle und hohe Anforderungen hätte ich eine solch anspruchsvolle Musik nicht schreiben können."[256]

Es gibt zwei Sorten von Musik im Film *Der letzte Kaiser*: Die Musik in den Szenen selbst und die begleitende Musik. Die Musik in den Szenen ist meistens traditionelle chinesische Musik. Sie wurde von den Schauspie-

---

252 Nowell-Smith / Halberstadt (1997), S. 255.

253 Kremb (1988).

254 Zhang (1988), S. 4.

"Sie sollten in diesem Film meinen Ideen folgen, obwohl Sie schon einige internationale Preise bei der Komposition gewonnen haben. Es gibt eine sehr große Distanz zwischen Ihrem eigenen Musikwerk und der Filmmusik. Filmmusik zeigt die Gedanken des Regisseurs, nicht die Gedanken des Komponisten. Sie sollten meinen Musiktraum verwirklichen." (Übersetzung von der Autorin)

255 Metzner (1988), S. 47.

256 *Der letzte Kaiser* (1987) Verleih Material. S. 10.

lern in den Szenen selbst gespielt oder gesungen. Sie sollte fertig geschrieben sein, bevor das Drehen begann, damit sie mit der jeweiligen Szene synchronisiert werden konnte, z.B. die Gartenszene mit Pu Yi, die Krönung und die Hochzeit des Kaisers. Diese Musik wurde meistens vom Komponist Cong Su geschrieben. Cong Su hat in einem Interview daran erinnert: „Bertolucci wollte zu mehreren Szenen in Beijing's Verbotener Stadt erst die fertige Musik haben, bevor er sich an die Dreharbeiten machte. Meine Musik lief im Playback, während die Schauspieler vor der Kamera standen. Manchmal spielte auch jemand ein Originalinstrument. Der Regisseur wollte damit einen bestimmten Bewegungsrhythmus sowie eine dichtere Atmosphäre in die Szenen hineinbringen."[257]

Die begleitende Musik wurde erst nach der Aufnahme des Films geschaffen. Sie wurde zum überwiegenden Teil von David Byrne und Ryuichi Sakamoto geschrieben, nachdem sie die Rohfilmmaterialien gesehen hatten.

Entsprechend ihrer Arbeitsweise und der Verwendung ihrer Musik haben die Komponisten unterschiedliche Arten der Zusammenarbeit mit dem Regisseur erlebt.

Der Komponist Cong Su hat lange Zeit mit dem Regisseur in den verschiedenen Szenen beim Filmdrehen zusammengearbeitet. Durch Gespräche und eigene Beobachtungen versuchte er, die Idee von Bertolucci zu begreifen, den Musikstil zwischen China und Europa in eine Balance zu bringen. Die erste Aufgabe von Cong Su war eine Drei-Minuten-Musik für eine Gartenszene mit dem dreijährigen Kaiser Pu Yi. Die Schauspieler sollten selbst in der Szene singen und ihr Gesang wurde beim Drehen aufgenommen. Deswegen musste Cong Su die Musik vor der Aufnahme schon fertig stellen und mit dem chinesisch-europäischen Orchester proben. Cong Su ruft in einem Interview das Schaffenserlebnis in Erinnerung: "但是作曲的第一稿被导演否定了，因为他觉得听起来还不够国际化。之后在七天内苏聪又连改五稿。直到导演满意为止。溥仪登基的一场戏在太和殿拍摄。太和殿只能租三天，所以时间必须很好的利用。但是贝托鲁奇并没有因为时间紧张而放松了对音乐的要求。苏聪已经写了第四稿的音乐，但是离开拍还有 20 分钟时，贝托鲁奇还是对音乐不够满意。他认为音乐既不够现代，也不够古典。这时 3000 文武大臣演员等候在太和殿外。苏聪急坏了，急得干脆躺在了地板上，突然，一个旋律在他的脑海出现了。他赶紧去找乐队。乐手们心领神会，这才得以让拍摄继续。"[258]

---

257 Ebd.

258 Vgl. Gu (1987), S. 25.

Cong Su hat lange Zeit gebraucht, die chinesisch-europäische Stilmischung zu erschaffen. Er hat viele Historiker besucht und auch in der staatlichen Bibliothek Beijing viele ältere klassische Musikmaterialien recherchiert. Um die klassische chinesische Einstellung zur Musik nachzuempfinden, hat er auch *Poesie* von Konfuzius gelesen. Außerdem suchte er eine Verbindung zwischen chinesischer und europäischer Musik: „Europäische Musik spannt sich in ein kontrastreiches und dialektisches Formgerüst ein. Daher bekommt man häufig das Gefühl von Konflikt und Leidenschaft. Im Vergleich dazu drückt die chinesische Musik die Emotion langsamer und lockerer aus, wie auch chinesische Landschaftsmalerei es tut. Im Film möchte ich die zwei ganz verschiedenen Stile verbinden, um auf der einen Seite die Sorgen von Pu Yi hervorzuheben und auf der anderen Seite die stark bewegte Zeit zu zeigen. Das Probieren war schließlich erfolgreich."[259]

Im Vergleich zu Cong Su war der japanische Komponist Ryuichi Sakamoto noch stärker in den Film involviert: Er hat sogar die Rolle des *Amakasu* - ein japanischer Spion in Manchukuo - gespielt. Sakamoto hat sich an diesen Prozess so erinnert: „Als ich Bertolucci zum ersten Mal traf und wir über *Der letzte Kaiser* sprachen, erwartete ich eine Einladung, die Musik dafür zu schreiben, doch erneut wurde ich als Darsteller gefragt, was mich überraschte. Ich sagte sofort zu. Ich verbrachte zwei Monate in China und anschließend in Cinecittá, und das war's als Schauspieler. Dann, einige Monate später, erreichte mich ein Anruf von Bertolucci: ‚Fang mit dem Komponieren an! Wir haben nur zwei Wochen!' - ‚Wie bitte?' Ich sagte alle Termine ab und kehrte nach Tokio zurück. Dort musste ich zunächst einige gute chinesische Instrumentalisten finden und gleichzeitig einige Themen komponieren. [...] Ich ging in ein Schallplattengeschäft und kaufte eine Anthologie mit 22 Alben. Ich hörte mir

---

„Aber leider wurde die erste Komposition vom Regisseur abgelehnt, weil sie nicht international genug klang. Innerhalb von sieben Tagen hat Cong Su die Musik fünf Mal neu geschrieben, bis der Regisseur damit zufrieden war. Die Szene der Krönung Pu Yis wurde in Tai He Dian (Halle der Großen Harmonie in der Verbotenen Stadt) gedreht. Tai He Dian konnte man nur drei Tage lang für den Film mieten, deswegen musste diese Chance gut genutzt werden. Aber Bertolucci hat seine hohe Anforderung für die Musik aufgrund der kurzen Zeit keineswegs reduziert. Cong Su hatte die Musik schon vier Mal geschrieben, aber Bertolucci war noch immer nicht damit zufrieden, sogar bis zwanzig Minuten vor dem Drehen. Er beurteilte die Musik als nicht modern genug, auch nicht klassisch genug. In dieser Zeit warteten 3000 Schauspieler außerhalb der Halle. Der Komponist stand unter großem Stress. Er legte sich auf den Boden, um besser überlegen zu können. Plötzlich aber fiel ihm eine Melodie ein. Mit der lief die Aufnahme weiter." (Übersetzung von der Autorin)

259 Metzner (1988), S. 47.

alles an. [...] Als ich jedoch die Musik für *Der letzte Kaiser* schreiben sollte, verlangte Bertolucci, dass ich keine Sampler und Synthesizer verwendete - er wollte, dass ich eine Partitur schrieb und diese anschließend mit einem echten Orchester einspielte." [260]

Der Konflikt zwischen Sakamoto und Bertolucci bestand nicht in Fragen des Musikstils wie bei Cong Su und Bertolucci, sondern in der Frage nach konventioneller oder moderner Technik der Filmmusik. „Während der Dreharbeiten waren Bertolucci und ich gut miteinander ausgekommen, aber das ändert sich im Aufnahmestudio. Am ersten Tag kam er ins Studio und begann herumzuschreien: ‚Wo ist die große Leinwand?' Ihm war nur die alte Form der Aufnahme von Filmmusik vertraut, bei der man vor einer großen Leinwand steht, auf die Bilder schaut und der Dirigent eine Uhr in der Hand hält. Ich arbeitete auf Computerbasis: Obwohl wir mit akustischen Instrumenten arbeiteten, wurde alles durch den Sequenzer geschickt. Alles wurde innerhalb der kalkulierten Zeitabschnitte gespielt. Bertolucci verstand das alles nicht. Er hatte keine Ahnung vom Abmischen. Einzelne Szenen hatten Streicher, die Blech - und Holzbläser wurden später dazugemischt. Bertolucci rief: ‚Mehr Gefühl, Ryuichi! Wir brauchen an dieser Stelle Bläser!' Ich antwortet: ‚Mach dir keine Sorgen, Bernardo! Die Bläser machen wir morgen.' - ‚Nein, das ist unmöglich!' Im Laufe des Aufnahmeprozesses begann er jedoch allmählich zu verstehen, und unsere Kommunikation wurde besser."[261]

Der damalige Regieassistent von Bertolucci Li Hongsheng sagte im Interview[262], dass er niemals gesehen habe, dass der Regisseur mit den Komponisten so eng zusammenarbeitet, bevor er bei Bertolucci für *Der letzte Kaiser* arbeite. Die Komponisten blieben lange Zeit beim Regisseur, während der Film gedreht wurde. Er hat daran erinnert, dass die Komponisten entweder an dem Set kamen, oder sogar eine Rolle im Film spielten. Nach den Aufnahmen führten sie auch oft Diskussionen mit dem Regisseur. Solche Arbeiten halfen den Komponisten den richtigen Rhythmus, der genau zum inneren Rhythmus des Films passte, zu finden. Außerdem wurden die Komponisten sogar noch während der Dreharbeiten durch die Szenen neu inspiriert. Das alles spielte eine große Rolle für die Qualität der Filmmusik in diesem Film.

Merkwürdig ist, dass sich die drei Komponisten damals selten getroffen haben. Cong Su sagte: „Das ist eine große Produktion. Wir drei Komponisten sind wie drei Leuten, die ein Haus aufbauen. Unsere Arbeiten wurden von Bernardo Bertolucci genau geteilt. Wir bauen jeder eigene

260 Russell (2001), S. 178f.

261 Russell (2001), S. 182.

262 Beim Gespräch mit der Autorin am 03.09.2005 im Beijing Film Studio.

Teile, erledigen nur eigene Aufgaben. Wie das ganzes ‚Haus' aussieht, wussten wir erst, nachdem der ganze Film erledig wurde. "[263]

4.3 Filmmusikanalyse

4.3.1 Allgemeine Analyse

4.3.1.1 Popularität

Film ist sowohl eine populäre Kunst als auch ein Produkt. Er wird von seiner Geburt am 28.12.1895 bis heute noch immer vom ökonomischen Faktor begleitet. Dieser ökonomische Faktor beherrscht verschiedene Ebenen des Films, natürlich auch die Filmmusik. Die Bedürfnisse der Zuschauer zu erfühlen ist wichtig. Die Zuschauer gehen ins Kino mit dem Ziel der Unterhaltung. Sie genießen verschiedene Geschichten des Films; sie lachen bei den lustigen Szenen; sie weinen manchmal auch mit dem Schauspieler zusammen. Die Musik wird im Film dazu eingesetzt, dem Zuschauer des Films Gefühle und Emotionen zu vermitteln oder sogar einen Gefühlszustand beim Zuschauer zu erzeugen. Cong Su äußert diesen Gedanke auch im Interview: "观众不是音乐专家。他们到电影院是去看电影的，不是去听音乐会的。所以我们写电影音乐的时候，一方面要表达画面的意思，做到表达无误，一方面要让观众更好的接受。这样才能够传递导演的意图。[264]

Viele Melodien in diesem Film kann man sich merken oder sogar schon singen, nachdem man sie ein oder zwei Mal gehört hat. Beispielsweise wird der Vorspann des Films später in verschiedenen Ausstellungen sehr häufig benutzt.

4.3.1.2 Filmmusik und Narration

Der Film zeigt Pu Yis dramatisches Leben von der Ära der Mandschu-Dynastie bis zum neuen China. In verschiedenen Zeiträumen erlebte er verschiedene Abenteuer. Um zu diesen unterschiedlichen Zeiträumen und kulturellen Abschnitten zu passen, hat die Musik im Film auch verschiedene Ebenen.

---

263 Interview mit Cong Su am 16.01.2006.

264 Wen (1988). S. 5.

„Die Zuschauer sind keine Musikexperten. Sie gehen ins Kino, um den Film zu sehen, nicht ein Konzert zu hören. Deswegen schrieben wir im Film *Der letzte Kaiser* Musik, die sowohl die Bilder des Films einer Gefühlebene zuordnen kann als auch von den Zuschauer besser angenommen werden kann, damit ihnen der vom Regisseur gewünschte Gefühlszustand suggeriert werden konnte." (Übersetzung von der Autorin)

Diese verschiedenen Ebenen werden zuerst von den vielfältigen Instrumenten präsentiert. Von typisch chinesischen Instrumenten, einem chinesischen und einem europäischen Orchester sowie elektronischem Synthesizer gespielte traditionelle chinesische Musik, chinesisch-europäische Musikmischungen und fernöstliche Musik greifen ineinander und entwickeln sich zusammen mit der Filmhandlung und Emotionsentwicklung.

Außerdem entsprechen die verschiedenen musikalischen Themen auch den unterschiedlichen Filmhandlungen und Emotionsentwicklungen. Drei Titelthemen und deren Variationen werden eingesetzt, um die lange Entwicklung der Geschichte und die Veränderungen der Psyche von Pu Yi zu beschreiben. Diese drei Titelthemen vermitteln die Grundstimmung des Films. Die Variationen sind in klanglicher, arrangiertechnischer und thematisch-motivischer Hinsicht eng mit den Titelthemen verwandt. Durch diese musikalische Struktur entsteht eine Kontinuität, die hilft, unterschiedliche Situationen in verschiedenen Zeiträumen zu verbinden. Das unterstützt die Zuschauer, die Veränderungen des letzten Kaiser Pu Yi in unterschiedlichen Situationen zu entdecken.

Beispiel: Das Palastthema

(Notenbeispiel 1: Palastthema)

Wenn das Palastthma im Film kommt, wird das Luxuspalastleben von Pu Yi gezeigt.

Beispiel: Das Kommentarthema

(Notenbeispiel 2: Kommentarthema)

Wenn das Kommentarthema im Film erscheint, wird die Emotion -Sympathie- von Bertolucci gezeigt.

Beispiel: Das Tragödienthema

(Notenbeispiel 3: Tragödienthema)

Das Thema präsentiert immer die tragischen Momente im Pu Yis Leben.

4.3.1.3 Perspektive der Filmmusik und Narration

Entsprechend der Struktur der Filmhandlung und der Emotionenen der Figuren findet sowohl die subjektive als auch die objektive Perspektive auf unterschiedlichen Ebenen des Films Verwendung. Dies wird auch auf drei Ebenen präsentiert:

Erste Ebene: Pu Yi blickt auf sein eigenes Leben in der Vergangenheit zurück. Bertolucci hat eine Flashback-Struktur bei der Erzählung benutzt: Pu Yis Leben im Gefängnis und seine Erinnerungen an die Vergangenheit werden dabei miteinander verknüpft. Pu Yis Leben im Gefängnis wird durch die historische Musik in den 1950er Jahren Chinas präsentiert. Pu Yis Leben in der Vergangenheit wird durch die neu komponierte Musik dargestellt.

Zweite Ebene: Das Leben von Pu Yi wird immer von anderen beobachtet. Sein Leben im Gefängnis wird vom Gefängnisdirektor beobachtet. In der Vergangenheit wird seine tragische Jugendzeit durch die Perspektive des Englischlehrers Jonston gezeigt. In Manchukuo wurde Pu Yi vom japanischen Spion Amakasu mit der Kamera überwacht. Entsprechend dazu hat die Filmmusik auch zwei Perspektiven. Das Palastthema von David Byrne begleitet meistens Pu Yis Leben in der Verbotenen Stadt. Das zweite Kommentarthema von Ryuichi Sakamoto ist wie ein vernünftiger Kommentar zu Pu Yis tragischem Leben.

Dritte Ebene: Viele kleine Musikstücke werden im Film benutzt. Sie unterstützen in verschiedenen Szenen auch die Darstellung der subjektiven Psyche der Figuren und der objektiven Atmosphäre der Ära.

Die Filmmusik und Filmhandlung hängen so eng zusammen, damit die Zuschauer durch die Einnahme verschiedener Perspektiven das Schicksal von Pu Yi besser verstehen können. Manchmal versinken die Zuschauer in der Geschichte, in der Pu Yi gelebt hat, manchmal beobachten sie zusammen mit dem Gefängnisdirektor, dem Englischlehrer Jonston, oder Amakasu Pu Yis Verhalten von außen. Außerdem gibt die Filmmusik dem Zuschauer die Chance, eigene Gefühle und Überlegungen zu entwickeln.

4.3.2 Detaillierte Szenenanalyse des Films *Der letzte Kaiser*

Die Musik spielt im Film *Der letzte Kaiser* eine sehr dominante Rolle: Insgesamt dauert der Film 160 Minuten, die Gesamtspieldauer der Musik beträgt etwa 73'25'' Minuten und prägt somit fast die Hälfte des Films. Man muss sich dabei vor allem vergegenwärtigen, welche bedeutende Funktion die Musik bei der Emotionsvermittlung im Film hat.

Im Folgenden sollen daher die mit Musik unterlegten Szenen des Films analysiert werden, um zu zeigen wie Bertolucci mit Hilfe der Musik sowie anderen Elementen im Film seine Emotionen gegenüber dem Schicksal des letzten Kaisers von China, Pu Yi, ausdrückt.

Die Emotionen werden dabei auf zwei Ebenen vermittelt: Zum einen geht es um die Emotionen des Erzählers selbst, d. h., Bernardo Bertolucci. Zum anderen werden die Emotionen der Figuren des Films transportiert, besonders die von Pu Yi, aber auch die von anderen Darstellern.

Die Analyse orientiert sich an der Abfolge der Szenen im Film und wird die für jede Szene zur Emotionsvermittlung relevanten Beziehungen von musikalischen und anderen filmischen Elementen untersuchen. Wie in Kapitel 3.3 bereits erwähnt, werden auf der bildlichen Ebene vor allem die folgenden Elemente analysiert: Bildinhalt; Farben; Licht; Schauspiel und Kamerabewegung: Schwenk (nach links, nach rechts), Zoom, Fahrt. Auf der musikalischen Ebene hingegen werden insbesondere die folgenden Elemente analysiert: Takt, Rhythmus, Tempo, Melodie, Akkorde, Intervall, Thema und Tonart.

Es ist bei der Analyse der Filmmusik nicht notwendig, alle Elemente der Filmsprache und der Musiksprache gleichzeitig zu analysieren, weil in jeder Szene oder bei jeder Einstellung der Schwerpunkt auf einigen der eingangs genannten Elemente liegt, welche sich in vertikaler Richtung zu unterschiedlichen Kombinationen verbinden. Obwohl alle o. g. Elemente eine Funktion im Film erfüllen, so kommt ihnen doch im Hinblick auf die Emotionsvermittlung in jeder Szene eine jeweils unterschiedliche Bedeutung zu.

Deshalb konzentriert sich diese Analyse auf die vertikale Beziehung von Bild und Musik sowie den zwei weiteren akustischen Elementen (Geräusche, Dialog) und auf den jeweiligen Schwerpunkt dieser Verbindung in den einzelnen Szenen.

Außerdem wird die Arbeit bei Szenen, die bereits vorher analysierte Verknüpfungen enthalten, nicht noch einmal detailliert auf diese eingehen, um Wiederholungen zu vermeiden.

Die Vorgehensweise für jede Szene ist wie folgt: Nach einer kurzen Beschreibung der Filmhandlung und einer Untersuchung der Emotionsentwicklung - Pu Yis, Bertoluccis, oder beider - erfolgt die Analyse des Zusammenwirkens der Musik mit den anderen relevanten filmischen Elementen, welche die genannte Emotionsentwicklung zum Ausdruck bringen.

Ich beginne zunächst mit der Musik des Vorspanns:

4.3.2.1 Vorspannmusik

(Notenbeispiel 4: Vorspann)

Die Musik des Vorspanns (vgl. Notenbeispiel 4) ist das Palastthema. Viele wichtige antizipatorische Informationen über den Film werden bereits hier mittels der musikalischen Klangfarbe, des Tonsystems, des Tempos, des Taktes und der Tonart transportiert.

Die erste Information betrifft die Beobachtung der chinesischen Kultur aus der Sicht eines Europäers: Der Vorspann enthält eine mit einem okzidentalischen Instrument, nämlich der Geige, gespielte chinesische Pentatonik. Das chinesische Tonsystem und das westliche Instrument kreieren zusammen eine exotische, mystische und Interesse weckende Atmosphäre als Einstieg für den Film, so als ob ein Fenster zum chinesischen Kaiserhof geöffnet werden würde. Der Zuschauer wird darauf eingestimmt, dass im Film ein europäischer Regisseur durch seine eigene, okzidentalische Perspektive eine für ihn unbekannte und fremde chinesische Welt beobachtet.

Bei der zweiten Information handelt es sich um das Leben am Kaiserhof: Das Portamento verstärkt den Eindruck eines prächtigen und luxuriösen Lebens im chinesischen Kaiserpalast.

Die dritte Information betrifft die psychologische Ebene des Films: Am Anfang spielt eine chinesische Trommel leise im Takt, Rhythmus und mit der Klangfarbe des menschlichen Herzschlages. Dadurch wird der Zuschauer schnell in eine aufnahmebereite Stimmung versetzt und auf die emotionale Ebene des Films vorbereitet.

Die geschaffene Atmosphäre als Ausdruck der Emotionen enthält eine vierte Information: Die Tonart a-Moll verleiht der Szene eine melancholische Stimmung, wie auch der Rest des Films überwiegend von melancholischen Emotionen geprägt sein wird.

Die fünfte und letzte Information bezieht sich auf den Rhythmus: Das Tempo von 85 bpm Mälzel Metronom (bpm beats per minute) und der 4/4 Takt im Vorspann kündigen zugleich den weiteren Rhythmus des Films - und damit auch die Handlungsentwicklung, die Kamerabewegung, den Schnitt usw. - an: Er ist weder schnell noch langsam, sondern eher ein mittlerer Rhythmus, genauso wie ein Erzähler sympathisch und geduldig seine Geschichte vortragen würde.

Szene 1: Das Kriegsgefangenenlager

Die erste Szene umfasst insgesamt 39 Einstellungen (Einstellung 1-39). Pu Yi wird von der Kommunistischen Partei Chinas von Russland nach China gebracht. Nicht nur das neue China, sondern auch die Kommunistische Partei und das große Bild Mao Zedongs sind ihm völlig fremd. Er ist unruhig, verzweifelt und depressiv, weil er nicht weiß, welches Schicksal ihn erwartet.

In dieser Eingangsszene werden die Emotionen Pu Yis durch die vertikale Verbindung zwischen musikalischer Lautstärke, Klangfarbe, Farbe und Helligkeit des Lichtes vermittelt:

Emotion Pu Yis	unruhig, verzweifelt und depressiv	
Musik	Klangfarbe	Lautstärke
Bild	Farbe des Lichtes	Helligkeit des Lichtes

(Abb. 12: Szene 1)

Eine fast nicht hörbare elektronische Musik von trüber Tonqualität begleitet die Szene von der 12. bis zur 36. Einstellung. Diese Musik schafft zusammen mit der grauen Farbe und dem sehr kontrastreichen Licht eine kalte und deprimierende Umgebung, in der die als Kriegsverbrecher von der KP China gefangen genommenen Menschen von einer sehr unruhigen, verzweifelten und depressiven psychischen Verfassung gekennzeichnet sind, da ihre Zukunft völlig ungewiss scheint. Zu ihnen gehört auch Pu Yi.

Szene 2: Trennung von der Mutter und Transport in den Palast

In dieser Szene (Einstellung 40-66) erzählt Bertolucci, wie die Soldaten den dreijährigen Pu Yi als kleinen Kaiser vom Haus seiner Kindheit zum Kaiserhof bringen. In dieser Darstellung webt Bertolucci seine Emotionen gegenüber dem Schicksal Pu Yis ein. Dementsprechend hat die Musik hier zwei Funktionen: Sie betont sowohl allgemein die Atmosphäre der Erzählung, als auch die von Bertolucci selbst vermittelten Emotionen.

Die Filmmusik begleitet die gesamte Szene ununterbrochen, wird aber in der Analyse in vier getrennten Abschnitten behandelt, da Musik und Bild in diesen vier Abschnitten jeweils unterschiedliche Schwerpunkte in ihrem Zusammenspiel haben.

<u>Der erste Abschnitt - Einstellung 40:</u>

Einstellung 40	Die Soldaten gehen zu Pu Yis Wohnsitz
Atmosphäre	Etwas ungewöhnliches wird geschehen
Musik	Klangfarbe der Streicher, unharmonische Intervalle, Tonart A-Dur
Bild	Das Tor wird geöffnet; laufende Soldaten
Dialog	„Aufmachen !“
Geräusche	Schritte, das Tor wird geöffnet, Klang der Pferdehufe

(Abb. 13: Szene 2, Einstellung 40-1)

In Einstellung 40 besteht keine direkte vertikale Verbindung zwischen Musik, Bild, Dialog und Geräuschen wie in Szene 1, sondern diese Elemente bauen nacheinander in einem gemeinsamen Rhythmus die ungewöhnliche Atmosphäre auf (vgl. Abb. 14). Die von Streichern gespielte Musik mit unharmonischen Intervallen in der Tonart A-Dur zeigt gleichzeitig mit dem Befehl „Aufmachen!“, den Geräuschen und der schnellen

Bewegung der Soldaten den unruhigen Beginn eines Ereignisses an und lässt darüber hinaus eine böse Vorahnung aufkommen.

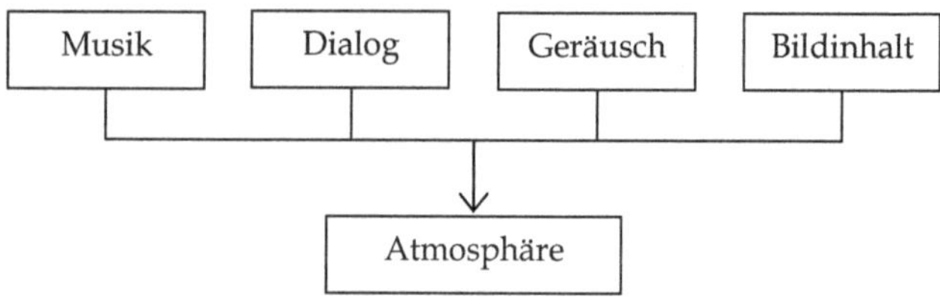

(Abb. 14: Szene 2, Einstellung 40-2)

Analysefazit Einstellung 40:

Wie Abb. 14 verdeutlicht, wird die Musik hier als ein grundsätzliches Element gleichbedeutend mit Dialog, Geräuschen und Bildinhalt eingesetzt. Die verschiedenen Elemente bauen die Atmosphäre gleichberechtigt zusammen auf.

Der zweite Abschnitt - Einstellung 41-43:

Einstellung 41-43	Pu Yis Mutter bereitet die Trennung vor
Emotion Bertoluccis	Trauer und Mitgefühl
Musik	Klangfarbe der Pipa, unharmonischer Akkord, Spielart Rotating Fingering
Bild	Die Mutter hält Pu Yi in den Armen

(Abb. 15: Szene 2, Einstellung 41-43)

In diesem Abschnitt gehen die musikalischen mit den bildlichen Elementen keine direkte vertikale Verbindung ein, sondern setzen besonders durch das Instrument Pipa und die Spielart „Rotating Fingering“ sowie den unharmonischen Akkord die Emotionen Bertoluccis um: Als die Mutter Pu Yi in den Armen hält, setzt ein starker unharmonischer Akkord mit der Spielart „Rotating Fingering“ des chinesischen Zupfinstruments Pipa ein. Die Klangfarbe der Pipa eignet sich hervorragend dazu, einsame, aufgeregte, unruhige, oder ganz im Gegenteil auch positiv-lebendige emotionale Zustände zu beschreiben.

Hier unterlegt die Musik der Pipa einen sehr ungewöhnlichen und zugleich unglücklichen Moment in Pu Yis Leben. Bertolucci nutzt die

Musik, um sowohl seine Trauer über den Beginn von Pu Yis tragischem, Schicksal als auch sein Mitgefühl für diese spezielle Situation zu zeigen.

Zudem verstärkt der Kontrast von Streichern aus Szene 1 und Pipa in Szene 2 den dramatischen Effekt dieses Moments.

Analysefazit Einstellung 41-43:

Die Musik verleiht hier dem visuellen Bild einen zusätzlichen Charakter, den man im Bild allein nicht finden oder spüren kann. Die Musik fungiert damit einerseits als dramatisches Element des Films - indem sie die Handlung unterlegt - andererseits wird sie von Bertolucci bewusst als eine Art Kommentar zu seinen Emotionen eingesetzt.

Der dritte Abschnitt - Einstellung 44-49:

Einstellung 44-49	Bekanntgabe des Befehls der Kaiserinwitwe durch den Soldaten
Atmosphäre	angespannte und dringliche Atmosphäre
Musik	Sich wiederholende 1/16 Trios (Streicher)
Bild	dunkelrotes Licht
Dialog	Verkündigung: Pu Yi soll an diesem Abend sofort zur Verbotenen Stadt gebracht werden

(Abb. 16: Szene 2, Einstellung 44-49)

Die Einstellung geht mit der Verkündigung eines Soldaten weiter (44-49), dass Pu Yi als kleiner Kaiser sofort zum Kaiserhof gehen muss.

Der Rhythmus der Musik wird von sich wiederholenden 1/16 Trios der Streicher gebildet (vgl. Notenbeispiel 5). Dieser Rhythmus erzeugt ein angespanntes Gefühl. Das dunkelrote Licht bewirkt eine niederdrückende Atmosphäre im Bild. Das Zusammenwirken von Rhythmus und Licht in vertikaler Richtung betont somit die dringliche Situation, die durch den Inhalt der Verkündigung entsteht.

(Notenbeispiel 5: Verkündigung)

Analysefazit der Einstellung 44-49:

Rhythmus, Licht und Verkündigungsinhalt bauen gemeinsam die Atmosphäre der Einstellung auf, indem sie auf vertikale Weise zusammenwirken.

Der vierte Abschnitt - Einstellung 55-56:

Einstellung 55-56	Die Mutter hält Pu Yi in ihren Armen und geht zu der Sänfte
Emotion Bertoluccis	traurig, betroffen
Atmosphäre	Würdevoll
Musik	Tragödienthema
Bild	Mise-en-scène

(Abb. 17: Szene 2, Einstellung 55-56)

Die Mutter hält Pu Yi in ihren Armen und trägt ihn zur Sänfte, die der Kaiserhof geschickt hat, um Pu Yi abzuholen.

In den Einstellungen 55-56 erklingt das Tragödienthema (vgl. Notenbeispiel 6) der Filmmusik:

(Notenbeispiel 6: Tragödienthema)

Die Einstellung 55 ist sehr wichtig sowohl für die zweite Szene als auch für den gesamten Film, weil die Emotionen von Bertolucci zu Pu Yis Schicksal hier zum ersten Mal eindeutig ausgedrückt werden. Damit wird auch gleichzeitig Bertoluccis Perspektive auf die Gestalt des Pu Yi in diesem Film evident. Diese Einstellung dauert 39 Sekunden lang. Als die Mutter Pu Yi in den Armen hält und zur Sänfte geht, wirken die Hauptpersonen in dieser tragischen und zugleich würdevollen Szene - Pu Yi, seine Mutter und die Amme - sehr einsam. Dieses Gefühl der Einsamkeit wird gemeinsam von der Inszenierungsmethode der Mise-en scène und der Musik - Klangfarben von Erhu und Streichern sowie Solo und Unisono der Instrumente - erzeugt.

Mise-en-scène[265] im weiteren Sinne bezeichnet im Filmbereich ganz allgemein den Stil und die Inszenierung eines Films. Im engeren Sinne meint der Ausdruck das In-Szene-Setzen von aufeinander folgenden Handlungen von Akteuren in einer längeren Szene, also das Rollenspiel mit Auf- und Abtritten wie auf einer Theaterbühne. Nach der Theorie von Andre Bazin heißt Mise-en-scène auch Schärfentiefe und Plansequenzen. Während die Formalisten die Montage für das Herz des realistischen Films hielten, beansprucht Bazin dasselbe für die Mise-en-scène. Nach Monaco ist für Bazin die Entwicklung der Schärfentiefe nicht nur eine weitere filmische Entwicklung, sondern ein dialektischer Schritt nach vorn in der Geschichte der Filmsprache. Bazin vertritt die Auffas-

---

265 Die folgenden Darstellungen zur Mise-en-scène stützen sich auf Manoco (2004), S. 435-437 und Steinmetz (2005), S. 31.

sung, dass dadurch, dass Zeit und Raum in der Montage geschnitten werden, auch die Realität zerstört wird. Wenn im Gegensatz dazu die Schärfentiefe die Realität dokumentiert, dann werden für Bazin Zeit und Raum weit mehr respektiert. Im Vergleich zur Montage lässt die Schärfentiefe den Zuschauer demnach in eine engere Verbindung mit dem Bild treten, das für jenen dann beinahe zur Realität wird. Somit wird er in der Lage versetzt, den Film vollständiger und umfassender zu erfahren. Außerdem multipliziert die Schärfentiefe die Bedeutungsmöglichkeiten, die die Zuschauer entsprechend ihrer eigenen Aufmerksamkeit und Erfahrung in die Handlung interpretieren können. Dies impliziert konsequenterweise eine aktivere geistige Haltung auf Seiten des Filmpublikums, von dem ein klarer Beitrag zur ablaufenden Handlung gefordert wird. Schärfentiefe ist sowohl frei in der Wahl als auch frei in der Interpretation.

Zu den Grundelementen der Mise-en-scène zählen: eine relativ statische Kamera bzw. eine sich langsam bewegende Kamera mit längerer Einstellungsdauer, eine halbtotale bis totale Einstellungsgröße, eine hohe Schärfentiefe des Bildes sowie mehr Bewegung im Bild statt einer Bewegung des Bildes.

Bernardo Bertolucci hat die Schärfentiefe im Film *Der letzte Kaiser* als ein sehr wichtiges Ausdrucksmittel benutzt. Dies hat zum Ziel, dem Zuschauer mehr Zeit und Raum zu bieten, mit ihm zusammen in der Position eines außen stehenden Beobachters Pu Yis Schicksal zu verfolgen, die Emotionen mitzufühlen. Parallel dazu hat Bertolucci seine Emotionen auch in der Filmmusik umgesetzt.

In der folgenden Analyse wird gezeigt, wie sich die objektive Perspektive der Kamera (gehört zu Mise-en-scène), Musik, Atmosphäre und Emotionen in vertikaler Richtung verbinden.

Die vertikale Analyse ist die folgende:

Als die Mutter Pu Yi in den Armen hält und ihn dann verlässt, wirkt sie sehr einsam in der tragischen, melancholischen und würdevollen Atmosphäre der Szene.[266]

Das Gefühl der Einsamkeit wird von den folgenden Elementen erzeugt:

266 Im Prinzip sind das Gefühl der Einsamkeit, die traurige Emotion sowie die tragische, melancholische, würdevolle Atmosphäre in dieser Szene nicht trennbar, sondern betonen sich vielmehr gegenseitig. Um dieses Ineinandergreifen besser untersuchen zu können, werden sie einzeln analysiert.

Einsamkeit			
Bild	Mutter, Pu Yi und Amme	Vielzahl von Soldaten	Kontrast der Anzahl
	Gehend	Stehend	Kontrast des Zustandes
Musik	Solo	Unisono	Kontrast der Anzahl

(Abb. 18: Szene 2, Einstellung 55-56-1)

Die Mutter hält Pu Yi in den Armen, hinter ihr befindet sich die Amme. Im Vergleich zur Einstellung 40-54, in der eine Vielzahl von Soldaten im Bild zu sehen ist, erscheinen die Frauen in dieser Einstellung sehr einsam.

Außerdem wird der Eindruck der Einsamkeit durch den Immobiltät-Mobilitäts-Kontrast der Personen verstärkt. Die Soldaten bleiben stehen, während sich die drei Frauen unter ihrer Beobachtung bewegen.

Darüber hinaus reflektiert der Kontrast von Solo und Unisono der Instrumente hier ebenfalls die Einsamkeit. Während die Mutter Pu Yi in den Armen hält und geht, spielt die Erhu als Solo den Satz A des Tragödienthemas.Während die Soldaten sie und ihren Sohn kniefällig verehren, spielen westliche Saiteninstrumente unisono den Satz B des Tragödienthemas.

Die tragische und melancholische Atmosphäre wird von den folgenden Elementen erzeugt:

Tragische und melancholische Atmosphäre	
Musik	Tonart a-Moll und Klangfarbe der Erhu
Bild	Dunkelrotes Licht

(Abb. 19: Szene 2, Einstellung 55-56-2)

Die Tonart a-Moll bringt eine tragische Stimmung in die Szene. Außerdem wird Satz A des Tragödienthemas vom chinesischen Instrument Erhu gespielt. Da die Klangfarbe der Erhu recht melancholisch ist, kann dieses Musikinstrument tiefe menschliche Gefühle ausdrücken. Die Erhu verleiht der Szene daher ebenfalls eine melancholische Stimmung. Entsprechend zur Musik erzeugt das dunkelrote Licht der Nacht ebenso eine tragische und melancholisch angehauchte Atmosphäre. Die Tonart,

Klangfarbe sowie die Helligkeit und die Farbe des Lichtes bauen gemeinsame eine vertikale Verbindung auf.

Die würdevolle Atmosphäre wird von der Einstellungsperspektive und dem Kontrast von Solo und Unisono erzeugt.

Würdevolle Atmosphäre	
Musik	Solo und Unisono
Bild	Froschperspektive der Soldaten auf Pu Yi

(Abb. 20: Szene 2, Einstellung 55-56-3)

Als Pu Yis Mutter den Soldaten gegenüber steht, fallen diese als Zeichen der Verehrung vor ihr auf die Knie. In der Bildaufteilung befindet sich die Vorderansicht von Pu Yis Mutter in der Mitte oben. Die Kamera erfasst die Rücken der Soldaten und richtet sich in Froschperspektive auf Pu Yi. Die Kamera filmt somit von unten nach oben, was dem gefilmten Objekt etwas Mächtiges, Drohendes verleiht. Diese Perspektive unterstreicht die Position Pu Yis sowie die Beziehung zwischen Pu Yi und den unter ihm stehenden Soldaten. In diesem würdevollen Moment beginnt Pu Yis Leben als Kaiser.

Die Inszenierung der Bewegungen der Figuren, der Wechsel der Kameraperspektive und auch die sich in Schwenk, Fahrt und Zoom bewegende Kamera entsprechen einer 39 Sekunden lang dauernden halbtotalen Einstellung. Das bedeutet hier eine relativ lange Zeitspanne und einen großen Raum, in dem Bertoluccis Emotionen und Ideen hinsichtlich des Schicksals von Pu Yi gezeigt werden können. Gleichzeitig kann der Zuschauer auch mit der Musik zusammen daran teilnehmen, gleichsam mit dem Regisseur zusammen fühlen.

Analysefazit der Vertikalmontage von Einstellung 55-56:

In vertikal gerichteter Verbindung baut die Musik als ein Element zusammen mit Mise-en-scène (inklusive der Bewegungen, der Positionen der Figuren, der Einstellungsperspektive und der Kamerabewegung) die Emotionen und die gesamte Atmosphäre der Szene auf.

Die horizontale Analyse ist die folgende:

Neben der vertikalen Beziehung zwischen Musik und Bild besteht ebenfalls eine horizontale Beziehung. Im horizontalen Verlauf beschreibt die Musik detailliert innerhalb von 16 Einstellungen (40-56) jede Entwicklung der Emotionen und der Atmosphäre:

	Einleitung	Aufbau		
Einstellung	40	41-43	44-46	47-54
Inhalt	Soldaten schieben die Tür auf	Pu Yi in den Armen der Mutter	Soldaten laufen In den Hof der Familie	Soldat liest vor, Mutter bereitet Trennung vor
Musik	a- Moll	unharmonischer Akkord	1/16 Trios	leise begleitende Musik
Atmosphäre und Emotion	tragisch	chaotisch, unruhig	Angespannt	dringend

	Höhepunkt	Abbau
Einstellung	55	56
Inhalt	Mutter besteigt mit Pu Yi die Sänfte	Pu Yis Vater besteigt das Pferd
Musik	Tragödiethema Satz A. Erhu und westliche Saiteninstrumente (lauter)	Tragödiethema Satz A. Erhu und westliche Saiteninstrumente (leiser)
Atmosphäre und Emotion	tragisch, melancholisch, einsam	tragisch, melancholisch, einsam

(Abb. 21: Szene 2, Einstellung 55-56-4)

In Abb. 21 wird gezeigt, wie die musikalischen zusammen mit den bildlichen Elementen eine Dramaturgie aufbauen - vom Anfang und Aufbau über den Höhepunkt bis zum Abbau der Szene. Die Musik fügt dem Bild als rein visuellem Element einen dramaturgischen Prozess hinzu, den Bilder allein nicht entwickeln können. Sie verstärkt somit den dramaturgischen Effekt der Handlung.

Szene 3: In der Verbotenen Stadt und Tod der Kaiserinwitwe

In dieser Szene (Einstellung 67-100) gibt es drei Musikteile: Der erste Teil am Anfang der Szene, von Einstellung 67 bis 74. Der zweite Teil ist von Einstellung 91 bis Einstellung 94 zu hören und der dritte Teil von Einstellung 98 bis 100. Der erste und dritte Teil sind Gesänge von tibetischen Mönchen (Lamas).

Beginnend mit dieser Szene erscheinen zwei Stellenwerte von Musik innerhalb der filmischen Realität: „Musik im Bild" und „bildbegleitende

Musik". „Musik im Bild" bedeutet, dass die Musik original in den Szenen vorkommt. Die Musik gehört zur filmischen Realität. Die Quelle, aus der die Musik kommt, kann direkt gesehen oder erahnt werden. „Bildbegleitende Musik" bedeutet, dass die komponierte Musik in den Filmszenen genutzt wird. Die Musik gehört nicht zur filmischen Realität und ist im Bild unsichtbar.[267]

Die Analyse des ersten Musikteils in Szene 3 (Einstellung 67-74):

Pu Yi wird von den Soldaten mit der Sänfte zur verbotenen Stadt gebracht, während die Lamas aus religiösen Schriften singen und ihre Instrumente (Fahao) in der Verbotenen Stadt spielen („Musik im Bild"). Die Einstellung 67 ist wieder eine „Mise-en-Scène". Zusammen mit der Bewegung der Kamera erklingt die Musik der Lamas. Diese Musik betont die majestätische Atmosphäre der Verbotenen Stadt.

Die vertikale Analyse (Einstellung 67-74):

Analyse der Einstellung 67:

In der vertikalen Analyse wird die majestätische Atmosphäre der Verbotenen Stadt untersucht, die durch die Verbindung von Bildinhalt und Klangfarbe erzeugt wird:

Atmosphäre	majestätische Atmosphäre der Verbotenen Stadt
Musik	Klangfarbe der Fahao, Schriftensingen der Lamas
Bild	Bildinhalt: Verbotene Stadt, Lamas

(Abb. 22: Szene 3, Einstellung 67-74)

Die Musik in Einstellung 67 ist eine Kombination aus dem 3,5 m langen tibetischen Blasinstrument „Fahao" und dem Schriftensingen der Lamas. Die Stimmen der Lamas sind tief und dumpf. Die Klangfarbe der Fahao ist dunkel, schlicht und kraftvoll. Dieses Instrument benutzen die Lamas im Tempel, um mit Gott Kontakt herzustellen, um Gott zu begrüßen.

Die Verbotene Stadt ist 961 Meter lang (Nord-Süd), 753 Meter breit (Ost-West), dies sind insgesamt 780,000 Quadratmeter. Die Mauer der Stadt ist 10 Meter hoch. Man sagt in China zur Verbotenen Stadt auch „Tiefer Palast" um sowohl den großen und tiefen Raum als auch die komplizierten menschlichen Beziehungen in der Stadt zu beschreiben.

[267] Vgl. Bullerjahn (2005), S. 487.

Die tiefen, dumpfen Stimmen der Lamas und die dunkle, kraftvolle Klangfarbe der Fahao gehen eine Verbindung mit dem tiefen Raum der Verbotenen Stadt im Bild ein. Dadurch wird das räumliche Gefühl der Tiefe beschrieben und betont. Außerdem sind das religiöse Schriftensingen und das Spielen der Fahao beide in Beziehung mit der Anbetung göttlicher Macht zu setzen, deswegen können sie auch die würdevolle und mystische Atmosphäre der Szene aufbauen. Diese Stimmung passt zur neuen Identität Pu Yis, der nach seinem Eintreffen sofort zum Kaiser gekrönt werden wird: Er wird ein Gott-Kaiser sein.

Fazit der vertikalen Analyse von Einstellung 67:

Die Musik hat sich hier durch die Klangfarben des Schriftensingens und das Spielens der Fahao mit kulturellen und historischen Informationen verbunden, ein kaiserliches Raumgefühl hervorgerufen. Sie und die Raumvorstellung gehören hier zusammen.

Analyse der Einstellung 68:

Einstellung 68 zeigt die Ankunft der Sänfte in der Verbotenen Stadt. Die Amme hat Pu Yi seinem Vater gegeben.

Die Nah-Aufnahme zeigt den traurigen und bekümmerten Gesichtsausdruck der Amme, und es erklingt ein kleines Musikstück:

Emotion der Amme	traurig, bekümmert
Musik	neues Element
	Klangfarbe - elektronisch
	Intervall - unharmonisch
Bild	Einstellungsgröße - Nah-Aufnahme

(Abb. 23: Szene 3, Einstellung 68)

In Einstellung 68 hat der Vater Pu Yi von dessen Amme übernommen. Die Amme bleibt in der Sänfte und sieht mit traurigen und sorgenvollen Augen zu Pu Yi. Die Emotion dieser einzelnen Person wird in Einstellung 68 aus der großen Szene der Einstellung 67 herausgegriffen.

Entsprechend passt die Musik dazu: Vom Ende der Einstellung 67 bis hin zur Einstellung 68 gibt es einige elektronische, unharmonische Intervalle, die dem Gesang der Lamas und der Fahao hinzugefügt werden. Außerdem ist die Frequenz der Töne höher als der Klang der Stimmen der Lamas und der Fahao. Das kleine Element mit seinem unharmonischen Intervall und der höheren Frequenz betont die Emotion der Amme innerhalb der großen Szene.

Außerdem passt das neue musikalische Element, das hier eingeführt wird, nicht nur zum Inhalt, sondern auch zur Form des Bildes. Auf der inhaltlichen Ebene beschreibt die Musik detailliert die traurige Emotion der Amme, die neu in der Szene auftaucht. Auf der förmlichen Ebene passen die zwei Ebenen der Musik - Schriftensingen der Lamas gepaart mit einigen leisen elektronischen und unharmonischen Intervallen - auch zum Erscheinen einer individuellen Emotion innerhalb einer größeren Umgebung.

Analysefazit der Einstellung 68:

Das Auftauchen der individuellen Emotion wird durch die Erscheinung des neuen musikalischen Elements dargestellt.

Analyse der Einstellung 69-74:

Die Musik wird von Einstellung 69 bis Einstellung 74 leiser. Sie wird als eine Art Hintergrundstimme benutzt. Die Einstellungsanalyse von 69 bis 74 wird im folgenden Abschnitt vorgenommen, der diese Szene in der horizontalen Richtung analysiert, da die Musik in dieser Richtung eine wichtige Funktion übernimmt.

Die horizontale Analyse (Einstellung 67-74):

Die Musik ist in der horizontalen Richtung in vielfältigen Ebenen mit mehreren räumlichen Ebenen der Handlung verbunden: Der erste Musikteil in Szene 3 ist die Musik der Lamas („Musik im Bild"). Sie wird von Einstellung 67 bis 74 auf vielfältige Weise in verschiedenen Räumen benutzt. In Einstellung 67 erscheint die Musik zusammen mit den Lamas im Bild, von denen die Musik kommt. In Einstellung 68 und 69 wird die Musik bereits als Hintergrundstimme benutzt. Von Einstellung 70 bis 74 wird die Musik noch leiser, da sie hier als die Hintergrundstimme während der an Pu Yi gerichteten Worte der Kaiserinwitwe fungiert.

Außerdem besteht eine horizontale Verbindung der Musik der Lamas mit den Geräuschen während der Szene: Der erste Musikteil in Szene 3 verbindet sich mit den Geräuschen der Schritte der Soldaten, die die Sänfte in der vorhergehenden Einstellung 66 tragen. Die unterstützt den rhythmischen Gleichklang in Szene 2 und Szene 3, Einstellung 66 und Einstellung 67. Die unharmonischen Intervalle in Einstellung 68 und die Geräusche der Tür in Einstellung 69 sind durch einen sehr ähnlichen Ton verbunden. Nicht nur die visuelle, sondern auch die auditive Ebene lässt sich mit Musik illustrieren. Somit entsteht auf der Tonebene für beide Einstellungen eine Montageverbindung. Diese Verbindung auf der akustischen Ebene bringt die Einstellungen 68 und 69 in einen flüssigen

Schnitt. Die Emotionsentwicklung verläuft in der Folge weiterhin flüssig. In Einstellung 70-74 wird die Musik viel leiser, als begleitende Stimme im Hintergrund, während die Kaiserinwitwe zu Pu Yi spricht. Die leise Musik, die Worte der Kaiserinwitwe und die Geräusche im Palast verbinden sich miteinander auf der Tonebene. Dies verstärkt das Gefühl der weiten Räume.

Analysefazit des ersten Musikteils in Szene 3:

Beim ersten Musikteil ist bemerkenswert, wie Bertolucci die Musik der Lamas („Musik im Bild") im Film eingesetzt hat:

- Die Musik der Lamas wird in verschiedenen Räumen benutzt und hat jeweils eine andere Funktion.

- Die Musik der Lamas verbindet sich mit den Geräuschen bzw. mit dem Dialog, wodurch Emotionen und die dramatischen Effekte aufgebaut werden.

Die Analyse des zweiten Musikteils in Szene 3 (Einstellung 91-94):

Der Inhalt dieser Einstellungen ist das Sterben der alten Kaiserinwitwe Cixi. Während die Angestellten des Hofes Cixis Thron nach vorn schieben, erklingt der zweite Musikteil, der von chinesischen Bambus-Blasinstrumenten - Xiao - und Schlaginstrumenten - (Glocken) - gespielt wird.

Atmosphäre des Sterbens		
Musik	Klangfarbe von Xiao und Glocken	langsamer Rhythmus
Bild	Inhalt: Sterbende Cixi	langsames Vorschieben des Throns
	Kamerabewegung: Fahrt	langsam

(Abb. 24: Szene 3, Einstellung 91-94)

Während Einstellung 91 - 94 bestehen zwei vertikale Verbindungen:

Die Atmosphäre des Sterbens wird durch die erste vertikale Verbindung zwischen der Klangfarbe der Xiao und Glocken und dem bildlichen Inhalt als Zusammenhang aufgebaut: Das chinesische Instrument Xiao ist die Bambus-Langflöte. Die Klangfarbe der Xiao ist sehr trostlos und anmutig. Man kann mit der Xiao langsame und lyrische Gefühle beschreiben. Glocken sind sehr wichtige Schlaginstrumente im chinesischen Altertum. In früher Zeit wurde die Glocke für die Zeitangabe benutzt. Damals gab es in jeder Stadt und Ortschaft einen Glockenturm. Frühmorgens und abends wurde die Glocke zur Zeitangabe geläutet. Außerdem ist die Aussprache des Wortes „Glocke“ und die des Wortes „Ende“ auf Chinesisch gleich. Beide sind „Zhong“. Nach dem Tod eines Menschen in China wird die Glocke geläutet. Das bedeutet, dass die Zeit für diese Person ihr Ende erreicht hat. In diesem Moment heißt sie auch die Sterbeglocke.

Die zweite vertikale Verbindung entsteht durch den Rhythmus der Musik, die Kamerabewegung und den Bildinhalt: Während der Thron der Kaiserinwitwe nach vorn geschoben wird, erklingt der zweite Musikteil. Die Menschen, der Thron und die Kamera bewegen sich gemeinsam im Rhythmus (vgl. Abb. 24).

Die Analyse des dritten Musikteils in Szene 3 (Einstellung 98-100):

Der dritte Musikteil zieht sich von der Einstellung 98 bis zur Einstellung 100. In diesen Einstellungen wird gezeigt, wie die Kaiserinwitwe stirbt. Die Lamas veranstalten eine Gedenkfeier.

Die vertikale Analyse des dritten Musikteils in Szene 3:

Auch dies ist eine von den Lamas gespielte Musik („Musik im Bild“). Nachdem ein Tuch auf das Gesicht von Cixi, die gerade gestorben ist, gelegt wurde, erklingt das Schlaginstrument Bo mit einem lauten Ton. Dann kommen die Lamas mit ihren Instrumenten in den Palast herein und laufen ihre Instrumente spielend um den Thron mit der toten Kaiserinwitwe. Während sie dann wieder gehen wird die Musik allmählich leiser.

Analyse der Einstellung 98:

Der laute Ton des Bo erklingt, kurz nachdem ein Tuch auf das Gesicht der toten Kaiserinwitwe gelegt wurde. Die Einstellung wurde in Groß-Aufnahme gedreht. Der laute Ton des Bo entspricht hier ebenfalls einer „Groß-Aufnahme“, der des Tons (vgl. Abb. 25). Die beiden aufeinanderfolgenden „Groß-Aufnahmen“, sowohl auf visueller als auch auf auditiver Ebene, bezeichnen den Moment des Todes der Kaiserinwitwe:

Moment des Sterbens	
Musik	Lautstärke Bos - sehr laut
Bild	Einstellungsgröße - Großaufnahme

(Abb. 25: Szene 3, Einstellung 98)

Selbst wenn es hier kein auditives Element gäbe, wäre der Inhalt - das Sterben der Kaiserinwitwe - auch aus dem Bild allein ersichtlich. Doch mit dem Einsatz des akustischen Elements wird der dramatische Effekt des Moments derart verstärkt, dass er gewissermaßen mit allen Sinnen gefühlt wird.

Einstellung 99 ist eine Übergangseinstellung.

Die vertikale Analyse der Einstellung 100:

Die Lamas laufen mit den Schlaginstrumenten Bo und den Blasinstrumenten Suona um den Thron der Kaiserinwitwe Cixi. Die Musik gehört zum Bildinhalt („Musik im Bild") der Gedenkfeier.

Der Inhalt dieser Einstellung wurde von Bertolucci nicht wirklichkeitsgetreu inszeniert. Wenn eine Person in China stirbt, kommen Mönche oder Lamas in die Familie, die Instrumente spielen, um eine Gedenkfeier für den Toten zu veranstalten. Diese dauert normalerweise eine lange Zeit, nicht nur ein paar Minuten. In der analysierten Einstellung spielen die Lamas jedoch nur kurze Zeit, weil Bertolucci die Trauerfeier lediglich andeuten will.

Die horizontale Analyse des dritten Musikteils (Einstellung 98 -100):

Zum einen hat die Musik der Lamas im horizontalen Verlauf in zwei verschiedenen Räumen des Palasts zwei unterschiedliche Funktionen: In Einstellung 98 und 99 wird die Musik als „bildbegeleitende Musik" genutzt. Die Musik und die Bilder bilden zusammen eine Atmosphäre. In Einstellung 100 stimmt die Musik mit der im Bild gezeigten Realität überein.

Zum anderen bildet die Musik zusammen mit dem Dialog eine relativ vollständige Tondramaturgie, die genau zur Filmhandlung passt:

Anfang:

Musik: Der laute Ton des Bo in Einstellung 98 bestimmt den Beginn der Musik.

Handlung: Cixi ist gerade gestorben.

Steigerung:

Musik: Das Spiel von Suona und Bo folgt als Fortgang der Musik.

Handlung: Die Trauerfeier wird abgehalten.

Wende:

Musik: Die Musik wird leiser.

Handlung: Die Lamas verlassen den Thronsaal.

Abbau:

Dialog: „Gehen wir nach Hause, Papa? "

Handlung: Pu Yi geht zu seinem Vater. Dann steht er in einem Licht, das von oben durchs Fenster scheint.

Ende:

Stillstand:

Handlung: Pu Yi steht im Licht. Der Vater kniet vor Pu Yi nieder.

Analysefazit der Szene 3:

- In Szene 3 gibt es drei Musikteile. Zwischen diesen Teilen gibt es keine Zusammenhänge. Jeder Teil passt nur zum Inhalt des entsprechenden Bildes.
- Jeder Musikteil hat sowohl im vertikalen, als auch im horizontalen Verlauf die Wirkung, zusammen mit dem Bild und der Handlung Emotionen hervorzurufen.
- In vertikaler Richtung verbinden sich musikalische Elemente wie Klangfarbe, Intervall und Lautstärke mit bildlichen Elementen wie Inhalt, Kamerabewegung, und Figurenbewegung um Atmosphäre und Emotion in einem einzigen Moment aufzubauen.
- In der horizontalen Richtung spielt die gleiche Musik in verschiedenen Einstellungen verschiedene Rollen. Die Musik wird in mehreren räumlichen Ebenen benutzt.
- In der horizontalen Richtung wirkt die Musik mit Dialog und Geräuschen zusammen. Manchmal bilden sie einen gemeinsamen Rhythmus, manchmal bauen sie eine Tondramaturgie auf, manchmal verbinden sie verschiedene Räume.

Szene 4. Krönung Pu Yis

Diese Szene (Einstellung 101-143) zeigt den ersten Tag im neuen Leben Pu Yis als Kaiser.

In dieser Szene erscheinen 19 subjektive Einstellungen Pu Yis. Subjektive Einstellung (Point of View Shot, POV), werden aus der Perspektive einer der handelnden Personen und in ihrer Blickachse aufgenommen. Mit dem POV-Shot kann die subjektive Wahrnehmung einer der handelnden Personen simuliert werden.[268] Die subjektiven Einstellungen dienen hier dazu, die Perspektive des kleinen Pu Yi und seine Wahrnehmungen zu präsentieren.

268 Vgl. Steinmetz (2005), S. 42.

Die Musik begleitet die Einstellungen 122-127, um die subjektive Emotion Pu Yis genau darzustellen.

Pu Yis Emotionsentwicklung kann so zusammengefasst werden: Der dreijährige Pu Yi ist bei seiner Krönung sehr gelangweilt. Als er das goldene Seidentuch, das vor der Tür weht, erblickt, möchte er damit spielen. Das goldene Tuch wird in dieser Szene als ein Machtsymbol des Kaisers benutzt. Pu Yi geht die Treppe hinunter und zur Tür, um das goldene Seidentuch zu ergreifen. Aber das Tuch wird vom Wind weggeweht. Pu Yi sieht traurig und enttäuscht aus. Die chinesischen Instrumente Zheng und Dizi stellen hier den Emotionswechsel von Freude und Traurigkeit in kurzer Zeit dar.

Die vertikale Analyse der Szene 4:

Die Klangfarbe des chinesischen Instruments Zheng ist in verschiedenen Tonbereichen unterschiedlich. Im höheren Tonbereich ist die Klangfarbe klar und hell, im mittleren Tonbereich ist die Klangfarbe sanft und elegant, im tiefen Tonbereich ist die Klangfarbe voll und dunkel; deswegen kann die Zheng mit vielfältigen Klangfarben verschiedene Emotionen ausdrücken. Die klare und helle Klangfarbe und die dunkle Klangfarbe werden in dieser Szene benutzt, um damit sowohl die Freude als auch die Traurigkeit Pu Yis darzustellen.

Es wird eine spezielle Spielart der Zheng („Guazou") benutzt. Die durch „Guazou" gespielte Musik klingt sehr flüssig, wie fließendes Wasser. Diese Spielart verbindet in dieser Szene die Klangfarbe von hell bis dunkel und begleitet damit die von fröhlich zu traurig wechselnde Emotion Pu Yis:

Emotion	Pu Yi	fröhlich ---- enttäuscht und traurig
Musik	Klangfarbe der Zheng	hell ---- dunkel
Bild	Inhalt	goldenes Seidentuch ---- das Tuch wird weggeweht

(Abb. 26: Szene 4, Einstellung 122-127-1)

Außerdem bildet die durch „Guazou" erzeugte Melodiebewegung eine vertikale Verbindung mit dem Hinablaufen auf der Treppe:

Musik	Spielart - „Guazou"
Bild	Pu Yi läuft die Treppe hinab

(Abb. 27: Szene 4, Einstellung 122-127-2)

Die beiden o.g. vertikalen Verbindungen verstärken jeweils die fröhliche und traurige Emotion, die im Bild enthalten sind.

Außer der Zheng spielt ein weiteres chinesisches Instrument bei der Untermalung der Emotion Pu Yis eine große Rolle: Die helle Klangfarbe der Dizi betont im Film die Freude von Pu Yi, als er das goldene Tuch erblickt. Die Melodie der Dizi basiert auf fünf chinesischen Grundtönen. Die Tonart der Musik ist „Yü". „Yü" hat eine große Ähnlichkeit zur Tonart Moll. Das bedeutet, dass die Melodie der Dizi sowohl durch die Klangfarbe Freude ins Bild bringt, als auch gleichzeitig durch die Tonart „Yü" eine traurige Emotion erzeugt.

Fazit der vertikalen Analyse von Szene 4:

Die Musik der beiden Instrumente erzeugt die Empfindung von Freude und Traurigkeit durch die oben untersuchten vertikalen Verbindungen. Der Kontrast von Freude und Traurigkeit zeigt, dass Pu Yi vom Beginn seines Daseins als Kaiser an keine andauernde Freude erfahren kann. Einer kurzen Freude folgt zugleich die Traurigkeit. In den nachfolgenden Szenen wird es viele ähnliche Situationen geben. Die Musik spielt bei dem jeweiligen Emotionskontrast eine sehr große Rolle. Sie drückt entweder eine traurige Emotion aus, die im Bild nicht klar zu sehen ist, oder skizziert die Traurigkeit in einem fröhlichen Bild, um den Kontrast der Emotionen zu produzieren.

Die Analyse der Horizontalmontage von Szene 4:

Das kleine Musikstück beschreibt die Veränderung der Emotion innerhalb kurzer Zeit in der horizontalen Richtung:

	Anfang	Mitte	Wende	Ende
Emotion	Fröhlich	Sehnsüchtig	Enttäuscht	traurig
Instrument	Zheng	Dizi und Zheng	Dizi und Zheng	Zheng
Klangfarbe	Hell		dunkel	
Tonart	Yü			

(Abb. 28: Szene 4, Einstellung 122-127-3)

Fazit der Analyse der Horizontalmontage:

Die Musik beschreibt nicht nur die Emotion im horizontalen Verlauf, die man im Bild allein nicht greifen kann, sondern baut auch eine Dramaturgie auf. Die Musik bereichert das Bild.

Szene 5. Erster Abend in der verbotenen Stadt

In dieser Szene (Einstellung 144-172) zeigt Bertolucci einige detaillierte Bilder aus dem Leben des kleinen Pu Yi im Palast und bringt ebenfalls Emotionen auf verschiedenen Ebenen zum Ausdruck: Nach der langweiligen Krönung scherzt Pu Yi am Abend vor dem Schlafengehen mit einigen Taijian (Eunuchen). Das Leben eines kleinen Kaisers im Palast wirkt aus der Perspektive des westlichen Beobachters zunächst recht lustig. Aber der Spaß geht schnell vorbei. Pu Yi wird darüber informiert, dass er als Kaiser alles tun kann, was er möchte. Doch die Angestellten des Hofes wissen, dass eines für ihn unmöglich sein wird: nach Hause zu gehen. Pu Yi wird seine Zeit im Kaiserhof in Einsamkeit verbringen.

Die Emotion hat in dieser Szene drei Ebenen: Erstens die fröhliche und traurige Emotion Pu Yis, zweitens die mitfühlende und traurige Emotion der anderen Figuren, insbesondere der Eunuchen und der Amme, und drittens die mitfühlende Emotion des Erzählers, Bernardo Bertolucci.

Bertolucci benutzt in dieser Szene die Kombination aus fröhlicher sowie trauriger, mitfühlender Emotion. Die Fröhlichkeit Pu Yis erweckt Sympathie. Gleichzeitig enthält die Fröhlichkeit auch Traurigkeit. Damit wird der Effekt von Traurigkeit und Sympathie durch den Kontrast in dieser Szene dramatisch hervorgehoben. Traurigkeit und Sympathie werden durch die Fröhlichkeit vertieft.

Die Musik begleitet diese Szene ohne Unterbrechung vom Anfang bis zum Ende. Dies ist außergewöhnlich beim Filmschaffen, doch die Musik hört sich hier keineswegs überflüssig an. Der Grund liegt nicht nur darin, dass die Musik in der gesamten Szene eine Emotionseinheit mit der Entwicklung der Handlung und dem Dialog bildet, sondern auch darin, dass die Musik und verschiedene Informationen eine Einheit bilden.

Fünf verschiedene Musikstücke werden in der Szene zu einer Einheit verbunden, um die Fröhlichkeit und die Traurigkeit mit der Handlung und dem Dialog zu verknüpfen.

Analyse des ersten Musikstücks in Szene 5:

(Notenbeispiel 7: Erste Abend)

Die Musik beschreibt nicht nur die Emotion der dargestellten Figur, sondern kommentiert ebenfalls die Emotion des Regisseurs zum Bild. Diese zwei Funktionen erfüllt sie jedoch nicht in jeder Einstellung gleichzeitig.

Vertikale Analyse:

Es gibt drei Formen vertikalen Zusammenwirkens der filmischen Elemente in dieser Szene: Erstens bilden Klangfarbe und Spielart eine vertikale Verbindung mit den Emotionen Pu Yis und Bertoluccis:

Die Dizi spielt das erste Musikstück (vgl. Notenbeispiel 7.) mit der Spielart von „1-out tone" im hohen Tonbereich. Die Klangfarbe der Dizi im hohen Tonbereich ist hell und lebendig. Die Spielart von „1-out tone" erzeugt freudige Töne.

Die musikalische Klangfarbe und die Spielart heben hier zwei Emotionsebenen gleichzeitig hervor. Eine ist die fröhliche Emotion Pu Yis. Die andere ist die neugierige und amüsierte Haltung des Regisseurs zu den für ihn und den Zuschauer fremden kulturellen Informationen:

Fröhliche Emotion und amüsierte Haltung	
Musik (Dizi)	Helle Klangfarbe, Spielart „1-out tone"

(Abb. 29: Szene 5-1)

Zweitens bilden der Rhythmus von Musik, Aktion, und Dialog insgesamt vier vertikale Verbindungen, mit denen Emotion dargestellt wird:

Am Anfang der Szene zeigt Einstellung 144 eine kriechende Schildkröte. Der musikalische Rhythmus (vgl. Notenbeispiel 7, Takt 1-4) passt zum Rhythmus des Kriechens der Schildkröte:

Musik	Rhythmus
Bild	Rhythmus des Kriechens der Schildkröte

(Abb. 30: Szene 5-2)

Eine zweite vertikale Rhythmusverbindung entsteht, während Pu Yi einen scherzhaften Dialog mit einem Eunuchen führt. Der Rhythmus der Musik ist leicht und lebendig. Die beiden Rhythmen von Dialog und Musik passen zueinander und unterstützen den Ausdruck von Verspieltheit und Ungezwungenheit des neuen Kaisers:

Musik	Rhythmus
Bild	Rhythmus des Dialogs

(Abb. 31: Szene 5-3)

Während zwei Eunuchen Wasser aus einer Kanne langsam in eine Holzbadewanne laufen lassen, wird der Rhythmus der Musik gleichsam langsamer. Der Rhythmus der Musik und die Bewegung des Wassers passen ebenfalls genau zusammen und bilden eine dritte rhythmische vertikale Verbindung:

Musik	Rhythmus
Bild	Rhythmus des Wassers

(Abb. 32: Szene 5-4)

Sodann begibt sich ein Eunuch im Rhythmus der Musik in einen anderen Raum, um die Gesundheit Pu Yis zu prüfen. Diese vierte Rhythmuseinheit von Musik, Bewegung und Dialog verdeutlicht die Neugier und das Amüsement des Regisseurs über die Regeln des Lebens am chinesischen Kaiserhof.

Die Musik verknüpft durch die beschriebenen vertikalen Verbindungen verschiedene Informationen des Bildes dadurch, dass sie Dialog und Aktion zu einer Rhythmuseinheit aufbaut. Darüber hinaus werden die Emotionen Pu Yis und des Erzählers (Regisseurs) zu einer Einheit verbunden.

Drittens bilden Musik und Dialog gleichfalls einen Kontrast zur Emotion:

Im ersten Musikstück gibt es keine musikalischen Elemente, die auf eine traurige Emotion verweisen. Aber unter Begleitung der fröhlichen Musik taucht im Dialog kurz eine traurige Emotion auf:

Pu Yi fragt den Eunuchen: „Gehe ich heute nach Hause? "

Der Eunuch sieht Pu Yi an und überlegt einen kurzen Moment: „Nein, noch nicht."

Pu Yi spielt weiter.

Dieser kurze Dialog steht in einem emotionalen Kontrast zur Musik. Die Traurigkeit und die durch sie ausgedrückte Sympathie des Regisseurs tauchen in dieser Szene zum ersten Mal auf. Im weiteren Verlauf des Films benutzt Bertolucci die Methode des Kontrasts von filmischen Elementen und Emotion in zahlreichen Szenen und erreicht dadurch eine dramatische Betonung des Emotionsmoments.

Analyse des zweiten Musikstücks in Szene 5:

Das zweite Musikstück besteht aus dem Gesang eines Eunuchen in einem traditionellen chinesischen Theaterrhythmus („Musik im Bild"). Der Eunuch singt, während Pu Yi badet:

(Notenbeispiel 8: Theaterrhythmus)

Der Gesang des Eunuchen bildet keine direkte vertikale Verbindung mit den bildlichen Elementen, baut aber in Verbindung mit dem Verhalten des kleinen Kaisers und dem Dialog (zwischen Pu Yi und dem Eunuchen) einen heiteren Höhepunkt in dieser Szene auf. Pu Yi ruft ausgelassen, während er das Badewasser auf den Eunuchen spritzt: „Ich bin der Sohn des Himmels, ich bin der Sohn des Himmels!"

Analyse des dritten Musikstücks in Szene 5:

In diesem Musikstück bauen die Spielart der Pipa, Tonart und die subjektiven Einstellungen der Kamera die traurigen Emotionen der Amme und Pu Yis auf.

(Notenbeispiel 9: Der abgewandelte Anfangsatz des Kommentarthemas)

Dieser Satz ist der abgewandelte Anfangsatz des Kommentarthemas (vgl. Notenbeispiel 2 und 9). Die Tonart ist a-Moll. Jedes Mal, wenn das Kommentarthema im Film erklingt, drückt es melancholische Emotionen der Figuren aus. Der Satz wird hier von der Pipa durch die Spielart „Saoxian" gespielt. Die Spielart „Saoxian" der Pipa wird oft verwendet, um unruhige und komplizierte innere psychische Aktivitäten darzustellen. Hier wird die melancholische Emotion der Figuren durch das Zusammenspiel von Pipa, „Saoxian", und der Tonart a-Moll vermittelt.

Die Musik erklingt, während Pu Yi fröhlich ruft: „Ich bin der Sohn des Himmels." Sie spielt hier zwei wichtige Rollen. Erstens erzeugt die Musik einen Kontrast zum Satz „Ich bin der Sohn des Himmels", der eine ironische Interpretation des Regisseurs impliziert. Das tragische Musikthema betont, dass der Kaiser eben nicht all das tun können wird, was er gern möchte. Zweitens betont die Musik die traurige Emotion Pu Yis, als er während des Bades seine Amme erblickt, zu weinen beginnt und erklärt, dass er nach Hause möchte.

Analyse des vierten Musikstücks in Szene 5:

Das Musikstück ist der Anfangsatz des Tragödienthemas (vgl. Notenbeispiel 3 und 10).

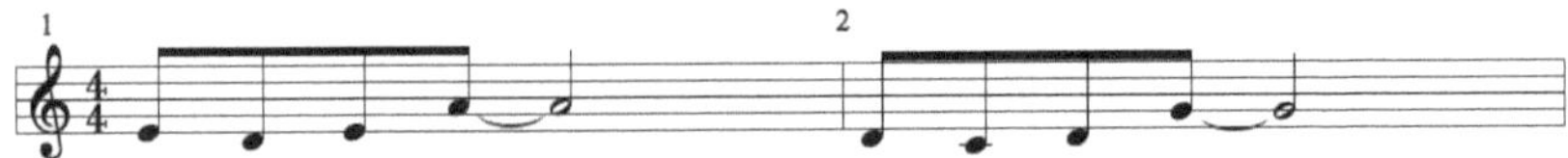

(Notenbeispiel 10: Anfangsatz des Tragödienthemas)

Wenn im Film dieses Thema zu hören ist, wird die Tragik des Schicksals Pu Yis ausgedrückt. Dies ist auch in dieser Einstellung der Fall.

Analyse des fünften Musikstücks in Szene 5:

Während Pu Yi schläft, singt die Amme ein traditionelles chinesisches Schlaflied:

(Notenbeispiel 11: Schlaflied)

Das Lied ist in zwei Räumen - im äußeren und im inneren Schlafzimmer - zu hören, somit hat die Musik hier zwei Funktionen: Während im Bild das äußere Schlafzimmer erscheint, kann das Lied als „bildbegeleitende Musik" betrachtet werden; sie untermalt hier die Atmosphäre. Ist das innere Schlafzimmer zu sehen, wird das Lied sodann zur „Musik im Bild", sie gehört zur Handlung der Akteure.

Analyse der Horizontalmontage in Szene 5:

Die oben analysierten fünf Musikstücke stehen nicht nur in passender vertikaler Beziehung zu den Bildern, sondern haben auch eine horizontale Beziehung zueinander.

Im horizontalen Verlauf entsteht durch Einstellung und Musik ein flüssiger Emotionswechsel während der Szene, vergleichbar mit einem fünfstufigen dramatischen Prozess: Einleitung - Steigerung -Höhepunkt - Umkehr - Ende. Jeder Moment des Emotionswechsels wird von Musik begeleitet. Die Musikstücke verbinden sich sinnreich mit den Einstellungen, sodass der Zuschauer die Musik kaum bemerkt, aber von der Musik tief beeinflusst wird.

Nachfolgend werden die fünf Phasen genauer analysiert.

Anfang: Das erste Musikstück

Das erste Musikstück verknüpft verschiedene Handlungen der Akteure und sie so übermittelten kulturellen Informationen über das Leben des jungen Kaisers im Palast.

Die Handlungen - die Eunuchen spielen mit Pu Yi, kümmern sich um seine Gesundheit, bereiten ihn auf das Bad vor - werden nacheinander in 10 Einstellungen (145-155) gezeigt. Das erste Musikstück unterstützt die so gegebenen Informationen und das Grundgefühl einer entspannten und heiteren Stimmung.

Steigerung: Das zweite Musikstück

Die Musik - Gesang des Eunuchen - spielt in der horizontalen Richtung eine wichtige Rolle. Einerseits führt sie den Rhythmus des ersten Musikstücks weiter. Auf der anderen Seite bereitet sie einen Kontrast der Emotionen (Übergang von der Fröhlichkeit zur Traurigkeit) für die folgenden Einstellungen vor.

Höhepunkt: Das dritte Musikstück

Die Emotion Pu Yis wendet sich beim Anblick seiner Amme. Dies wird in diesem Stück durch die von der Pipa in „Saoxian" gespielten a-Moll-Musik des Kommentarthemas ausgedrückt.

Abbau: Das vierte Musikstück

Der Satz des Tragödienthemas verdeutlicht die Trauer Pu Yis und das Mitgefühl der Amme.

Ende: Das fünfte Musikstück

Die Amme singt ein leises Schlaflied, während Pu Yi einschläft.

Sähe man diese Szene ohne die Filmmusik, würde man folgenden Prozess beobachten: Pu Yi spielt - die Eunuchen bereiten ihn aufs Baden vor - Pu Yi badet - Pu Yi weint in den Armen seiner Amme - Pu Yi schläft. Der Zuschauer sähe, dass Pu Yi am Anfang fröhlich spielt, und am Ende traurig wird. Aber die Musik erweitert diesen Prozess in der horizontalen Richtung um eine weitere - die emotionale - Ebene.

Szene 7: Erstes Treffen mit Pu Jie

In dieser Szene (Einstellung 196-233) kommt Pu Yis Bruder Pu Jie in die Verbotene Stadt.[269] Der kleine Kaiser macht zum ersten Mal die Bekanntschaft mit einem anderen Kind, da er den Palast noch nie verlassen durfte. Und er zeigt dem Jungen von draußen, wie er in der Verbotenen Stadt lebt und spielt.

Es gibt zwei Musikstücke in dieser Szene. Das erste Musikstück ist das Palastthema, das im Film Pu Yis Leben im Kaiserhof präsentiert (vgl. Notenbeispiel 1). Das zweite Musikstück ist ein kleiner Abschnitt, der das Laufen der Soldaten und Sänftenträger beschreibt (vgl. Notenbeispiel 12).

Das Palastthema beschreibt die Atmosphäre am Hof und wird in verschiedenen Szenen des Films variiert. Hier folgt am Ende des Palastthemas ein neues Element - gespielt durch Pipa und Dizi im hohen Tonbreich mit heller Klangfarbe - welches für den jungen Pu Jie steht.

Das zweite Musikstück beschreibt die Bewegungen der Soldaten, während sie umherlaufen und die Sänfte tragen. Rhythmus von Musik und Bewegung stimmen überein und erschaffen so eine lebendige und interessante Atmosphäre.

(Notenbeispiel 12: Laufen)

269 Pu Jie erinnert sich an dieses Treffen wie folgt: „Als ich ihm begegnete, war ich 10 Jahre alt. Von den Leuten hat mir nie jemand gesagt, er sei mein Bruder. Sie sagten nur, wir gehen zum Palast, um den Kaiser zu sehen. Ich dachte der Kaiser sei wahrscheinlich schon ein sehr alter Mann, und trägt alte Gewänder mit kaiserlichen Drachen darauf. Als ich sah, dass er ein kleiner Junger war wie ich, hinterließ er einen tiefen Eindruck bei mir." Hilton (1987), Fernseh-Interview.

Szene 8: Gartenszene

Der jugendliche Pu Yi, seine Amme und weitere Frauen befinden sich im Garten. Diese Szene, die 10 Einstellungen (Einstellung 234-243) enthält, wird während ihrer gesamten Dauer musikalisch begleitet. Es handelt sich dabei um zwei Musikstücke.

Gesang und das Spielen der Instrumente durch die Frauen bilden das erste Stück („Musik im Bild"). Die Frauen singen chinesische Gedichte und spielen auf traditionellen chinesischen Instrumenten. Die Musik hat hier die Funktion, die historische Atmosphäre zu verdeutlichen.

Das zweite Musikstück wird von der Pipa gespielt (vgl. Notenbeispiel 13). Sie präsentiert sowohl im vertikalen als auch im horizontalen Verlauf die Emotionen Pu Yis (vgl. Notenbeispiel 13). Die einsame und melancholische Emotion Pu Yis wird durch die vertikale Verbindung zwischen Musik, Schärfentiefe und Schauspiel ausgedrückt; die detaillierte Emotionsentwicklung wird durch die Horizontalmontage dargestellt.

Eine genaue Analyse der Vertikal- und Horizontalmontage soll dies im Folgenden erklären.

(Notenbeispiel 13: Garten)

Analyse der Vertikalmontage in Szene 8:

Es gibt vier vertikale Verbindungen in dieser Szene: Die Tonart e-Moll ist verknüpft mit der einsamen und melancholischen Emotion Pu Yis (vgl. Abb. 33). Die Pipa spielt ein Solo, während Pu Yi allein durch die Gartenarkade zu seiner Amme geht. Dies betont seine Einsamkeit.

Emotion Pu Yis	einsame	melancholisch
Musik	Solo	e-Moll
Bild	Pu Yi allein	Schauspiel

(Abb. 33: Szene 8-1)

Neben den o. g. zwei vertikalen Verbindungen wird eine dritte durch den übereinstimmenden Rhythmus der Musik, des Schauspiels und der Kamerabewegung gebildet:

Musik	Rhythmus
Bild	Rhythmus der Kamerabewegung Rhythmus des Schauspiels

(Abb. 34: Szene 8-2)

Die vierte Verbindung ist die Einheit der objektiven Einstellung und der subjektiven Emotion: Die letzte Kameraeinstellung der Szene ist eine objektive Einstellung. Die Musik beschreibt gleichzeitig die subjektive Emotion Pu Yis. Die objektive Einstellung bietet somit eine Zeit und einen Raum, in dem der Zuschauer sich mit Hilfe der Musik auf der emotionalen Ebene für Pu Yi erwärmen und mit ihm fühlen kann.

<u>Analyse der Horizontalmontage in Szene 8:</u>

In der horizontalen Richtung wir die Musik hier anders eingesetzt als die Musik in der Szene 5. Um den Entwicklungsprozess der Emotion darzustellen, werden in Szene 5 verschiedene Musikstücke im horizontalen Verlauf miteinander verbunden. Hier aber wird der Entwicklungsprozess der Emotion durch die Veränderung innerhalb eines Musikstückes beschrieben. Diese Veränderung des Musikstücks beinhaltet die Veränderung von Rhythmus, Tempo, Spielart und Spielstärke.

<u>Anfang</u>

Inhalt: Pu Yi geht allein durch die Gartenarkade.

Emotion: Pu Yi sieht sehr einsam und melancholisch aus.

Musik: Pipa in e-Moll.

<u>Steigerung</u>

Inhalt: Pu Yi setzt sich nah zu seiner Amme.

Emotion: Nur die Amme kann Pu Yis Einsamkeit und Melancholie verstehen. Sie ist für Pu Yi sehr wichtig, da er von ihr abhängig ist. Er setzt sich zu ihr, um ihre Unterstützung spüren zu können.

Musik: der Rhythmus wird langsamer.

Steigerung (weiter)

Inhalt: Pu Yi knöpft langsam die Kleidung der Amme auf.

Emotion: Pu Yi ist sehr einsam. Er sehnt sich danach, von den anderen verstanden zu werden.

Musik: Die Spielart verändert sich von „Tan" zu „Tiao". Außerdem wird das Spiel leiser und langsamer.

Steigerung (weiter)

Inhalt: Pu Yi berührt die Brust der Amme.

Emotion: Hier wird Pu Yis Sehnsucht stärker, sich nicht mehr allein zu fühlen.

Musik: Die Spielart wechselt von „Tiao" wieder zu „Tan", wird schneller und lauter.

Höhepunkt

Inhalt: Pu Yi trinkt von der Brust von Amme.

Emotion: Pu Yi schmerzt es sehr, dass er so einsame und melancholische Gefühle hat. Er kann jetzt nur durch das Trinken seinen Schmerz erleichtern.

Musik: Die Musik ist hier am schnellsten und am lautesten, wodurch der tiefe Schmerz ausgedrückt werden soll.

Analysefazit der Horizontalmontage:

Die Musik erzeugt eine Dramaturgie der Emotionen, die im Bild nicht enthalten ist. Die Bilder allein könnten den Emotionsverlauf nicht ausdrücken.

Szene 9: Lernszene

Während Pu Yi und sein Bruder Pu Jie streiten, läuft der alte chinesische Lehrer und Eunuchen hinter ihnen (Einstellung 244-273). Sie möchten das Streiten verhindern, aber er kann nichts tun, weil Pu Yi Kaiser ist. Sowohl Pu Yi als auch Pu Jie haben in der Verbotenen Stadt eine höhere Position als der Lehrer.

Ein kleines Musikstück beschreibt hier nicht nur das kindliche Streiten zwischen den Brüdern, sondern bildet auch eine kommentierende Atmosphäre: Bertolucci betrachtet spöttig die Situation des alten Lehrers.

Szene 10: Vertreibung der Amme

Pu Jie erklärt Pu Yi in dieser Szene (Einstellung 274-301), dass es einen neuen Präsidenten der Republik gibt. Pu Yi weiß nun, dass er von den anderen belogen wurde. Er ist sehr ärgerlich und enttäuscht, weil er in der Verbotenen Stadt niemandem glauben kann. „Ihr seid alle Lügner!" Danach fragt er weiter: „Wo ist die Amme?" Er geht, um seine Amme, die einzige Person im Palast, der er vertrauen kann, zu suchen. Aber er kann die Amme nicht finden, da sie bereits vertrieben wurde. [270]

In dieser Szene wird das Tragödienthema benutzt, das in der Szene 2 zum ersten Mal vorkam (vgl. Szene 2 und Notenbeispiel 6). Bei seinem zweiten Erscheinen erfährt das Thema nun zwei Veränderungen.

Die erste Veränderung bezieht sich auf den Kontrast. In Szene 2 besteht ein Kontrast zwischen Satz A und Satz B: Satz A des Themas wird solo von der Erhu, Satz B von Streichern gespielt. Dies produzierte einen Kontrast, um die Einsamkeit der Amme und Pu Yis im Vergleich zur Vielzahl der Soldaten zu betonen. In der nun analysierten Szene besteht der Kontrast dagegen im zweimal wiederholten Satz A. Zum einen sucht Pu Yi seine Amme. Entsprechend dazu spielen die Streicher den Satz A. Zum anderen wird die Amme von den Eunuchen weggeschickt. Sie sucht ihren Ziehsohn. Satz A wird nunmehr im Stakkato wiederholt. Das Stakkato wird hier dem Spiel der Streicher lauter hinzufügt, um dadurch eine angespanntere Atmosphäre aufzubauen. Erst danach erklingt Satz B, der die heimliche Vertreibung begleitet.

Die zweite Veränderung besteht im Hinzufügen von zwei kurzen musikalischen Verbindungsstücken, um jede kleine Veränderung der Emotion zu beschreiben: Nachdem Pu Yi ins Zimmer der Amme geht, endet das Tragödienthema. Aber die Musik bricht nicht ab. Es ertönt eine kurze Musikverbindung, bis das Thema nochmals wiederholt (vgl. Notenbeispiel 14) und Pu Yis Trauer über den Verlust der Amme Ausdruck

270 Pu Yi schreibt in seinen Erinnerungen: „Ich habe so viele Eulenspiegeleien mit den Eunuchen gemacht. In meiner Vorstellung waren alle Eunuchen und die anderen meine Untertanen. Meine Amme war die einzige Person im Palast, die mich merken ließ, dass ich und die Eunuchen gleichsam Menschen waren. Nicht nur ich sondern auch die Eunuchen hatten Zähne. Nicht nur ich sondern auch die Eunuchen hatten Hunger. Solche fundierten Kenntnisse konnte ich in dieser Umgebung nur bei ihr finden, weil sie mich mit schlichten aber sehr herzlichen Sätzen beriet. Dadurch konnte bei ihr die Ehrlichkeit finden, die ich bei den anderen im Palast nicht entdecken konnte. Ich habe mit ihr im Palast gelebt, bis ich 9 Jahre alt war. Nachdem sie weggeschickt wurde, gab es keine Person mehr, die etwas Nettes, Menschliches hatte. Was ich bei ihr gelernt hatte, ging danach mit der Zeit verloren (Übersetzung aus dem Chinesischen von der Autorin). In: Pu Yi (2007), S. 56.

verleiht. Unter der Begleitung dieses Verbindungsstücks spricht Pu Yi im Zimmer der Amme zu einer anderen Hofdame: „Sie ist nicht meine Amme, sondern sie mit mein Schmetterling.“

(*Notenbeispiel 14: Der abgewandelte Anfangsatz des Tragödienthemas*)

Das zweite musikalische Verbindungsstück beschreibt die traurige Emotion der Amme. Als sie bei der ihrer Vertreibung auf ihr Zimmer zurückblickt (Nah-Aufnahme), erklingt eine kurze Melodie der Pipa, um ihre Trauer zu betonen.

Analysefazit der Szene 9:

Die Musik betont die Atmosphäre der Szene, sie beschreibt selbst geringste Emotionsveränderung von Pu Yi und seiner Amme, die durch das Bild allein so nicht dargestellt werden könnte. Außerdem wird hier ein Kontrast zwischen individueller Emotion und Atmosphäre der großen Szene gebildet.

Szene 11: Gefängnis

Diese Szene dauert von Einstellung 302 bis 315. Der Film macht einen Zeitsprung und versetzt den Zuschauer zurück ins Gefängnis wo das Lied *Sozialismus ist gut* gesungen wird (vgl. Notenbeispiel 15). Das Lied beschreibt die revolutionäre Stimmung dieser historischen Periode. Die Musik wird somit als historischer Hinweis für den Rezipienten benutzt.

(*Notenbeispiel 15: Sozialismus ist gut*)

Szene 12: Jonston außerhalb des Palastes

In dieser Szene (Einstellung 316-337) kommt Pu Yis englischer Tutor Reginald Jonston zum Palast.[271]

---

271 Jonston spielte bei Pu Yis Aufwachsen eine wichtige Rolle. Bertolucci äußerte seine Gedanken über diese Figur in einem Interview: „Ich habe mir Jonston als seltsamen, unmittelbaren Menschen, nicht ein bisschen von dieser Welt vor-

Ein alter Mann bringt Jonston zur Verbotenen Stadt, Studenten protestierten gegen die die Qing-Regierung, Soldaten der Republik unterdrücken dies.

Die Musik wird von Streichern im höheren Tonbereich gespielt. Die angespannte Melodie betont die konfliktreiche Atmosphäre dieses Moments:

Die angespannte Atmosphäre		
Musik	Klangfarbe	Streicher im hohen Tonbereich
	Melodie	Angespannt
Bild	Helligkeit des Lichts	Hell
	Schauspiel	Ernsthafte und angespannte Mimik
		schnelle Bewegungen
	Einstellungsgröße	Nah-Aufnahme/Total-Aufnahme (Kontrast)

(Abb. 35: Szene12)

Die angespannte Melodie, die schnellen Schritte der Figuren, das helle Licht, das Schauspiel und die Einstellungsgröße bauen durch die vertikalen Verbindungen in einem gemeinsamen Rhythmus eine völlig neue Atmosphäre auf, die vorher in der Verbotenen Stadt nicht fühlbar war.[272]

Szene 14: Essen im Garten

Pu Yi lädt Jonston zum Mittagsessen ein (Einstellung 373-400). Die von der Pipa gespielte Musik begleitet die Bilder sehr leise und passt zum

stellen können. Als Jonston Pu Yi kennenlernte, spürte er sofort, dass Pu Yi sehr einsam war. Er sagte, er sei der einsamste Junge auf dieser Erde. Das rührte und bewegte ihn sehr. Er sah Pu Yi als Opfer, ein Opfer der Geschichte. Ohne Jonston wären Pu Yis Augen verschlossen geblieben. Bertolucci im Fernseh-Interview. In: Hilton (1987).

272 Bertolucci äußert sich dazu: „Wichtig ist dieser Unterschied zwischen der Lebendigkeit draußen und dem absolut starren Leben innerhalb der Mauern der Verbotenen Stadt. Das ist das wichtigste, nicht dem Publikum zu erklären, warum die Studenten protestieren, sondern nur diese zwei Gefühle zu vermitteln. Das Großartige, das Leben, die Energie der jungen Leute, der Fortschritt auf der einen Seite; die andere Seite hinter gewaltigen Mauern, wie vor 400 Jahren, ein starres Leben, unbeweglich, niemand kann es ändern." Bertolucci im Fernseh-Interview. In: Hilton (1987).

chinesischen Garten sowie zum chinesischen Essen. Die Musik unterstreicht hier die kulturelle Atmosphäre.

Szene 16: Spiel im Palast

Als Jonston ein Fahrrad für Pu Yi in den Palast bringt, sieht er ein heiteres Spiel: Pu Yi und andere Kinder berühren einander durch ein großes Tuch. Jonston beobachtet das Spiel mit neugierigen Blicken (Einstellung 403-415).

Die Musik besteht hier zuerst aus dem Gesang der Eunuchen („Musik im Bild") in einem chinesischen Theaterrhythmus (vgl. Notenbeispiel 8). Das Singen untermalt die lockere und fröhliche Atmosphäre des Kinderspiels.

Anschließend folgt die neue Variation eines Elementes des Palastthemas (vgl. Notenbeispiel 1 und 16).

(*Notenbeispiel 16: Spiel im Palast*)

Der Gesang der Eunuchen untermalt die Spielsituation und spielerische Atmosphäre im Palast. Das am Ende jeden Taktes (vom ersten bis vierten Takt) vorkommende Portamento des Elementes des Palastthemas verstärkt den Eindruck der luxuriösen Atmosphäre des kaiserlichen Lebens.

Szene 17: Die Sehnsucht nach draußen zu gehen

Pu Yi möchte die Verbotene Stadt verlassen, um seine verstorbene Mutter sehen zu können. Aber das Tor wird von den Soldaten verschlossen (Einstellung 416-453).

In dieser Szene beschreibt Bertolucci Pu Yis Emotionsentwicklung von sehnsüchtig über enttäuscht und ärgerlich bis wütend. Diese Entwicklung wird sowohl durch die vertikale als auch die horizontale Verbindung von Schauspiel, Kamerafahrt, Musik, Geräuschen und Dialog dargestellt.

Analyse der Vertikalmontage in Szene 17:

In der vertikalen Richtung wird jede Veränderung der Emotion durch Musik, Aktion des Schauspielers, Kamerafahrt und Geräusche in einem gemeinsamen Rhythmus aufgebaut. Die Musik ist ein grundsätzlicher Bestandteil der Szene.

<table>
<tr><td>Emotion Pu Yis</td><td colspan="2">Sehnsucht nach der Außenwelt</td></tr>
<tr><td>Musik</td><td>Klangfarbe</td><td>Klarinette Solo</td></tr>
<tr><td rowspan="3">Bild</td><td>Schauspiel</td><td>Pu Yi geht allein Schritt für Schritt zum Tor</td></tr>
<tr><td>Einstellungsgröße</td><td>Nah-Aufnahme</td></tr>
<tr><td>Kamerafahrt</td><td>Parallelfahrt im gleichen Rhythmus der Musik</td></tr>
</table>

(Abb. 36: Szene 17 -1)

Die von Klarinette solo gespielte Musik (vgl. Notenbeispiel 2 Takt 1-4) begeleitet Pu Yi, wie er sich schrittweise dem Tor des Palastes nähert. In der Nah-Aufnahme ist sein sehnsüchtiger Blick zu erkennen. Die Kamerafahrt, Musik und der Gang Pu Yis bilden einen Rhythmus (vgl. Abb. 36).

Danach spielt das Orchester das Kommentarthema (vgl. Notenbeispiel 2). Das Kommentarthema und die Kamerabewegung stehen in einem Rhythmus. Bertolucci benutzt dieses Thema, um sein Mitgefühl für Pu Yis Schicksal zu zeigen:

<table>
<tr><td>Emotion Bertoluccis</td><td colspan="2">Sympathie</td></tr>
<tr><td>Musik</td><td>Kommentarthema</td><td rowspan="2">gleicher Rhythmus</td></tr>
<tr><td>Bild</td><td>Ranfahrt/Ranzoom</td></tr>
</table>

(Abb. 37: Szene 17-2)

Pu Yi geht weiter auf das Tor zu, welches aber von Soldaten verschlossen wird. Das Licht, das von außen auf Pu Yis Gesicht fiel, verdunkelt sich. Die Hoffnung auf die Außenwelt wird zerstört, Pu Yi enttäuscht. Dieses Gefühl der Enttäuschung wird durch die vertikale Verbindung zwischen Schauspiel, Klangfarbe und Licht vermittelt:

Emotion Pu Yis	Enttäuschung
Musik	Klarinette, solo
Bild	Nah-Aufnahme Pu Yis
	Enttäuschte Mimik Pu Yis
	verdunkeltes Licht

(Abb. 38: Szene 17-3)

Pu Yi ist sehr verärgert darüber, dass die Soldaten seine Hoffnung zerstört haben. Schauspiel, Musik und Dialog stehen in einer vertikalen Beziehung zueinander. Sie bauen gemeinsam die verärgerte Emotion auf:

Ärger Pu Yis	
Musik	Kommentarthema
Bild	Verärgerte Mimik Pu Yis
Dialog	„Mach das Tor auf!“

(Abb. 39: Szene 17-4)

Am Ende dieser Szene wird Pu Yi wütend, weil der Soldat das Tor nicht für ihn öffnen kann. Daraufhin wirft er die Maus, die er seit einiger Zeit in seiner Tasche zu tragen pflegt, gegen das Tor. Das Geräusch des Auftreffens der Maus am Tor baut hier zusammen mit dem um eine Oktave erhöhten Endton der Musik einen emotionalen Höhepunkt auf. Das Geräusch fällt beinahe mit der Schlussnote zusammen. Diese Verbindung bildet den Abschluss der Szene sowohl für Pu Yi als auch für den Zuschauer. Die Emotion kulminiert in diesem Punkt.

<u>Analyse der Horizontalmontage in Szene 17:</u>

Die Musik beschreibt in der horizontalen Richtung einerseits eine Emotionswandlung Pu Yis, andererseits produziert die Musik zwei Emotionsräume, in denen die Emotionen Pu Yis und Bertoluccis aufeinander treffen können.

Durch obige vertikale Analyse wurde die Entwicklung der Emotion Pu Yis bereits verdeutlicht: von sehnsüchtig über enttäuscht und ärgerlich bis hin zu wütend.

Das Aufeinanderfolgen von Klarinetten-Solo und Kommentarthema steht für eine Verbindung von Pu Yis subjektiven Emotionen und Bertoluccis objektiven Beobachtungen. Die zwei von der Klarinette gespielten Melodiesätze drücken die subjektive Emotion Pu Yis aus, die Emotion des Betrachters (Bertolucci) wird durch das Kommentarthema ausgedrückt. Die Emotionen Pu Yis und Bertoluccis greifen ineinander. Dies bietet dem Zuschauer die Zeit und den Raum, sich zum Einen in die Gefühlslage Pu Yis hineinzufühlen, ein andermal über Pu Yis Schicksal nachzudenken.

Szene 18: Brille

Pu Yi ist kurzsichtig. Jonston hat einen Augenartzt für ihn gefunden, um eine Brille zu machen (Einstellung 454-503). Die Musik dient in dieser Szene dazu, eine heitere Stimmung aufzubauen.

Zum Einen spottet Bertolucci mit Hilfe der Musik über die Dummheit der Eunuchen.

Zum Anderen spottet er über die Hofdamen, die keinen Kaiser mit Brille akzeptieren wollen.

Szene 19: Der Kaiser wählt seine Ehefrauen aus

Pu Yi wählt anhand einer Vielzahl von Fotos seine zukünftigen Frauen aus (Einstellung 504-533). Das chinesische Schlaginstrument Qing und Blaseinstrument Dizi werden im Tonsystem der Pentatonik mit einem lebendien Rhythmus gespielt. Passend zu diesem Ereignis schafft die Musik eine entspannte Stimmung und eine lockere Atmosphäre.

Szene 20: Pu Yis Hochzeit

Die kaiserliche Hochzeit verläuft nach traditionellen chinesischen Ritualen (Einstellung 534-572). Bei der Hochzeit spielt es ein chinesisches Blas-Orchester. Außerdem wird anlässlich der Feierlichkeiten eine Peking-Oper aufgeführt, Die Musik des Orchesters und der Peking-Oper spielt in dieser Szene eine sehr große Rolle, sie wird in verschiedenen Räumen benutzt. Entsprechend dazu erfüllt sie verschiedene Funktionen.

<u>Das chinesische Blas-Orchester</u> kommt auf <u>zwei verschiedenen Ebenen</u> zum Einsatz:

<u>Auf der ersten Ebene</u> wird es in der Funktion von <u>„Musik im Bild"</u> als Hinweis auf die Realitäten des Films genutzt. Es erscheint am Anfang zusammen mit anderen Hochzeitgruppen. Zeit, Ort und historischer Zusammenhang werden durch die gespielte Musik vorgestellt. Die feierli-

che und laute Atmosphäre einer traditionellen chinesischen Hochzeit wird dargestellt.

Auf der zweiten Ebene wird das chinesische Blas-Orchester als Quelle „bildbegeleitender Musik“ benutzt. Die Nebenfrau Wenxiu hilft der Hauptfrau Wanrong, aus der Sänfte zu steigen und in den Palast zu gehen. Das Orchester ist schon nicht mehr im Bild, nur seine Musik ist noch zu hören. Diese Musik begleitet den Weg von Wenxiu und Wanrong. Der im Bild gezeigte Raum wird hier durch die Musik erweitert.

Die Peking-Oper kommt ebenfalls auf zwei unterschiedlichen Ebenen zum Einsatz:

Sie verdeutlicht die Realität des Films, indem die Aufführung auf der Bühne direkt im Anschluss an das Stück des Blas-Orchesters folgend gezeigt wird („Musik im Bild“). Der Rhythmus der Peking-Oper ist schneller und angespannter als die Musik des Blas-Orchesters. Der schnellere Rhythmus steht für das Voranschreiten der Hochzeitsfeierlichkeiten.

Auf der zweiten Ebene wird die Peking-Oper ebenso wie das chinesische Blas-Orchester als „bildbegleitende Musik“ benutzt. Die parallele Montage - Aufführung der Peking-Oper auf der Bühne; der Kaiser und seine Hauptfrau im Zimmer, während die Musik im Hintergrund zu hören ist - stellt den zeitlichen Zusammenhang zweier Handlungen in verschiedenen Räumen heraus.

So dient die Peking-Oper von Einstellung 549 bis 556 als „bildbegleitende Musik“. Diese Musik hat hier folgende Funktionen: Aufbau der Atmosphäre im Zimmer, Erweiterung des Raums, Aufbau eines angespannten dramatischen Moments.

Als Pu Yi das Tuch, mit dem Wanrongs Gesicht versteckt ist, abnehmen möchte, hört die Musik auf. Nachdem Pu Yi das Tuch abgenommen hat, beginnt ein neuer Abschnitt der Musik. Zwischen diesen zwei Musik-Abschnitten gibt es eine Pause, in der Pu Yi das Tuch wegnimmt. Durch diese Pause entsteht ein dramatischer Effekt. Pu Yi ist in diesem Moment neugierig und gleichzeitig sehr angespannt, wie diese Hauptfrau, welche nicht von ihm ausgewählt wurde aber die seit heute seine Ehefrau ist, aussieht. Der Zuschauer empfindet in diesem Moment die gleiche Neugierde, Anspannung und teilt die Gedanken Pu Yis. Nachdem das Tuch abgenommen ist, nachdem Wanrongs schönes Gesicht zu erkennen ist, können Pu Yi und der Zuschauer gemeinsam Aufatmen: Zum Glück! Eine schöne Frau! Dann beginnt die Musik erneut, schneller uns lauter.

Anschließend beschreibt die Peking-Oper die Peking-Oper in der Einstellung 557 als die Realität des Films („Musik im Bild“). Die Schauspieler singen auf der Bühne. Die Musik hat hier die folgenden Funktionen:

Hinweis auf die Identität des Raums, Erweiterung des Raums, Aufbau der dramatischen Spannung (engl. suspense).

Obwohl hier die Aufführung der Peking-Oper zu sehen ist, bleiben die Gedanken des Zuschauers noch im Zimmer, in dem Pu Yi und Wanrong sind. Hier wird die Neugierde des Zuschauers durch den schnellen Rhythmus der Oper verstärkt. Er möchte schnell in die Szene des Zimmers zurück, um zu sehen, was zwischen dem Kaiser und seiner Frau in der ersten Nacht passiert.

Von Einstellung 558 bis 564 werden Pu Yi und seine Frau gezeigt. Die Musik der Peking-Oper wird als „bildbegleitende Musik" genutzt. Die Musik der Oper ist weiterhin zu hören, wird aber langsamer, leiser und hört schließlich auf, als Pu Yi und Wanrong sich küssen.

Durch diese Analyse wurde gezeigt, dass die gleiche Musik in verschiedenen Räumen sowohl als „Musik im Bild" als auch als „bildbegleitende Musik" existieren kann. Zugleich wurde verdeutlicht, welch wichtige dramaturgische Funktion die in verschiedenen Räumen benutzte Musik des chinesischen Orchesters und der Peking-Oper im horizontalen Verlauf der Szene besitzt. Sie baut eine Dramaturgie auf der Tonebene auf, indem sie sich mit der Handlung in einem gemeinsamen Rhythmus vereint.

Szene 22: Abschneiden des Mandschurenzopfes

Pu Yi schneidet sich den langen Zopf, Symbol der Mandschurendynastie, ab (Einstellung 603-624), da er beschlossen hat, die alten Bräuche in der Verbotenen Stadt zu reformieren. Das Zopfabschneiden ist sein erster Schritt zur Veränderung.[273]

Nachdem der Zopf abgeschnitten ist, geht das Geräusch des Schneidens in Musik über. Diese Verbindung von Geräusch und Musik betont einen dramatischen Moment. In diesem Moment beginnt die Reform im Palast.

Darauf folgt eine von Streichern gespielte Musik. Sie bewirkt eine angespannte Atmosphäre in der Szene und erzeugt eine böse Vorahnung für die kommenden Handlungen des Films.

---

273 Der Darsteller der Figur Pu Yi - Zun Long - beschreibt die innere Wandlung des jungen Kaisers so: „Als Erwachsener ist Pu Yi ein anderer Mensch. Er ist innerlich stärker geworden. Er ist 19 Jahre alt. Er lebt in der Verbotenen Stadt. Er will nicht herrschen und schneidet seinen Zopf ab. Er tut etwas unglaublich Starkes. Er trennt sich von dem Zopf und damit von der Vergangenheit. Es ist das erstes Mal in seinem Leben, dass er etwas aus eigenem Antrieb tut. Er ist ein Mann geworden. Und Jonstons Einfluss macht es ihm möglich, selbständig zu handeln." Zun Long, Schauspieler im Fernseh-Interview. In: Hilton (1987).

Szene 23: Liebesszene

In dieser Szene (Einstellung 624-639) wird das Liebesleben von Pu Yi, Wanrong und Wenxiu gezeigt. Bertolucci ist sehr bekannt für die erotischen Szenen in seinen Filmen. Sein Talent zeigt sich auch im Film *Der letzte Kaiser*. Die Liebeszene wird anlehnend an die chinesische Kultur nur implizit dargestellt.

Die Musik entsteht hier durch das Zusammenspiel der Instrumente Pipa und Xiao.

Die anfangs zu hörende Pipa wird im hohen Tonbereich gespielt. Die Klangfarbe ist dünn und scharf, die Lautstärke sehr leise. Die Klangfarbe der hinzukommende Xiao dagegen ist sehr sanft und anmutig, doch auch dieses Instrument spielt sehr leise. Die Musik erzeugt eine geheimnisvolle und erotische Stimmung.

In vertikaler Richtung entstehen drei Verbindungen: Die sanfte und anmutige Klangfarbe der Xiao passt hier zur erotischen Atmosphäre; die dünne und scharfe Klangfarbe der Pipa passt zur Qualität des seidenen Betttuches, das die Körper der Liebenden verdeckt; die leise Lautstärke passt zu den sanften Berührungen der Personen.

Pu Yi, Wanrong und Wenxiu lieben sich unter einem großen Betttuch. Durch die Bewegung, die unter dem Tuch entsteht, ist zu erkennen, wie sie einander berühren. Diese implizite Darstellung bietet sehr großen Raum für die Fantasie. Die Musik ist hier ganz leise. Sie stört nicht beim Zuschauen und nicht die Fantasie des Zuschauers, sondern regt ihn dazu an, die Bewegung von Pu Yi, Wanrong und Wenxiu mit eigenen Sinnen nachzufühlen.

Die Saiten der Pipa werden im hohen Tonbereich leise angerissen, so wie die Musik den Zuschauer leise berühren soll. Ein Gefühl erwartungsvollen Zitterns entsteht. Die Töne der Xiao betonen den Prozess des liebevollen Berührens. Der Musiksatz ist gerade so lang wie eine Aktion des Berührens. Die implizite Darstellung und die anregende Musik sind in dieser Liebesszene untrennbar miteinander verknüpft.

Szene 24: Abschied der Eunuchen

Die Bilder in dieser Szene (Einstellung 640-663) erzählen, wie alle Eunuchen aus der Verbotenen Stadt geschickt werden. Sie tragen ihre Hoden, die ihnen bei ihrer jeweiligen Ankunft in der Verbotenen Stadt abgeschnitten worden waren, in Gefäßen mit hinaus.[274]

---

274 Eunuchen sollten ihre Hoden bis zum Sterben aufbewahren, damit sie am Ende ihres Lebens mit einem ganzen (vollkommenen) Körper bestattet werden zu können.

Die Musik begleitet fast die ganze Szene und verleiht in diesem Ereignis eine Portion „Schwarzen Humors“ des Regisseurs. Aus westlicher Perspektive sind Eunuchen ein überkommenes und lächerliches Phänomen der alten chinesischen Kultur. Aber im Grunde ist das Schicksal der Eunuchen eine Tragödie. Der leichte Spott fällt hier deshalb auch mit Sympathie zusammen. Dieser Effekt wird durch die musikalische Melodie, das Portamento und die Klangfarbe erreicht.

Die kleine Terz (AC, AC) ist hauptsächlich prägend für die Melodie. Das Portamento erzeugt einen leicht spöttischen Effekt in der Musik. Die relativ dunkle Klangfarbe des Instrumentes Xiao hält dieser Atmosphäre eine dunkle emotionale Farbe entgegen:

tragisches Schicksal	spöttische Atmosphäre
kleine Terz (AC, AC)	Portamento
dunkle Klangfarbe	

(Abb. 40: Szene 24)

Der Zuschauer kann sich in eine amüsierte Stimmung versetzen und gleichzeitig darüber nachdenken, welch tragisches Schicksal die Eunuchen trifft. Die Tragik wird durch den Kontrast von Spott und Mitgefühl noch gravierender.

Szene 25: Tennisspiel

Pu Yi, Wanrong, Wenxiu und Jonston spielen Tennis in der Verbotenen Stadt. Aber Soldaten der Republik kommen in diesem Moment als Besetzer in die Verbotene Stadt, während Gewehrschüsse von außen zu hören sind. Pu Yi muss mit seiner Familie die Verbotene Stadt verlassen (Einstellung 679-709). Pu Yi verlässt zum ersten Mal die Verbotenen Stadt, doch nur, weil es ihm von anderen aufgezwungen wird. Er kann sein Schicksal selbst nicht mitbestimmen.

Die Musik wird von Streichern in unharmonischen Intervallen und Akkorden gespielt.

In vertikaler Richtung gibt es zwei Verbindungen. Die erste Verbindung besteht zwischen Musik, Geräuschen, Schauspiel und Atmosphäre. Musik, Geräusche und Schauspiel bauen gemeinsam die angespannte Atmosphäre auf. Die von Streichern in hohen Tonbereichen gespielte Musik beginnt mit dem Erscheinen der Soldaten. Sie baut zusammen mit den Schritten der Soldaten und den Geräuschen der Tasse, die ein Bediensteter in den zitternden Händen hält, nicht nur eine angespannte Stimmung auf, sondern lässt auch eine böse Vorahnung entstehen. Jeder weiß, dass etwas Schlimmes passieren wird. Aber niemand weiß, was genau das sein könnte. Pu Yis Schicksal ist ungewiss und deshalb besorgniserregend.

Die zweite Verbindung besteht zwischen Musik, Dialog und Atmosphäre. Als Pu Yi den Brief mit dem Befehl der republikanischen Regierung liest, wissen die Umstehenden, dass sie den Palast verlassen müssen. Die Kaiserzeit ist nun selbst in der Verbotenen Stadt zu Ende. Während Pu Yi den Brief liest, bewegt sich die Musik in einem relativ dunklen Tonbereich. Diese Klangfarbe und die Tonart Moll erzeugen hier eine melancholische Stimmung. Das hilflose Gefühl Pu Yis und das Mitgefühl des Zuschauers für ihn gehen eine Einheit ein.

In horizontaler Richtung beschreibt die Musik zu Beginn der Szene die angespannte Atmosphäre des Ereignisses. Dann entwickelt sich die melancholische Stimmung. Dieser Wechsel wird durch die Musik ausgedrückt.

Szene 26: Das Verlassen der Verbotenen Stadt

Diese Szene (Einstellung710-724) beschreibt, wie Pu Yi die Verbotene Stadt verlässt. Die Musik verknüpft hier verschiedene Themen, die bereits in vorherigen Szenen benutzt wurden.

Bertolucci baut in dieser Szene nicht nur in der vertikalen Richtung die Atmosphäre, die Emotionen Pu Yis und Bertoluccis durch Instrumente, Musikthema, Kamerabewegung, Einstellungsgröße, Schauspiel auf, sondern bildet außerdem im horizontalen Verlauf einen Kontrast zwischen individueller Emotion und der großen historischen Ereignisszene. Die Musik verbindet verschiedene Informationen der Szene zu einer Einheit.

Zuerst taucht die Emotion von Bertolucci auf: Es ist die der Sympathie und des Mitgefühls. Pu Yis Wunsch, den Palast zu verlassen, blieb ihm über lange Jahre verwehrt. Selbst beim Tod seiner Mutter erfüllte er sich nicht. Nun ist seine erste, aber auch einzige Möglichkeit, die Verbotene Stadt zu verlassen, erzwungen, so wie damals seine Ankunft als Dreijähriger erzwungen wurde. Sowohl die Ankunft in als auch das Verlassen der Verbotenen Stadt sind für Pu Yi eine Tragödie, da er sein Schicksal nicht beeinflussen kann.[275] Diese Emotionsebene wird durch das Kom-

275 Bertolucci beschreibt diese Situation so: „Ich glaube, während alle anderen verzweifelt in Panik sind, ist Pu Yis Konflikt von komplizierterer Art. Schon immer wollte er durch diese Tür gehen. Schon immer wollte er die Stadt sehen. Jetzt wurde er aufgefordert zu gehen. Natürlich ist er erschrocken. Es ist erschreckend und furchtbar aufregend sogar, das Gefängnis, in dem er 18 Jah-

mentarthema (vgl. Notenbeispiel 2) repräsentiert, das hier die objektive Perspektive und die Emotion des Betrachters beschreibt.

Sodann wird die Emotion Pu Yis präsentiert: Es ist die Neugierde, die ihn bei seinem ersten Besuch der Stadt erfasst. Diese „neue Welt" zeigt sich ihm nun in vielen Details. Der Fotograph, das fressende Kamel, der sich bewegende Schweif des Pferdes und das Lächeln auf den Gesichtern der Menschen. Pu Yi kann nun zum ersten Mal das alltägliche Leben seines Volkes beobachten. Er fühlt, dass die äußere Welt warm und frisch ist, so wie der warme Sonnenschein und die frische Luft dieses Tages. Nach dem Kommentarthema wird der erste Satz des Tragödienthemas (vgl. Notenbeispiel 3) solo von der Klarinette gespielt, während in subjektiver Einstellung Pu Yis Blick auf die Umgebung gezeigt wird. Die Einstellung geht von der Groß- zur Nah-Aufnahme über. Hier bilden das Klarinettensolo, die subjektive Einstellung und die Einstellungsgröße einen individuellen, emotionalen Moment für Pu Yi.

Im Anschluss an diese individuelle Emotion wird die Atmosphäre des Verlassens des Palasts gezeigt. Das Tragödienthema läuft weiter, wird nun jedoch unisono von Streichern gespielt. Die Perspektive ist hier objektiv, die Einstellungsgröße eine Totale. Unisono, objektive und totale Einstellung führen den Zuschauer vom individuellen emotionalen Moment Pu Yis wieder in die große Ereignisszene zurück: Autos, laufende Soldaten, Pu Yi geht mit seinen zwei Frauen zum wartenden Wagen.

Dann taucht die Emotion Pu Yis wieder auf: Das Schauspiel zeigt Ratlosigkeit und Furcht Pu Yis, da er sein Schicksal nicht kennt. Ein individueller emotionaler Moment von Pu Yi, Wanrong und Wenxiu wird durch Einstellungsgröße, den ersten Satz des Tragödienthemas und das Klarinettensolo gebildet. Der erste Satz des Tragödienthemas wird nochmals solo von der Klarinette gespielt, während Pu Yi, Wanrong und Wenxiu in Nah-Aufnahme gezeigt werden, als sie das Auto besteigen.

Am Ende der Szene wird der erste Satz des Tragödienthemas unisono wiederholt. Ein Stakkato wird als neues Element eingesetzt, um eine angespannte Atmosphäre und die tragischen Emotionen von Pu Yi, Wanrong und Wenxiu zu betonen.

In dieser Szene stellt die Musik nicht nur dar, was ebenso im Bild gezeigt wird, sondern fügt neue Inhalte hinzu, die im Bild allein so nicht enthalten sind.

---

re lang gelebt hat, zu verlassen. Er wird die Welt kennen lernen. Aber leider stehen schon andere Gefängnisse für ihn bereit." Bertolucci im Fernseh-Interview. In: Hilton (1987).

Szene 29: Pu Yis Leben als Playboy

Pu Yi lebt in der Stadt Tianjin als Playboy (Einstellung 737-764).[276] Es gibt in dieser Szene einen Song, eine Tanzmusik („Musik im Bild") und ein kurzes Stück „bildbegleitende Musik".

Pu Yi singt den Song *Am I Blue*[277] auf einer Party. Hierdurch werden zwei Informationen vermittelt. Die erste bezieht sich das westliche Leben, das der frühere Kaiser nun führt. Die zweite Information ist im Inhalt des Songs enthalten: Pu Yi empfindet tiefe Einsamkeit.

> "Am I blue, am I blue, ain´t these tears in my eyes telling you
> Am I blue, you´ll be too
> If each plan with your girl done fell through
> it was the time I was her only one
> but now I´m the sad and lonely one
> now she´s gone and were through, Lord I´m blue"

Der Kontrast zwischen dem traurigen Inhalt des Liedes und der offenbar fröhlichen Laune Pu Yis erzeugen beim Singen eine widersprüchliche Empfindung beim Zuschauer: Sie haben sowohl Mitgefühl für sein Schicksal als auch Sympathie für sein Verhalten als deprimierter Playboy.

Nach dem Song geht Pu Yi zum Tanzen. Während sich Pu Yi und Wanrong auf der Tanzfläche vergnügen, hat Wenxiu schlechte Laune. Hier wird ein Kontrast offenbar zwischen dem schnellen Rhythmus der Tanzmusik, der ausgelassenen Atmosphäre im Salon und der niedergeschlagenen Stimmung Wenxius. Die frühere Nebenfrau des Kaisers hat ihren Status verloren, da nach den Gesetzen der Republik keine Zweitfrauen erlaubt sind. Mangelnde Absicherung und Eifersucht machen ihr das Leben schwer.

Ein Stück „bildbegeleitende Musik" erklingt dann in der Szene, als Pu Yi mit dem Japaner spricht. Diese „bildbegeleitende Musik" bildet eine angespannte und gefährliche Atmosphäre durch die Klangfarbe von Streichern in dunklem Tonbereich und unharmonische Akkorde von Einstellung 763 bis 765. Es ist das erste Mal im Film, dass Pu Yi mit Japanern zusammentrifft. Die Musik zeigt hier die Hintergrund-Information der Gefährlichkeit von Pu Yis Beziehungen zu den Japanern an.

---

276 „In den 20er Jahren beherrschen in der chinesischen Kolonie Nachtklubs und Party die Atmosphäre. Die Japaner versetzen Pu Yi in ihre Besitzung in Tianjin. Hier lebt er wie ein westlicher Playboy. Aber für seine japanischen Beschützer ist er nur eine Schachfigur, die irgendwann gegen China benutzt werden kann." Bertolucci im Fernseh-Interview. In: Hilton (1987).

277 Es handelt sich hierbei um eine abgewandelte Version des Textes von Billie Holiday aus dem Jahr 1929.

Szene 30: Wenxiu verlässt Pu Yi

Wenxiu möchte sich von Pu Yi scheiden lassen. Als dieser nicht zustimmt, verlässt sie spontan das gemeinsame Haus (Einstellung 765-795).

In vertikaler Richtung bestehen hier vier Verbindungen zwischen filmischen Elementen:

Die erste Verknüpfung besteht zwischen Musik, Licht und Dialog, die gemeinsam die beklemmende Atmosphäre aufbauen. Während Wenxiu auf der Rückfahrt von der Party davon spricht, dass sie sich von Pu Yi scheiden lassen möchte, begleitet sie eine sehr leise von Streichern gespielte Musik mit unharmonischen Intervallen. Die Musik produziert zusammen mit der Dunkelheit im Wagen und dem Inhalt des Dialogs eine beklemmende Atmosphäre.

Zum zweiten bilden das von Streichern gespielte sich wiederholende Stakkato (mit der Tonfolge EFGA) und die Entschlossenheit Wenxius eine Einheit.

Eine dritte Verbindung ist die von Musik und Bewegung: Der Rhythmus der Musik passt sich an die schnellen Schritte Wenxius an.

Die vierte Verbindung ist die von Tonfolge und laufenden Schritten.

Im horizontalen Verlauf der Handlungsentwicklung beschreibt die Musik Wenxius wachsende Entschlossenheit während des Ereignisses. Ihre individuelle Emotion, die Unumkehrbarkeit ihrer Entscheidung werden stark betont.

Szene 31: Ankunft Fangzis

Fangzi ist eine japanische Spionin. Sie kommt zu Pu Yi und Wanrong, um Pu Yi eine Nachricht zu überbringen (Einstellung 782-795).

Bei der Musik in dieser Szene handelt es sich um ein japanisches Lied. Es wird zuerst als „bildbegleitende Musik“ als Hinweis auf die Nationalität der Besucherin verwendet. Sobald diese den Raum betritt wird ersichtlich, dass die Musik aus dem Radio kommt („Musik im Bild“). Nunmehr betont sie den historischen Hintergrund: Pu Yi und Wanrong sind zu diesem Zeitpunkt vom Schutz der Japaner abhängig.

Die unterschiedliche Nutzung der Musik in zwei Räumen verbindet diese auf fließende Weise miteinander.

Szene 33: Verabschiedung von Jonston

Pu Yi verabschiedet sich am Bahnhof von seinem alten Lehrer Jonston (Einstellung 808-829). Sie reichen sich zum Abschied die Hände, so wie sie sich bei ihrem ersten Zusammentreffen in der Verbotenen Stadt begrüßt hatten. Während Jonston zur Bahn geht, spielt ein kleines chinesisches Orchester das schottische Lied *Auld Lang Syne*. Die Verknüpfung der chinesischen Instrumente und mit dem schottischen Lied reflektieren die Freundschaft zwischen dem Chinesen Pu Yi und dem Schotten Jonston, der in seine Heimat zurückkehren wird.

Szene 35: Vor der Krönung

1931 nehmen die japanischen Truppen die Mandschurei im Norden Chinas ein. Zwei Jahre später wird Pu Yi dort als Marionettenkaiser inthronisiert. Szene 35 (Einstellung 849-850) stellt eine Diskussion zwischen Pu Yi, Wanrong und dem alten Gefolgsmann und früheren Hofbeamten Zheng Xiaoxu dar. Wanrong und Zheng Xiaoxu möchten verhindern, dass Pu Yi die Japaner unterstützt, indem er sich von ihnen ein zweites Mal zum Kaiser krönen lässt. Aber Pu Yi hat seine eigene Meinung.

Es gibt nur zwei Einstellungen in dieser Szene, die gänzlich von Musik begleitet werden. Diese leise begleitende Musik drückt im Zusammenspiel mit dem dunklen Licht eine Unglück verheißende Atmosphäre aus.

Hier kommt eine weitere Besonderheit der Filmmusik von Bertolucci zum Vorschein. Kurze Abschnitte eines Ereignisses werden von Musik begleitet, die eigens dafür komponiert ist und nur einmal benutzt wird. Auch ohne Musik würde das Ereignis fließend erzählt, aber mit Hilfe der Musik entsteht erst die besondere Atmosphäre, die der Regisseur vermitteln will.

Szene 38: Krönungsfeier

In dieser Szene (Einstellung 874-930) wird Pu Yis Krönung zum Kaiser der Mandschurei gefeiert.

In vertikaler Richtung gibt es insgesamt drei Musikstücke zu analysieren:

Ein erstes kurzes Musikstück ist bei der Ankunft der Gäste in ihren Autos zu hören. Der erste Satz dieses Stücks enthält unharmonische elektronische Intervalle und verdeutlicht auf diese Weise die unruhige und traurige Atmosphäre der unrechtmäßigen Krönung. Der zweite Satz weist hingegen auf den Beginn der fröhlichen Feier hin, die gleich beginnen wird. Die Musik wirkt hier wie ein Vorspiel zur Szene.

Das zweite Musikstück wird vom Partyorchester gespielt. Sie zeigt zusammen mit den Bildern die Räumlichkeit und stellt die unterschiedlichen Teilnehmer der Feier vor: Wanrong tritt in Erscheinung, in der erste Etage befinden sich das Orchester und der japanische Kameramann, unten die plaudernden Gäste und herannahende japanische Soldaten. Das Musikstück entspricht hier einer objektiven Beschreibung der Umgebung.

Das dritte Musikstück ist der *Kaiserwalzer* von Johann Strauss. Diese Musik geht mit dem Bild zwei kontrastreiche Bedeutungen ein: Zum einen ist sie als ironischer Kommentar Bertoluccis zu verstehen. Pu Yi ist, wie jeder weiß, nur ein Marionettenkaiser der Japaner. Der Walzer erzeugt eine spöttische Gegenstimme zu den Tatsachen. Der zweite Kontrast besteht zwischen den würdevollen und feierlichen Klängen des Walzers und der schmerzhaften Emotion Wanrongs. Im Bild werden nicht, wie es bei einer Krönungsfeier zu erwarten wäre, der würdevolle Kaiser und seine Frau und andere feierliche Szenen gezeigt. Statt dessen ist die sich von den anderen Gästen entfernende Wanrong in Rückenansicht zu sehen, es wird gezeigt, wie sie in ihrer Trauer die Blüten der Blumendekoration isst. Anschließend folgt ein trauriger Dialog mit Pu Yi und sie wünscht ihm unter Tränen eine tausendjährige Regentschaft, raucht anschließend Opium und gibt sich erotischen Spielen mit Fangzi hin.

Der Kontrast zwischen Musik und Bildern dieser Szene betont die Traurigkeit und Depression Wanongs und gleichzeitig die Ironie der Krönung Pu Yis.

Im horizontalen Verlauf bauen die drei Musikstücke eine Dramaturgie in der Szene auf:

Das erste Musikstück ist als Vorspiel zu betrachten, das zweite bildet den Anfang der Szene und das dritte den Aufbau, Höhepunkt und Abbau in Verbindung mit dem Verhalten Wanrongs.

Szene 40: Rückkehr aus Japan

Als Pu Yi von seiner Japanreise zurückkommt, hat sich in der Mandschurei vieles verändert. Seinen Soldaten wurden die Waffen abgenommen und sein einziger Vertrauter, Zheng Xiaoxu, ist verschwunden (Einstellung 947-969).

Es gibt in dieser Szene zwei Musikstücke. Das erste Stück beschreibt objektiv die Atmosphäre. Das zweite Stück beschreibt die subjektive Emotion Pu Yis

Das erste Musikstück begleitet die Ankunft des Autos zu Beginn der Szene. Die Musik wird von Streichern im dunklen Tonbereich mit Trios gespielt. Durch die dunkle Klangfarbe und die Trios in der Melodie wird eine angespannte und ernsthafte Atmosphäre erzeugt.

Das zweite Musikstück beginnt, als Pu Yi erfährt, dass Zheng Xiaoxu nicht mehr für ihn arbeitet. Er hat Zweifel am Wahrheitsgehalt dieser

Mitteilung. Die Musik wird von Streichern im dunklen Tonbereich gespielt und verdeutlicht das zweifelnde Nachdenken Pu Yis.

Szene 42: Unterzeichnung des Vertrags mit den Japanern

Diese Szene (Einstellung 988-1012) wird durch die Musik von Einstellung 988 bis 992 begleitet, als Wanrong Pu Yi mitteilt, dass sie schwanger ist. Beim Thema Kind taucht ein Musikthema auf, das im Film nur zweimal benutzt wird. Die Oboe in der Tonart Dur produziert eine warme Atmosphäre, die zu einem Kind, zu einem neuen Leben passt.

Diese Atmosphäre bildet einen Kontrast zum kalten Licht der Szene und der kalten Beziehung zwischen Pu Yi und Wanrong. Pu Yi weiß, dass es nicht sein Kind ist.

Szene 44: Geburt und Mord

Diese Szene (Einstellung 1025-1047) zeigt, dass das Kind geboren wird. Während Wanrongs glückliches Gesicht im Bild erscheint, ertönt die sonnige Dur-Melodie der Oboe ein zweites Mal. Sie verdeutlicht das Glück der Geburt.

Direkt danach wird gezeigt, wie der japanische Arzt eine Giftspritze vorbereitet und das Neugeborene ermordet. Eine bedrohliche Moll-Melodie, solo von einem Cello gespielt, untermalt den Bildinhalt. Als Pu Yi berichtet wird, das Kind sei tot geboren worden, klingt diese Musik durch das Hinzufügen zweier - von Geigen gespielter - Töne mit heller Klangfarbe noch angespannter.

Pu Yi will zum Krankenwagen laufen, um bei Wanrong sein zu können. Doch der Wagen fährt davon und das Hoftor wird von japanischen Soldaten geschlossen. Pu Yi ist ein weiteres Mal ein Gefangener. Hier beginnt das variierte Tragödienthema, das einen erneuten Tiefschlag im Schicksal Pu Yis betont.

Szene 45: Gefängnisszene

Diese Szene (Einstellung 1048-1113) des Films verdeutlicht den Angriffskrieg der Japaner im Nord-Osten Chinas. Pu Yi sieht sich während seiner Gefangenschaft einen Dokumentarfilm über den sino-japanischen Krieg an. Das von der Erhu gespielte Stück *Er Quan Ying Yue* begleitet dessen Bilder.[278] Die Musik beschreibt hier das Leiden der Chinesen unter den japanischen Soldaten.

---

278 *Er Quan Ying Yue* ist ein berühmtes, tragisches chinesisches Musikstück. Der Komponist A Bing war ein blinder Straßenmusiker. Er hat dieses Stück komponiert, um sein Leben in Armut zu beschreiben.

Szene 46: Flucht nach der Kapitulation

Japan hat kapituliert. Die Japaner möchten Pu Yi und Pu Jie nach Japan bringen (Einstellung 1114-1150).

In dieser Szene gibt es zwei Musikstücke. Das erste von Streichern gespielte Musikstück ist der abgewandelte Anfangssatz des Tragödienthemas. Das Thema beschreibt die Emotion Pu Yis, als er Wanrong wiedersieht. Dieses Musikstück erzeugt einen vielseitigen Emotionsmoment: Überraschung, Liebe, Vermissen, Traurigkeit, Mitgefühl.

Das zweite Musikstück ist eine elektronische Musik, die durch eine trübe Tonqualität weniger stark hörbar ist. Diese Musik wurde bereits in Szene 1 benutzt, als Pu Yi von Russland nach China zurückkam und im Bahnhofssaal auf sein Schicksal wartete. Als die vom Verlust des Kindes völlig gebrochene Wanrong in das Büro der japanischen Agenten geht, folgt Pu Yi ihr mit Tränen in den Augen. Die leise zu hörende elektronische Musik betont hier die Trauer Pu Yis über die Veränderung Wanrongs.

Szene 47: Gefängnisszene

Diese Szene (Einstellung 1151-1176) zeigt, dass PuYi freigelassen wird, nachdem er 10 Jahre im Gefängnis verbracht hat. [279]

Das revolutionäre Lied *Ohne Kommunistische Partei gibt es kein neues China* verdeutlicht die historische Atmosphäre.

Szene 48: Kulturevolution

Diese Szene (Einstellung 1177-1220) zeigt, dass Pu Yi in der Zeit der Kulturrevolution auf der Straße sieht, wie der Gefängnisdirektor öffentlich kritisiert wird. Pu Yi sagt den roten Soldaten, dass der Gefängnisdirektor ein guter Mensch sei. Das revolutionäre Lied *Die Reise auf dem Ozean hängt vom Steuermann ab* verdeutlicht die historische Atmosphäre.

---

279 „Dieses Gefängnis entspricht nicht dem, was wir uns im Westen darunter vorstellen: Es ist ein Ort der Gehirnwäsche. Man muss wissen, dass Pu Yi während der ersten 5 Jahre seiner Gefangenschaft seine Diener bei sich hatte, weil die Chinesen dachten, es wäre anders zu hart für ihn und er würde deshalb jeden Wandel ablehnen. Sein Gefängnis ist in jedem Fall ein besonderes Gefängnis. Für wichtig halte ich auch die Gedanken der chinesischen Juristen. Am Beispiel der Kriegsverbrecher ist zu zeigen, das es nicht um Bestrafung, sondern um eine Umerziehung geht. Das findet man allgemein in chinesischen Gefängnissen, selbst dann wenn Menschen aus Gründen, die wir als ungerecht empfinden, im Gefängnis sitzen. Die Idee der chinesischen Juristen besteht nicht in bloß in der Bestrafung möglicher Verbrecher, sondern in dem Versuch sie zur Einsicht zu bringen. Und ich glaube, das ist keine Propaganda." Bertolucci im Fernseh-Interview. In: Hilton (1987).

Szene 49: Wieder in der Verbotenen Stadt

Das ist die letzte Szene des Films (Einstellung 1221-1238). Pu Yi besucht in den 60er Jahren als gewöhnlicher Bürger die Verbotene Stadt.

Es gibt drei Musikstücke dieser Szene. Zuerst beschreibt die Zheng die historische Atmosphäre im alten Kaiserpalast. Musik und Licht verdeutlichen hier die Atmosphäre der Abenddämmerung in ihrer vertikalen Verknüpfung. Die Töne der Zheng klingen leise und sanft. Das Abendlicht ist warm und sanft. Diese Verbindung zeigt nicht nur die Tageszeit, zu der Pu Yi die Verbotene Stadt besucht, sondern bildet auch die Metapher von Pu Yis Lebensabend. Das warme und sanfte Abendlicht beschreibt den ruhigen Lebensabend des früheren Kaisers. Bertolucci vergleicht diesen mit einer Reise von der Dunkelheit ins Licht.[280] Pu Yi kann zum ersten Mal in seinem Leben frei auf die Straße gehen, Fahrrad fahren, in einen Bus steigen, sich unter anderen Menschen bewegen.[281]

Das zweite Musikstück ist eine Variation des Tragödienthemas. Die Musik erklingt, während Pu Yi die Treppe emporsteigt und hinter dem Thron seinen Bambuskäfig sucht. Die Musik und der Bambuskäfig reflektieren mit dem alten Pu Yi zusammen sein gesamtes tragisches Leben.

Das dritte Musikstück wird von Erhu und Xiao zusammen mit Streichern gespielt. Es erklingt der erste Satz des Kommentarthemas, während ein Kind zu sehen ist, das eine Grille dabei beobachtet, wie sie sich aus ihrem Bambuskäfig befreit. Diese Grille ist ein Symbol für das Leben Pu Yis. Das Kommentarthema erzeugt an dieser Stelle einen Raum, in dem der Zuschauer das Schicksal des letzten Kaisers von China überdenken kann.

Am Ende der Szene beginnt das Orchester, das Kommentarthema zu spielen und setzt dieses auch während des Abspanns fort. Es gewinnt hier einen eigenen Charakter durch das Zusammenspiel von westlichen und chinesischen Instrumenten im Orchester. Die Instrumentation ist die umfassendste im ganzen Film. Der Zuschauer kann sich bei diesem Thema an das ganze Leben Pu Yis erinnern und darüber reflektieren.

280 Vgl. ebd.

281 Nach seiner Entlassung arbeitete Pu Yi zunächst als Gärtner in Beijing, dann als Historiker für die Geschichtskommission des Nationalen Komitees in der politisch beratenden Konferenz Chinas.

5 Fazit der Analyse

5.1 Die Stellung der Musik im Film

Durch die Analyse wird gezeigt, dass Bernardo Bertolucci die Musik als einen integralen und untrennbaren Bestandteil des Films - des audiovisuellen Gesamtwerks, das als Einheit aufzufassen ist - benutzt. Er verbindet Musik, Geräusche, Dialoge und visuelle Elementen im Film zu einer Einheit, um Emotion im Film *Der letzte Kaiser* zu vermitteln.

Die Musikstücke in den Szenen sind in musikalischem Sinn keine vollständigen Musikwerke. Doch die Musik baut jeweils zusammen mit den anderen Elementen des Films eine vollständige Emotion auf. In diesem Sinne handelt es sich um ganzheitliche Werke der Filmkunst.

5.2 Rhythmus als Basis der Verbindung zwischen Musik, Geräuschen, Dialog und visuellen Elementen

In der vorliegenden Analyse wird gezeigt, dass in diesem Film Rhythmus die Basis der Verbindung zwischen Musik, Geräusch, Dialog und visuellen Elementen ist.

Am Beispiel der Szene 3[282] lässt sich besonders gut verdeutlichen, wie die unterschiedlichen Elemente auf verschiedene Weise einen gemeinsamen Rhythmus aufbauen:

Einerseits bilden die musikalischen Elemente, Geräusche und Dialoge sowie die visuellen Elemente gleichzeitig einen entsprechenden Rhythmus: Als Cixi stirbt, bilden die Musik, das Vorschieben des Throns und die Kamerafahrt einen gleichzeitigen langsamen Rhythmus, um die Atmosphäre des Sterbens aufzubauen (vgl. Abb. 24, S. 131).

An anderer Stelle bauen die oben genannten Elemente den gemeinsamen Rhythmus nacheinander auf: Nachdem Cixi starb, erklingt auf der Gedenkfeier die von Lamas gespielte Musik. - Pu Yi geht zu seinem Vater. Seine Schritte folgen dem Rhythmus der Musik auf der Gedenkfeier. - Pu Yi fragt: „Papa, gehen wir nach Hause?" Auch die Frage Pu Yis folgt dem Rhythmus der vorangegangenen Musik. - Der Vater kniet vor Pu Yi nieder. Ebenso folgt auch das Verhalten von Pu Yis Vater dem gleichen Rhythmus. Die Musik auf der Gedenkfeier, Pu Yis Schritte zu seinem Vater, der Dialog zwischen Pu Yi und dem Vater sowie das Niederknien des Vaters bilden hier nacheinander einen gemeinsamen Rhythmus.

---

282 Vgl. S. 127ff. dieser Arbeit.

Ein passender Rhythmus des Films dient dazu, die Emotionen eindrucksvoller ausdrücken zu können und die Filmhandlung flüssiger laufen zu lassen.

5.3 Verbindungsschwerpunkt und Emotion

In der vertikalen Richtung gibt es viele Möglichkeiten der Verbindung zwischen Musik, Geräuschen, Dialogen und visuellen Elementen. Um die Emotionen zu vermitteln, bildet die Musik zuweilen mit der Farbe des Lichts, zuweilen mit den Geräuschen, mit der Einstellungsgröße u.a. eine vertikale Verknüpfung ein. Der Verbindungsschwerpunkt hängt davon ab, welche Emotion der Regisseur ausdrücken möchte und welchen Bildinhalt es gibt.

5.4 Verbindungsarten von Musik und Bild

Es gibt in diesem Film drei Verbindungsarten von Musik und Bild. Diese sind Parallelbeziehung, Ergänzungsbeziehung und Kontrastbeziehung.[283] Die drei Beziehungen werden im Film sowohl einzeln als auch in Kombination benutzt.

---

283 Die Beziehung von Bild und Musik im Film wird seit Beginn der Tonfilmära untersucht. Eisenstein, Pudowkin und Alexandrow haben im *Manifest zum Tonfilm* (1928) die zwei Beziehungen Synchronismus und Kontrapunkt dargelegt. Unter Synchronismus verstehen sie, dass im Tonfilm die Klangaufzeichnung natürlich durchgeführt wird, das heißt in einer Weise, die genau mit der Bewegung auf der Leinwand übereinstimmt und eine gewisse Illusion sprechender Menschen oder hörbarer Objekt etc. vermittelt. Mit der kontrapunktischen Verwendung des Tonfilms verweisen Eisenstein, Pudowkin und Alexandrow auf die neuen Möglichkeiten der Montage-Entwicklung, weil visuelle und auditive Elemente in kontrapunktischer Relation neue Bedeutungen im Film kreieren können. (vgl. Eisenstein/Pudowwkin/Alexandrow 1928. In: Albersmeier Hrsg. 2003, S. 54-57; vgl. Kapitel 2.3.2.1. dieser Arbeit, S. 52.).

Béla Bàlazs untersucht ebenfalls Verbindungsmöglichkeiten von Musik und Bild. Er fasst folgende zusammen: „1. Illustrationsmusik, die eine zusätzliche Charakteristik des im Bild gezeigten Gegenstandes bringt, ; 2. Gegenständliche Musik, die selbst gewisse Vorstellungen vermittelt, die Handlung vorwärtstreibt; 3. Musik, die Gegenstand des Konflikts in der Fabel und Grundlage des Drehbuches ist; 4. „Dramaturgische“ Musik, die Filmgestalten charakterisiert, den Unterton der Handlung bildet, die als Einlage in die Handlung eingeschoben werden kann oder etwas charakterisieren kann, was im Bild nicht gezeigt wird.“ (Lissa 1965, S. 109).

Zofia Lissa hat in ihrer Arbeit (1965) deutlich gemacht, welche unterschiedlichen Beziehungen zwischen Bild und Musik bestehen (vgl. Kapitel 1.2.3.1 dieser Arbeit, S. 32).

5.4.1 Parallelbeziehung

Parallelbeziehung bedeutet, dass die Musik die Emotion betont, die das Bild enthält. Beispielsweise betont in Szene 12[284] die Musik durch Melodie und Harmonie die angespannte Atmosphäre zwischen Soldaten von der Qing-Regierung und den protestierenden Studenten.

5.4.2 Ergänzungsbeziehung

Ergänzungsbeziehung bedeutet, dass die Musik Emotion, die das Bild nicht enthält, hinzufügt. Die Musik versucht nicht, visuelle Vorgänge zu unterstreichen, sondern in die emotionale Welt einer Filmfabel einzudringen. Außerdem versucht die Musik, das Bild nicht nur zu verdoppeln, sondern auch zu kommentieren. Im Film wird die Ergänzungsbeziehung sowohl durch das Mittel der Musikdramaturgie als auch der Musik als Kommentar verwirklicht.

5.4.2.1 Musikdramaturgie

In diesem Film spielt die Musik bei der Beschreibung der Emotionsentwicklung eine sehr große Rolle.

Die Handlung des Films *Der letzte Kaiser* verfolgt keine sehr dramatische sondern eher eine epische Entwicklung. Die Emotionsentwicklung Pu Yis steht im Mittelpunkt. Daher sind einige Inszenierungen von Pu Yi auch nicht sehr dramatisch - keine dramatische Beziehungen oder Konflikte, sondern nur Pu Yi steht im Mittelpunkt. Die Aufgabe der Dramaturgie wird in solchen Szenen von der Musik getragen. Die Musik baut eine innere Spannung der Handlung auf und verstärkt den dramaturgischen Effekt.

Hansjörg Pauli kategorisiert drei Beziehungen zwischen Musik und Bild: Paraphrasierung, Polarisierung, Kontrapunktierung: „ Als paraphrasierend bezeichne ich eine Musik, deren Charakter sich direkt aus dem Charakter der Bilder, aus den Bildinhalten, ableitet. Als polarisierend bezeichne ich eine Musik, die kraft ihres eindeutigen Charakters inhaltlich neutrale oder ambivalente Bilder in eine eindeutige Ausdrucksrichtung schiebt. Als kontrapunktierend bezeichne ich eine Musik, deren eindeutiger Charakter dem ebenfalls eindeutigen Charakter der Bilder, den Bildinhalten klar widerspricht." (Pauli 1976, S. 104).

Unter Anregungen o. g. Untersuchungen fasst diese Arbeit drei Beziehungen - Parallelbeziehung, Ergänzungsbeziehung und Kontrastbeziehung - zwischen Musik und Bild zusammen. Diese Kategorisierung ist eng an die vorliegende Analyse gebunden. Ob sie auch auf andere Filme zutrifft, muss im Einzelfall geprüft werden.

284 Vgl. S. 149f. dieser Arbeit.

Beispielsweise möchte Pu Yi in Szene 17[285] aus der Verbotenen Stadt gehen, um seine verstorbene Mutter noch einmal zu sehen. Aber das Tor wird von den Soldaten verschlossen. Betrachtet man das Bild allein, so ist es zu sehen, dass Pu Yi verärgert ist, weil er nicht hinausgehen kann. Die Musik aber beschreibt detailliert einen ganzen Prozess der Emotionsentwicklung: sehnsüchtig - enttäuscht - ärgerlich - wütend.

In Szene 8[286] sind Pu Yi, Pu Jie, und die Amme im Garten. Pu Yi geht allein durch die Gartenarkade zu seiner Amme. Der Prozess der Emotionsentwicklung wird durch die Veränderung von musikalischem Rhythmus, Tempo, Spielart, und Spielstärke zum Bild hinzugefügt. Die Musik bildet eine Emotionsdramaturgie (Anfang - Steigerung - Höhepunkt), die das Bild nicht enthält.

5.4.2.2 Musik als Kommentar

Außer der Emotion Pu Yis präsentiert Bernardo Bertolucci auch seine eigene Emotion im Film. Diese Präsentation wird durch die Musik als Kommentar verwirklicht. Es gibt in der Filmmusik ein Kommentarthema, um die Emotion des Regisseurs auszudrücken.

5.4.3 Kontrastbeziehung

Kontrastbeziehung bedeutet, dass die Musik eine Kontrastemotion zum Bild produziert. Die zwei im Film verwendeten Kontrastbeziehungen sollen im Folgenden noch einmal betrachtet werden.

5.4.3.1 Kontrast zwischen Traurigkeit und Fröhlichkeit

Der Film beschreibt Pu Yis tragisches Schicksal und drückt Bernardo Bertoluccis Mitgefühl aus. Doch dies bedeutet nicht, dass jeder Moment des Films die tragische und traurige Stimmung wiedergibt. Es werden auch viele fröhliche Momente aus Pu Yis Leben gezeigt. Bernardo Bertolucci hat den Film jedoch so behandelt, dass jede Szene durch eine traurige oder mitfühlende Stimmung beherrscht wird indem Musik und Bild einen Kontrast von Traurigkeit und Fröhlichkeit bilden, sei es, dass die Musik für Traurigkeit und das Bild für Fröhlichkeit steht oder umgekehrt.

Als Beispiel soll die Krönungsszene (Szene 38[287]) herangezogen werden: Nach der Begrüßung Pu Yis durch den japanischen General erklingt der *Kaiserwalzer*.

---

285 Vgl. S. 151ff. dieser Arbeit.

286 Vgl. S. 145ff. dieser Arbeit.

287 Vgl. S. 163f. dieser Arbeit.

Dies ist eigentlich eine würdevolle und feierliche Musik. Die Bilder jedoch stehen im krassen Gegensatz dazu. Gezeigt wird eine unglückliche Wanrong, die in ihrer Verzweiflung über die Krönung des Marionettenkaisers sämtliche Contenance verliert. Der Kontrast von Musik und Bild betont ihre Trauer und Verzweiflung und verstärkt dadurch die Ironie, die in der zweiten Krönung Pu Yis liegt.

5.4.3.2 Kontrast von szenischer Atmosphäre und individueller Emotion

Der Film beschreibt eine Parabel über das Individuum unter dem übermächtigen Zwang sich ändernder historisch-politischer Verhältnisse. Entsprechend dazu hat Bernardo Bertolucci die Musik benutzt, einen Kontrast zwischen szenischer Atmosphäre und individueller Emotion zu bilden.

So produziert die Musik in Szene 17[288] durch die Verknüpfung von Klarinetten-Solo und Kommentarthema sowohl die Emotion Pu Yis als auch die mitfühlende Emotion des Regisseurs zu diesem tragischen Ereignis.

Die Emotionen Pu Yis und Bertoluccis (Betrachter) greifen ineinander. Das bietet dem Zuschauer die Zeit und den Raum, sich zum Einen in die Emotion Pu Yis hineinzufühlen und zum Anderen über sein Schicksal zu reflektieren.

5.4.4 Kombination der drei Verbindungsarten

Die drei Beziehungen, nämlich Parallelbeziehung, Ergänzungsbeziehung, und Kontrastbeziehung werden sowohl einzeln - wie oben beschrieben - als auch in Kombination im Film präsentiert.

So werden beispielsweise in Szene 5[289] (Erster Abend in der Verbotenen Stadt) nacheinander alle drei Verbindungsarten benutzt. Dies bereichert den Ausdruck der Emotionsebene des Films. Die Emotionen Pu Yis, der Eunuchen und Bernordo Bertoluccis werden durch die vielfältige Verbindungsweise zwischen Musik und Bild vermittelt.

5.5 Musik und historischer Hintergrund

Es gibt viele Möglichkeiten im Film, den historischen Hintergrund zu präsentieren, z.B. durch die Kostüme der Schauspieler, durch die Dekoration der Räume, durch die Inszenierung eines großen zeitgenössischen

---

288 Vgl. S. 151ff. dieser Arbeit.

289 Vgl. S. 137ff. dieser Arbeit.

Ereignisses. Im Film *Der letzte Kaiser* werden all diese Möglichkeiten verwendet, zusätzlich spielt aber auch die Musik eine große Rolle.

So wird in Szene 11[290] das Lied *Sozialismus ist gut* gesungen, um die historische Atmosphäre Chinas in den 50er Jahren zu zeigen.

In Szene 29[291] wird auf der Party zu Jazzmusik getanzt. Dies informiert darüber, dass die Stadt Tianjin damals unter Kontrolle der westlichen Vertragsmächte stand.

Beim Abschied Jonstons in Szene 33[292] wird das schottische Lied *Auld Lang Syne* von chinesischen Instrumenten gespielt. Das erinnert an die Herkunft Jonstons.

5.6 Musik und Raum

Musik aus der Filmrealität („Musik im Bild") wird in vielen Szenen in mehreren Räumen und auf mehreren Ebenen eingesetzt. Dies ist eine Besonderheit Bertoluccis Filmschaffens. Entsprechend zur Verwendung in verschiedenen Räumen erfüllt die Musik verschiedene Funktionen.

So beschreibt die Peking-Oper in Szene 20[293] (Hochzeit) sowohl die Atmosphäre der chinesischen Hochzeit, spielt aber auch eine dramaturgische Rolle zusammen mit Dialog und Schauspiel. Wird im Bild die Peking-Oper auf der Bühne gezeigt, so ist die Musik ein Hinweis auf Zeit, Ort und Atmosphäre. Im Raum von Pu Yi und seiner Frau spielt die Musik hingegen für das Aufbauen der dramatischen Effekte eine wichtige Rolle.

5.7 Beschreibung geringfügiger Emotionsveränderung

Bernardo Bertolucci benutzt Musik, um Emotionen und ihre Veränderungen sehr klar, fein und minuziös zu vermitteln.

So geschieht dies z.B. in Szene 10[294] (Vertreibung der Amme): Das Tragödienthema erklingt in dieser Szene zweimal. Als Pu Yi ins Zimmer der Amme kommt, ist diese bereits fort, das Thema fertig gespielt. Die Musik bricht jedoch nicht ab. Während Pu Yi zu einer Hofdame sagt: „Sie ist nicht meine Amme, sondern mein Schmetterling", erklingt eine kurze Musikverbindung, die diesen Satz und die melancholisch werdende Emotion Pu Yis in jenem Moment begleitet.

---

290 Vgl. S. 149 dieser Arbeit.

291 Vgl. S. 161 dieser Arbeit.

292 Vgl. S. 162f. dieser Arbeit.

293 Vgl. S. 154ff. dieser Arbeit.

294 Vgl. S. 148f. dieser Arbeit.

6 Schlussbetrachtung

In dieser Arbeit wurde versucht, eine konkrete Filmanalyse des Films *Der letzte Kaiser* unter Heranziehung von Eisensteins Montagetheorie durchzuführen.

Durch diese Untersuchung wurden neue Aspekte der Eisenstein'schen Montagetheorie entdeckt und für die Filmmusikanalyse fruchtbar gemacht: Es wurde erstmalig gezeigt, dass der Montagetheorie Eisensteins ein Emotionsvermittlungsmodell zugrunde liegt, das sich wie ein roter Faden diese zieht. Zudem wurde Eisensteins Position und Methodik in der Geschichte der Filmanalyse sowie der Filmmusikanalyse beschrieben und bestimmt. Eisensteins Emotionsvermittlungsmodell sowie seine Analysemethoden könnten Anregungen nicht nur für die Filmmusikanalyse, sondern auch für die Analyse individueller künstlerischer Schaffensprozesse in anderen künstlerischen Bereichen bieten, und diese in einen theoretischen Rahmen bringen. Es kann bei der Forschung zum individuellen künstlerischen Schaffensprozess einige Schwierigkeiten beseitigen helfen, beispielsweise wie man einen individuellen Schaffensprozess untersuchen sollte und welche Forschungsergebnisse in verallgemeinernder Form wissenschaftlich zusammengefasst werden können und welche nicht. Es wäre erfreulich, wenn diese Untersuchung fruchtbare Diskussionen in der Wissenschaft anregen könnte.

Durch die Anwendung und Erweiterung von Eisensteins Montagetheorie wurde in dieser Arbeit eine eigene Analysemethode für die Filmmusik entwickelt: Die Filmmusik wurde mit Hilfe des Emotionsvermittlungsmodells sowohl in der vertikalen Richtung als auch im horizontalen Verlauf für einzelne Szenen des Films *Der letzte Kaiser* analysiert. Dabei wurde festgestellt, wie Bernardo Bertolucci die Filmmusik benutzt, um (seine) Emotionen im Film zu vermitteln. Die erste und zweite Schlussfolgerungen aus Kapitel 5 können als allgemeine Feststellungen zur Filmmusik betrachtet werden: Es wurde herausgefunden, dass qualifizierte Filmmusik ein integraler und untrennbarer Bestandteil des Films sein sollte. Die Filmmusik erweist sich, wie viele Filmemacher ursprünglich dachten, nicht nur das Hilfsmittel des Films, sondern hat eine ebenso wichtige Stellung wie Bild, Dialog und Geräusche. Außerdem wurde herausgefunden, dass Musik, Bild, Dialog und Geräusche eine Einheit aufbauen können, indem sie zusammen einen gemeinsamen Rhythmus bilden. Der Rhythmus ist die Basis der Verbindung von Musik, Geräuschen, Dialog und visuellen Elementen des Films (vgl. Kapitel 5.2, S. 169f.).

Im Laufe der Untersuchung wurden außerdem viele Gemeinsamkeiten der Charaktere von Eisenstein und Bertolucci mit Blick auf die Filmmusik deutlich: Die Musik besitzt eine sehr wichtige Position sowohl in Eisensteins als auch in Bertoluccis Filmen. Als Regisseure verstehen beide viel von Musik und ihrer Wirkung. Beide benutzen die Musik als ein grundsätzliches Element ihrer Filmsprache. Die Filmmusik nimmt bereits vom Beginn des Prozesses zentral am Filmschaffen teil; dadurch werden Musik, Bild, Dialog und Geräusche besser integriert. Daher lassen sich beide beim Filmschaffen auf eine sehr enge Arbeitsbeziehung mit dem Komponisten ein.

Es ist zu hoffen, dass das Emotionsvermittlungsmodell, die detaillierte Szenenanalyse und die Vorstellung der Zusammenarbeit von Eisenstein mit Prokofjew sowie von Bertolucci mit David Byrne, Ryuichi Sakamoto und Cong Su aktuellen Filmmachern und Komponisten zumindest einige wertvolle Hinweise für die praktische Arbeit bieten können.

Bei der Analyse von Filmmusik sollte in Zukunft jedoch ein weiteres Problem angegangen werden: Der Film ist ein komplexes audio-visuelles Medium. Die bisherigen Analysen zur Filmmusik und ihre Ergebnisse sind stets schriftlich verfasste Werke. Dies birgt einerseits die Schwierigkeit für den Forschenden, die bildliche und akustische Analyse vorzustellen, da der Effekt der Filmmusik kaum in letzter Vollständigkeit auf dem Papier beschrieben werden kann. Andererseits hat auch der Leser Probleme, der Analyse zu folgen, sofern er den Film nicht gleichzeitig parallel verfolgt. Audio-visuelle Medien wie z. B. electronic books, die es u. a. erlauben Videos einzubinden, verbreiten sich jedoch immer weiter. Jeder hat heutzutage die Möglichkeit, ein Video aufzuzeichnen und dieses am Computer zu bearbeiten. Ein Lösungsversuch zu o. g. Problematik könnte daher sein, eben diese audio-visuellen Medien insbesondere Annotationsprogramme für die Analyse und e-books für die Darstellung der Ergebnisse in der wissenschaftlichen Arbeit einzusetzen, um sowohl der Integrität, Zeitlichkeit und Komplexität des audio-visuellen Mediums Film gerecht zu werden als auch die intersubjektive Überprüfbarkeit und Nachvollziehbarkeit der Analyse und verbessern. Für die erfolgreiche Entwicklung solcher Werkzeuge wäre allerdings in der Zukunft eine verstärkte Zusammenarbeit von Musik- und Filmwissenschaft sowie der Medieninformatik eine unabdingbare Voraussetzung.

7 Literaturverzeichnis

Adormo, Theodor Wiesengrund / Eisler, Hans (2006): *Komposition für den Film*. Frankfurt am Main: Suhrkamp.

Albersmeier, Franz-Josef (2003): *Einleitung*. In: Albersmeier, Franz-Josef (Hrsg.) (2003): *Texte zur Theorie des Films*. Stuttgart: Philipp Reclam jun.

Albersmeier, Franz-Josef (Hrsg.) (2003): *Texte zur Theorie des Films*. Stuttgart: Philipp Reclam jun.

Antoine-Dunne, Jean / Quigley, Paula (Hrsg.) (2004): *The Montage Principle – Eisenstein in new cultural and critical context*. Amsterdam-New York: Rodopi.

Aristoteles (2002): *Poetik*. Chinesische Übersetzung von Chen, Zhongmei. Beijing: Shang Wu Yin Shu Guan Verlag.

Arnheim, Rudolf (1932): *Film als Kunst*. Berlin: Ernst Rowohlt Verlag.

Aumont, Jaques / Marie, Michel (1988): *L´analyse des films*. Paris: Nathan.

Bachmann, Gideon (1973): *Every Sexual Relationship ist Condemned: An Interview with Bernardo Bertolucci Apropos Last Tango in Paris*. In: Gerard, Fabien S. / Kline, T. Jefferson / Sklarew, Bruce (Hrsg.) (2000): *Bernardo Bertolucci: Interviews*. Jackson: University Press of Mississippi, S. 90-101.

Barberis, Alfredo (1962): *Making Movies? It's Like Writing Poetry*. In: Gerard, Fabien S. / Kline, T. Jefferson / Sklarew, Bruce (Hrsg.) (2000): *Bernardo Bertolucci: Interviews*. Jackson: University Press of Mississippi, S. 6-9.

Bazin, André (1975): *Was ist Film?* In: Fischer, Robert (Hrsg.) (2004): *Filmtheoretisch relevante Sammlung der wichtigsten Aufsätze Bazins*. Berlin: Alexander Verlag.

Behr, Edward (1987): *The Last Emperor*. London: Macdonald.

Belázs, Béla (1980): *Der Film – Werden und Wesen einer neuen Kunst*. Wien: Globus Verlag.

Belázs, Béla (1982): *Der sichtbare Mensch*. In: Diederichs, Helmut H. / Gersch, Wolfgang / Nagy, Magda (Hrsg.) (1982): *Béla Belàzs Schriften zum Film*. Bd. I. München: Carl Hanser Verlag, S. 21-139.

Bell, David (1994): *Getting the Best Score for your Film*. Beverly Hills: Silman-James Press.

Benjamin, Walter (1977): *Das Kunstwerk im Zeitalter seiner technischen Reproduzierbarkeit.* In: *Walter Benjamin – Gesammelte Schriften.* Frankfurt am Main: Suhrkamp, S. 431-690.

Bertolucci, Bernardo (1997): *Tightrope Walking over the Labyrinth.* In: Sklarew, Bruce H. / Kaufman, Bonnie S. / Spitz, Ellen Handler / Borden, Diane (Hrsg.) (1998): *Bertolucci´s The last Emperor - Multiple Takes.* Michigen: Wayne State University Press Detroit, S. 13-18.

Bessy, Maurice (1971): *Orson Welles.* New York: Crown Publishers.

Bordwell, David (1993): *The Cinema of Eisenstein.* London: Harvard University Press.

Brown, Royal S. (1994): *Overtones and Undertones.* Berkeley and Los Angeles, California: University of California Press.

Brütsch, Matthias et al. (Hrsg.) (2005): *Kinogefühle – Emotionalität und Film.* Marburg: Schüren Verlag.

Bullerjahn, Claudia (2001): *Grundlagen der Wirkung von Filmmusik.* Ausburg: Wißner - Verlag.

Bullerjahn, Claudia (2005): *Analyse von Filmmusik und Musikvideos.* In: Mikos, Lothar / Wegener, Claudia (Hrsg.) (2005): *Qualitative Medienforschung.* Berlin: UVK Verlagsgesellschaft, S.484-495.

Cao, Anhe (2000): *Pipa.* In: *China Enzyklopädie.* No. 1. Beijing: China Enzyklopädie Verlag. (CD - Rom)

Cao, Zheng (2000): *Zheng.* In: *China Enzyklopädie.* No. 1. Beijing: China Enzyklopädie Verlag. (CD - Rom)

Christie, Ian (1988): *Eisenstein at ninety.* England: Museum of modern art oxford.

Christie, Ian / Taylor, Richard (Hrsg.) (1993): *Eisenstein Rediscovered.* London und New York: Routledge Verlag.

Cumming, J. (1980): *Lev Semenovich Vygotsky.* In: Arnold, Wilhelm / Eysenck, Hans Jürgen / Meili, Richard (Hrsg.) (1980): *Lexikon der Psychologie. Band 3.* Breisgau: Herder Freiburg, S. 2515.

De la Motte-Haber, Helga (Hrsg.) (1993): *Film und Musik.* Mainz: Schott.

De la Motte-Haber, Helga / Emons, Hans (1980): *Filmmusik. Eine systematische Beschreibung.* München: Hanser.

Der letzte Kaiser (1987): Verleiharchiv aus dem Schriftgutarchiv vom Deutsche Kinemathek Museum für Film und Fernsehen.

Ebiri, Bilge (2005): *Bernordo Bertolucci.* URL: http://sensesofcinema.com/contents/directors/04/bertolucci.html (Stand: 20.11.2007).

Eckart, Sackann (2004): *Neunte Kunst.* URL: http://www.comiccongress2004.de/8.120.0.0.1.0.html (Stand: 26.11.2007).

Eder, Jens (2005): *Affektlenkung im Film.* In: Grau, Oliver / Keil, Andreas (Hrsg.) (2005): *Mediale Emotione – Zur Lenkung von Gefühlen durch Bild und Sound.* Frankfurt am Main: Fischer Taschenbuch Verlag, S. 107-132.

Eisenstein, Sergej M. (1984): *Yo, Ich selbst* Memoiren Bd. 1. Wien: Löcker Verlag.

Eisenstein, Sergej M. (1984): *Yo, Ich selbst* Memoiren Bd. 2. Wien: Löcker Verlag.

Eisenstein, Sergej M. (1973) *Schriften 1.* München: Carl Hanser Verlag.

Eisenstein, Sergej M. (1974) *Schriften 2.* München: Carl Hanser Verlag.

Eisenstein, Sergej M. (1975) *Schriften 3.* München: Carl Hanser Verlag.

Eisenstein, Sergej M. (1984) *Schriften 4.* München: Carl Hanser Verlag.

Eisenstein, Sergej M. (1960): *Ausgewählte Aufsätze.* Berlin: Henseln Verlag.

Eisenstein, Sergej M. (o. J): *Gesammelte Aufsätze I.* Zürich: Verlag der Arche.

Eisenstein, Sergej M. (1960): *Vom Theater zum Film.* Zürich :Verlag der Arche.

Eisenstein, Sergej M. (1980): *Eine nicht gleichmütige Natur.* Berlin: Henschelverlag Kunst und Literatur.

Eisenstein, Sergej M. (1923): *Montage der Atrraktionen.* In: Lenz, Felix / Diederichs, Helmut H. (Hrsg.) (2005): *Sergej M. Eisenstein: Jenseits der Einstellung. Schriften zur Filmtheorie.* Frankfurt am Main: Suhrkamp, S. 9-14.

Eisenstein, Sergej M. (1926): *Béla vergisst die Schere.* In: Lenz, Felix / Diederichs, Helmut H. (Hrsg.) (2005): *Sergej M. Eisenstein: Jenseits der Einstellung. Schriften zur Filmtheorie.* Frankfurt am Main: Suhrkamp, S. 50-57.

Eisenstein, Sergej M. / Pudowkin, Wsewolod I. / Alexandrow, Grigorij W. (1928): *Manifest zum Tonfilm.* In: Albersmeier, Franz-Josef (Hrsg.) (2003): *Texte zur Theorie des Films.* Stuttgart: Philipp Reclam jun, S. 54-57.

Eisenstein, Sergej M. (1929): *Jeseits der Einstellung.* In: Lenz, Felix / Diederichs, Helmut H. (Hrsg.) (2005): *Sergej M. Eisenstein: Jenseits der Einstellung. Schriften zur Filmtheorie.* Frankfurt am Main: Suhrkamp, S. 58-74.

Eisenstein, Sergej M. (1938): *Montage 1938.* In: Lenz, Felix / Diederichs, Helmut H. (Hrsg.) (2005): *Sergej M. Eisenstein: Jenseits der Einstellung. Schriften zur Filmtheorie.* Frankfurt am Main: Suhrkamp, S. 158-201.

Eisenstein, Sergej M. (1939): *Das Organische und das Pathos.* In: Lenz, Felix / Diederichs, Helmut H. (Hrsg.) (2005): *Sergej M. Eisenstein: Jenseits der Einstellung. Schriften zur Filmtheorie.* Frankfurt am Main: Suhrkamp, S. 202-237.

Eisenstein, Sergej M. (1940-41): *Die Vertikalmontage.* In: Lenz, Felix / Diederichs, Helmut H. (Hrsg.) (2005): *Sergej M. Eisenstein: Jenseits der Einstellung. Schriften zur Filmtheorie.* Frankfurt am Main: Suhrkamp, S. 238-300.

Elley, Derek (1984): *The Epic Film – Myth and History.* London: Routledge & Kegan Paul.

Engels, Friedrich (1962): *Dialektik.* In: *Karl Marx / Friedrich Engels Werke,* Bd. 20, Berlin: Dietz Verlag, S. 348 353.

Fabich, Rainer (1993): *Musik für den Stummfilm.* Frankfurt am Main: Peter Lang Verlag.

Faulstich, Werner (2002): *Grundkurs Filmanalyse.* München: Wilhelm Fink Verlag.

Flückiger, Barbara (2001): *Sound Design – Die virtuelle Klangwelt des Films.* Marburg: Schüren Verlag.

Fritz, Horst (2002): *Impressionistischer Film.* In: Koebner, Thomas (Hrsg.) (2002): *Sachlexikon des Films.* Stuttgart: Reclam, S. 268f.

Fuchs, Miriam (2002): *Avangardefilm.* In: Koebner, Thomas (Hrsg.) (2002): *Sachlexikon des Films.* Stuttgart: Reclams, S. 50-53.

Gallez, Douglas (1978): *The Prokofiev-Eisenstein Collaboration: Nevsky and Ivan Revisited.* In: *Cinema Journal.* 1978. Bd. 17. Nr. 2, S. 13-35.

Garibaldi, Andera / Giannarelli, Roberto / Giusti, Guido (1984): *I Was Born in a Trunk*. In: Gerard, Fabien S. / Kline, T. Jefferson / Sklarew, Bruce (Hrsg.) (2000): *Bernardo Bertolucci: Interviews*. Jackson: University Press of Mississippi, S. 175-187.

Geiger, Rolf (2002): *dialegesthai*. In: Horn, Christoph / Rapp, Christof (2002): *Wörterbuch der antiken Philosophie*. München: C. H. Beck, S. 103.

Gelmis, Joseph (1970): *The Film Director as Superstar*. New York: Garden City.

Gerdes, Julia (2002): *Expressionismus*. In: Koebner, Thomas (Hrsg.) (2002): *Sachlexikon des Films*. Stuttgart: Reclam, S. 154f.

Gerard, Fabien S. / Kline, T. Jefferson (1993): *The Earth Is My Witness: An Interview with Bernardo Bertolucci on Little Buddha*. In: Gerard, Fabien S. / Kline, T. Jefferson / Sklarew, Bruce (Hrsg.) (2000): *Bernardo Bertolucci: Interviews*. Jackson: University Press of Mississippi, S. 208-225.

Gili, Jean A. (1978): *Bernardo Bertolucci*. In: Gerard, Fabien S. / Kline, T. Jefferson / Sklarew, Bruce (Hrsg.) (2000): Bernardo Bertolucci: *Interviews*. Jackson: University Press of Mississippi, S. 108-133.

Grob, Nobert (2002): *Autorenfilm*. In: Koebner, Thomas (Hrsg.) (2002): *Sachlexikon des Films*. Stuttgart: Reclam, S. 46-50.

Gu, Xiang (1987) : *Su Cong und Der letzte Kaiser*. In: *Bei Ying Hua Bao*. 1987. Nr. 6, S. 16. (古厢 （1987）：苏聪和*末代皇帝*。第 6 期，第 16 页。)

Gustav Freytag (1894): *Die Technik des Dramas*. Leipzig: Verlag von S. Hirzel.

Han, Mei (2001): *Zheng*. In: Sadie, Stanley / Tyrrell, John (Hrsg.) (2001): *The New Grove – Dictionary of Music and Musicians*. 2nd Edition. London: Macmillan. Volume 27, S.802-804

Hartmann, Britta / Wulff. Hans J. (2002): *Formalismus*. In: Koebner, Thomas (Hrsg.) (2002): *Sachlexikon des Films*. Stuttgart: Reclam, S. 223-226.

Heller, Heinz-B (2002): *Nouvelle Vague*. In: Koebner, Thomas (Hrsg.) (2002): *Sachlexikon des Films*. Stuttgart: Reclam, S. 423-428.

Hickethier, Knuth (1996): *Film- und Fernsehanalyse*. Stuttgart / Weimar: Metzler.

Hinton, David (1991): *Bernardo Bertolucci und Der letzte Kaiser: Die Entsteung eines Films* (Videokassette, Fernsehmitschnitt: N 3. 02.11.1991).

Hummel, Christoph (1984): *Kubrick über Kubrick und das Kino.* In: Hummel, Christoph / Jansen, Peter W. / Pauli, Hansjörg / Prinzler, Hans Helmut (1984): *Stanley Kubrik.* München Wien: Carl Hanser Verlag, S. 205-246.

Ivens, Joris (1974): *Die Kamera und ich.* Hamburg: Rowohlt Taschenbuch Verlag.

Janicikova, Alena / Lexmann, Juraj (1999): *Bildlich-Musikalischer Kontrapunkt: Beitrag zu Analysen der Musik in audiovisuellen Werken.* Bratislava: ASCO Art & Science.

Kathryn, Kalinak (1992): *Setting the Score: Music and the Classical Hollywood.* Wisconsin: The University of Wisconsin Press.

Keil, Andreas / Oliver, Grau (2005): *Mediale Emotionen: Auf dem Weg zu einer historischen Emotionsforschung.* In: Oliver, Grau / Keil, Andreas (Hrsg.) (2005): *Mediale Emotione – Zur Lenkung von Gefühlen durch Bild und Sound.* Frankfurt am Main: Fischer Taschenbuch Verlag, S. 7-19.

Kiefer, Bernd (2002): *Western.* In: Koebner, Thomas (Hrsg.) (2002): *Sachlexikon des Films.* Stuttgart: Reclam, S. 664-668.

Korte, Helmut (2004): *Einführung in die Systematische Filmanalyse.* Berlin: Erich Schmidt Verlag.

Kracauer, Siegfried (1973): *Die Errettung der äußeren Wirklichkeit.* Frankfurt am Main: Suhrkamp.

Kreuzer, Anselm C. (2001): *Filmmusik - Geschichte und Analyse.* Frankfurt am Main: Peter Lang.

Kremb, Jürgen (1988): *Der Oscar macht mich so berühmt in China – Der chinesische Komponist SU Cong schrieb die Filmmusik für Der letzte Kaiser.* In: Die Tageszeitung. 13. Juni. 1988.

Kuchenbuch, Thomas (2005): *Filmanalyse.* Wien Köln Weimar: Böhlau Verlag.

Kugel, Reinhard (2004): *Filmmusik für Filmemacher.* Gau-Heppenheim: Mediabook Verlag.

Lan, Yusong (2000): *Erhu.* In: *China Enzyklopädie.* No. 1. Beijing: China Enzyklopädie Verlag. (CD - Rom)

Lange, Sigrid (2007): *Einführung in die Filmwissenschaft.* Darmstadt: Wissenschaftliche Buchgesellschaft.

Lenz, Felix (2005): *Kontinuität und Wandel in Eisensteins Film- und Theoriewerk*. In: Lenz, Felix / Diederichs, Helmut H. (Hrsg.) (2005): *Sergej M. Eisenstein: Jenseits der Einstellung. Schriften zur Filmtheorie.* Frankfurt am Main: Suhrkamp, S. 433-452.

Lenz, Felix / Diederichs, Helmut H. (Hrsg.) (2005): *Sergej M. Eisenstein: Jenseits der Einstellung. Schriften zur Filmtheorie.* Frankfurt am Main: Suhrkamp.

Li, Minxiong (*2000*): *Xiao* In: *China Enzyklopädie*. No. 1. Beijing: China Enzyklopädie Verlag. (CD - Rom)

Lissa, Zofia (1965): *Ästhetik der Filmmusik*. Berlin: Henschel.

Lochthove, Heribert (1978): *Dekonstruktion als Bauprinzip der Avantgarde am Beispiel Eisenstein.* (Diss.) Fachbereich Kommunikatition/Ästhetik der Universität Osnabrück.

London, Kurt (1936): *Filmmusik*. London: Faber & Faber.

Loon, Hendrik Willem van (1938): *The Arts of Mankind*. London: Harrap.

Lorenz, Matthias N. (Hrsg.) (2003): *Dogma 95 im Kontext*. Wiesbaden: Deutscher Universität-Verlag.

Lui, Tsun-yuen / Wu, Ben (2001): *The Chinese PiPa*. In: Sadie, Stanley / Tyrrell, John (Hrsg.) (2001): *The New Grove – Dictionary of Music and Musicians*. 2nd Edition. London: Macmillan. Volume 19, S. 766f.

Luo, Zhanfeng (2005): *Film und Musik*. Beijing: Sanlian. (罗展凤 （2005）: *电影和音乐*。北京：三联。)

Maerker, Christa (1985): *Coppola über sich und das Kino*. In: Fründt, Bodo / Jakobsen, Wolfgang / Jansen, Peter W. / Maerker, Christa (Hrsg.) (1985): *Francis Ford Coppola*. München Wien: Carl Hanser Verlag, S. 35-62.

Marck, Siegfried (1929): *Die Dialektik in der Philosophie der Gegenwart*. Tübingen: Mohr.

Metz, Christian (1972): *Sprache und Film*. Frankfurt am Main: Athenäum Verlag.

Metzner, Jochen (1988): *Leben mit einem Oskar – Interwiev von Cong Su*. In: Der Tagesspiegel. 1988. Nr. 13025, S. 47.

Mikos, Lothar (2003): *Film- und Fernsehanalyse*. Konstanz: UTB.

Mitry, Jean (1998): *The Aesthetics and Psychology of the Cinema*. London: Athlone.

Monaco, James (2004): *Filmverstehen*. Hamburg: Rowohlt Taschenbuch Verlag.

Monaco, James (2003): *Film und neue Medien - Lexikon der Fachbegriffe.* Hamburg: Rowohlt Taschenbuch Verlag.

Nowell-Smith, Geoffrey / Halberstadt, Ilona (1997): *Interview with Bernardo Bertolucci.* In: Gerard, Fabien S. / Kline, T. Jefferson / Sklarew, Bruce (Hrsg.) (2000): *Bernardo Bertolucci: Interviews.* Jackson: University Press of Mississippi, S. 241-257.

O. N. (1977a): *Rudolf Arnheim.* In: Bawden, Liz-Anne (Hrsg.) (1977): *Buchers Enzyklopädie des Films.* Luzern und Frankfurt / M., C. J. Bucher Verlag, S. 47.

O. N. (1977b): *Lew Wladimirowitsch Kuleschow.* In: Bawden, Liz-Anne (Hrsg.) (1977): *Buchers Enzyklopädie des Films.* Luzern und Frankfurt/ M., C. J. Bucher Verlag, S. 433.

O. N. (1977c): *Wsewolod Pudovkin.* In: Bawden, Liz-Anne (Hrsg.) (1977): *Buchers Enzyklopädie des Films.* Luzern und Frankfurt / M., C. J. Bucher Verlag, S. 620f.

O. N. (1977d): *André Malraux.* In: Bawden, Liz-Anne (Hrsg.) (1977): *Buchers Enzyklopädie des Films.* Luzern und Frankfurt / M., C. J. Bucher Verlag, S. 484f.

O. N. (1977e): *Siegfried Kracauer.* In: Bawden, Liz-Anne (Hrsg.) (1977): *Buchers Enzyklopädie des Films.* Luzern und Frankfurt / M., C. J. Bucher Verlag, S. 426.

O. N. (1977f): *Jean Mitry.* In: Bawden, Liz-Anne (Hrsg.) (1977): *Buchers Enzyklopädie des Films.* Luzern und Frankfurt / M., C. J. Bucher Verlag, S. 47.

O. N. (1977g): *Nouvelle Vague.* In: Bawden, Liz-Anne (Hrsg.) (1977): *Buchers Enzyklopädie des Films.* Luzern und Frankfurt / M., C. J. Bucher Verlag, S. 558.

O. N. (1989): *Der letzte Kaiser.* In: Katholischen Institut für Medieninformation e.V. und der Katholoschen Filmkommission für Deutschland (Hrsg.) (1989): *Lexikon des Internationalen Films (1987 - 88),* S. 398.

O. N. (1999a): *David Byrne.* In: Larkin, Colin (Hrsg.) (1999): *The Encyclopedia of Popular Music.* 3rd Edition. Volume 2. London: MUZE UK Ltd, S. 870f.

O. N. (1999b): *Ryuichi Sakamoto.* In: Larkin, Colin (Hrsg.) (1999): *The Encyclopedia of Popular Music.* 3rd Edition. Volume 6. London: MUZE UK Ltd, S. 4722f.

O. N. (2004a): *Konstruktivismus.* In: Olbrich, Harald et al. (Hrsg.) (2004): *Lexikon der Kunst - Architektur, bildende Kunst, angewandte Kunst, Industrieformgestaltung, Kunsttheorie. Band III: Greg – Konv.* Leipzig: E.A. Seemann Verlag, S. 844-846.

O. N. (2004b): *Futurismus.* In: Olbrich, Harald et al. (Hrsg.) (2004): *Lexikon der Kunst - Architektur, bildende Kunst, angewandte Kunst, Industrieformgestaltung, Kunsttheorie. Band II: Cin-Gree.* Leipzig: E.A. Seemann Verlag, S. 620f.

O. N. (2006a): *Jean-Luc Godard Biografie.*

URL: http://de.movies.yahoo.com/schauspieler/g/jean-luc-godard/biografie-53962.html (Stand: 03.09.2006)

O. N.(2006b): *Bernordo Bertolucci.*

URL: www.djfl.de/entertainment/stars/b/bernardo _bertolucci/ (Stand: 15.07.2006)

Ott, Dorothee (2002): *Musicalfilm.* In: Koebner, Thomas (Hrsg.) (2002): *Sachlexikon des Films.* Stuttgart: Reclam, S. 398-403.

Pasch, Gabriele (2005): Monumentalfilme.

URL: http://www.messala.de/Monumentalfilm.html (Stand: 19.10.2005).

Pauli, Hansjörg (1976): *Filmmusik: Ein historisch-kritischer Abriß. In: Schmidt, H.-Chr. (Hrsg) (1976): Musik in den Massenmedien Rundfunk und Fernsehen - Perspektiven und Materialien.* Mainz: Schott, S. 91-119.

Peters, Jan Marie (1962): *Die Struktur der Filmsprache. In: Albertsmeier, Franz-Josef (Hrsg.)* (2003): Texte zur Theorie des Films. Stuttgart: Philipp Reclam jun, S. 371-388.

Pauli, Hansjörg (1981): *Filmmusik: Stimmfilm.* Stuttgart: Klett-Cotta.

Prendergast, Roy M. (1992): *Film Music. A Neglected Art. A Critical Study of Music in Films.* New York: W.W. Norton & Company.

Pu, Yi (2007): *Wo de Qian Ban Sheng.* Beijing: QunZhong Verlag. (溥仪 (2007)：*我的前半生*。北京：群众出版社。)

(Deutsche Aufgabe: Pu Yi (2004): Ich war Kaiser von China. Vom Himmelssohn zum neuen Menschen. Die Autobiographie des letzten chinesischen Kaisers. München: dtv.)

Puntel, Lorenz Bruno (1976): *Dialektik.* In: Brugger, Walter (Hrsg.) (1976): *Philosophisches Wörterbuch.* Freiburg: Herder KG, S. 64f.

Rabenalt, Peter (2005): *Filmmusik.* Berlin: Vistas Verlag.

Rayns, Tony (1986/87): *Der letzte Kaiser.* In: *Sight & Sound.* 1986/87. Volume 56. Nr.1, S. 39.

Reinhardt, Jeelka (2001): *Lev Semenovich Vygotsky.* In: Wenninger, Gerd et al. (Hrsg.) (2001): *Lexikon der Psychologie. Band 4.* Heidelberg: Spektrum Akademischer Verlag, S. 435.

Rügner, Ulrich (1988): *Filmmusik in Deutschland zwischen 1924 und 1934.* Hildesheim: Olms.

Russell, Mark / Jung, James (2001): *Filmkünste: Filmmusik.* Hamburg: Rowohlt Taschenbuch Verlag.

Sadie, Stanley / Tyrrell, John (Hrsg.) (2001): *The New Grove – Dictionary of Music and Musicians.* 2nd Edition. London: Macmillan.

Schmidt, Hans-Christian (1982): *Musik aktuell – Analyse, Beispiele, Kommentare.* Kassel: Bärenreiter - Verlag.

Shao, Mu Jun (2000): *Filmtheorie. In: China Enzyklopädie.* No. 2. Beijing: China Enzyklopädie Verlag. (CD - Rom)

Siebert, Ulrich (1995): *Filmmusik.* in: Finscher, Ludwig (Hrsg.), *Die Musik in Geschichte und Gegenwart.* Sachteil, Bd. 3. Zweite, neu bearbeitete Ausgabe. Kassel: Bärenreiter - Verlag. S. 446-474.

Siebert, Ulrich Eberhard (1990): *Filmmusik in Theorie und Praxis. Eine Untersuchung der 20er und frühen 30er Jahre anhand des Werkes von Hans Erdmann.* Frankfurt am Main: Peter Lang.

Sklarew, Bruce H. / Spitz, Ellen Han (1990): *Interview with Bernardo Bertolucci.* In: Sklarew, Bruce H. / Kaufman, Bonnie S. / Spitz, Ellen Handler / Borden, Diane (Hrsg.) (1998): *Bertolucci´s The last Emperor - Multiple Takes.* Michigen: Wayne State University Press Detroit, S. 37-54.

Smith, Greg M. (2003): *Film Structure and the Emotion System.* England: Cambridge Universität Press.

Stam, Robert (2000): *Film Theory And Introduction.* Malden: Blackwell Publishers.

Stangl, Werner (2005): *Die Dialektik* URL: http://arbeitesblaetter.stangl-taller.at/ERZIEHUNGSWISSENSCHAFT/Dialektikallgemein.html (Stand: 16.10. 2007)

Steinmetz, Rüdiger (2005): *Film sehen lernen – Grundlagen der Filmästhetik.* Frankfurt am Main: Zweitausendeins.

Su, Cong (2007): URL: http://www.congsu.com (Stand: 12.11.2007)

Taylor, Richard (Hrsg.) (1998): *The Eisenstein Reader.* London: British Film Institute.

Taylor, Richard (Hrsg.) (2006): *The Eisenstein Collection*. London-New York: Seagull.

Thiel, Wolfgang (1981): *Filmmusik in Geschichte und Gegenwart*. Berlin: Henschel.

Thomas, Hans Alex (1962): *Die Deutsche Tonfilmmusik*. Gütersloh: Bertelsmann.

Thrasher, Alan R. (2001): *Xiao*. In: Sadie, Stanley / Tyrrell, John (Hrsg.) (2001): *The New Grove – Dictionary of Music and Musicians*. 2nd Edition. London: Macmillan. Volume 27, S. 614f.

Thrasher, Alan R. (2001): *Di*. In: Sadie, Stanley / Tyrrell, John (Hrsg.) (2001): *The New Grove – Dictionary of Music and Musicians*. 2nd Edition. London: Macmillan. Volume 7, S. 277-279.

Thrasher, Alan R. / Stock, Jonathan P. J (2001): *Huqin*. In: Sadie, Stanley / Tyrrell, John (Hrsg.) (2001): *The New Grove – Dictionary of Music and Musicians*. 2nd Edition. London: Macmillan. Volume 11, S. 876-878.

Tonetti, Claretta Micheletti (1995): *Bernardo Bertolucci - The Cinema of Ambiguity*. New York: Twayne Publishers.

Ungari, Enzo (1984): Bertolucci. München: Bahia Verlag.

Warnecke, Siegmar (1995): *Die Farbdramaturgie in ausgewählten Filmen von Bernardo Bertolucci*. Frankfurt am Main: Magister-Arbeit, Johann Wolfgang Goethe-Universität .

Wen, Tao (1988): Interview mit Cong Su. In: Wen Hui Film Zeitung. 27. 02. 1988. (温涛（1988）：苏聪谈末代皇帝音乐。文汇电影报。1998 年 2 月 27 日)

Weniger, Kay (2001): *Das grosse Personenlexikon des Films* (Achter Bänder). Berlin: Schwarzkopf & schwarzkopf Verlag.

Werdeing, Andreas (2006): *Filmmusik*. Konstanz: UVK Verlagsgesellschaft mbH.

Wissdorf, Reinhard (1987): Der letzte Kaiser. In: Filmfaust. Dez1987/Jan1988. Nr. 63, S.44.

Wollermann, Tobias (2002): *Zur Musik in der „Drei Farben" Trilogie von Krzysztof Kieslovski*. Osnabrück: epOs Music.

Wünschel, Ulrich (2006): *Sergej Prokofjews Filmmusik zu Sergej Eisensteins Alexander Newski*. Holfheim: Wolke Verlag.

Wulff, Hans J. (1999): *Darstellen und Mitteilen. Elemente der Pragmasemiotik des Films*. Tübingen: Günther Narr .

Wuss, Perter (1999): *Filmanalyse und Psychologie: Struktur des Films im Wahrnehmungsprozess*. Berlin: Ed. Sigma.

Zhao, Songting (2000): *Di*. In: *China Enzyklopädie*. No. 1. Beijing: China Enzyklopädie Verlag. (CD - Rom)

Zhang, YePing (1988): *Die Harmonie von der chinesisch traditionellen Musik und der klassisch europäischen Musik*. In: Wen Hui Zeitung. 23. 04. 1988. (张冶平 （1988）：*中国古典音乐和西方现代音乐的交融。文汇报*。1998 年 4 月 23 日。)

Zhou, HaiHong (2004): *Musik und die durch sie dargestellte Welt – Die psychologische und ästhetische Forschung zur Beziehung zwischen dem Klang der Musik und der Darstellung von Gegenständen*. Beijing: Verlag des Central Conservatory of Music of China. (周海宏 2004）：*音乐与其表现的世界 – 对音乐音响与其表现对象之间关系的心理学与美学研究*。北京：中央音乐学院出版社。)

Zhou, Huabin (1990): *Die Geschichte des traditionellen chinesischen Theaters*. Beijing: Literatur und Kunst Verlag. (周华斌 （1990）：*中国戏曲史*。北京：文化艺术出版社。)

Anhang

1 Filmdaten zum Film *Der letzte Kaiser* (The last Emperor)

Regie:	Bernardo Bertolucci (Italien)
Produzent:	Jeremy Thomas (England)
Drehbuch:	Bernardo Bertolucci, Mark Peploe (England) und Eno Ungari (Italien), angelehnt an die Autobiografie von Pu Yi
Kamera:	Vittorio Storaro (Italien)
Musik:	David Byrne (USA), Ryuichi Sakamoto (Japan) und Cong Su (China)
Ausstattung:	Ferdinando Scarfiotti (Italien)
Kostüme:	James Acheson (England)
Schnitt:	Gabriella Cristiani (Italien)
Ton:	Ivan Sharrock, Bill Rowe
Make up:	Fabrizio Sforza
Direktor der Produktion:	Mario Cotone in Zusammenarbeit mit der China Film Co-Produktion Corporation und Beijing Film Studios
Schauspieler:	John Lone (Pu Yi), Joan Chen (Wan Jung), Perter O´Toole (Reginald Johnston), Ying Ruocheng (Gefängnisdirektor), Dennis Dun (Big Li), Ryuichi Sakamoto (Amakasu), Victor Wong (Chen Pao Shen), Maggie Han (Eastern Jewel), Ric Young, Wu Chun Mei (Wen Xiu), Jade Go, Funihiko Ikeda.

Gedreht an Originalschauplätzen in China sowie im Beijing-Studio. Beijing; De Paolis Studios, Rom; Cinecitta, Rom und in London

Dauer: 160 min. 4.384 m

2 Chinesische Instrumente

Erhu[295]

Die Erhu ist eine zweisaitige chinesische Kniegeige, die zum ersten Mal während der Tang-Dynastie (7. Jh. bis 10. Jh.) gebaut wurde. Überwiegend wurde dieses Instrument als Begleitinstrument für die Lokalopern der nationalen Minderheiten im Nordwesten Chinas gespielt.

Die Struktur der Erhu ist relativ einfach. Ein Steg aus Holz mit einer Länge von 80 cm dient als Stütze, an dessen oberen Ende sich zwei Wirbel befinden. Diese dienen dem Spannen der beiden parallel verlaufenden Saiten. Am unteren Ende des Stegs befindet sich der runde topfförmige Resonanzkörper. Die Erhu wird im Sitzen gespielt, wobei das Instrument von der linken Hand gehalten und vom linken Knie gestützt wird. Der Bogen wird in der rechten Hand gehalten und je nach Führung werden entweder eine oder beide Saiten bespielt. Da der Tonumfang der Erhu drei Oktaven beträgt, hat sie eine reiche Ausdruckskraft. Dabei ähnelt die Klangfarbe sehr dem des menschlichen Gesangs, so dass sie auch als singendes Musikinstrument bezeichnet wird.

295 Vgl. Lan (2000) und Thrasher / Stock (2001). Bildquelle: www.sun0769.com/subject/culture/33.htm (Stand: 03.12.2009)

Xiao[296]

Die Flöte Xiao hat sich bereits vor mehr als 2000 Jahren in China verbreitet. Auch ihre Struktur ist sehr einfach. Zur Herstellung der Xiao wird Bambusrohr verwendet, so dass es die Flöte in den Farben schwarz, gelb und weiß gibt. Am Rand des oberen Endes der Xiao befindet sich das Blasloch. Auf der Vorderseite des Rohrs befinden sich fünf Grifflöcher, auf der Rückseite am oberen Teil ein Tonloch sowie zudem am unteren Teil noch drei bis vier Hilfslöcher, deren Funktionen die Regulierung der Tongenauigkeit, die Verschönerung der Klangfarbe und der Vergrößerung der Lautstärke sind.

Die Klangfarbe der Xiao ist sehr sanft und anmutig. Der dunkle Klang der tiefen Tonlage wirkt eindrucksvoll, der Klang der mittleren Tonlage hingegen lieblich und gefühlvoll. Die Spielweise der Xiao ähnelt der der chinesische Flöte Dizi. Allerdings eignet sich die Xiao nicht so gut für temperamentvolle Melodien, sondern eher für langsame und lyrische Melodien, die überwiegend schöne Landschaften oder Gefühle darstellen.

---

296 Vgl. Li (2000) und Thersher (2001). Bildquelle: www.f-audio.net/ss/html/73/n-1073.html (Stand: 03.12.2009)

Dizi[297]

Die Dizi ist eine Querflöte aus Bambus mit einer ca. 2000 jährigen Geschichte. Sie findet in vielen Bereichen der chinesischen Musik Verwendung, in der Oper ebenso wie im Orchester oder auch der Volksmusik. Die chinesische Dizi zeichnet sich dadurch aus, dass sich zwischen Anblasloch und erstem Griffloch ein Stück Membran befindet. Obwohl die Membran einerseits den Tonbereich verkleinert, verstärkt sie jedoch andererseits höhere Obertöne des Dizi-Klangs. Damit die charakteristische Klangfarbe der Dizi voll zur Entfaltung kommt, sind Falten in der Membran unerlässlich. Gebräuchliche Varianten der Dizi sind die vor allem in Nordchina verbreitete, hell-lebhafte Bangdi sowie die eher im Süden beheimatete, gefühlvollere und schwermütigere Qudi. Beide Typen gibt es in verschiedenen Größen und Tonlagen; professionelle Flötisten besitzen in der Regel sieben davon. Für bestimmte Spezialeffekte wie etwa die Imitation von Vogelstimmen werden extrem kleine oder große Dizis eingesetzt.

297 Vgl. Zhao (2000) und Thrasher (2001). Bildquelle: http://hi.baidu.com/panqizhuang (Stand: 03.12.2009)

Zheng[298]

Die Zheng ist ein uraltes chinesisches Zupfinstrument. So soll es bereits im 3 Jh. v. Chr. existiert haben. Die traditionelle Zheng hat 13 bis 16 Saiten, aber einige moderne Ausführungen besitzen 25 bis 30 Saiten. Das Instrument wird nach der pentatonischen Skala mit einer Bandbreite über drei Oktaven gestimmt. In der Blütezeit der Tang Dynastie (618-907), wurde die Zheng und ihre Musik sowohl von den Gelehrten als auch vom einfachen Landvolk bewundert. Es wurden Gedichte über das Instrument verfasst und herausragende Vorstellungen literarisch überliefert. Die Klangfarbe ist voll, ausdrucksstark und elegant, so dass mit ihr malerische Naturlandschaften wie schwebende Wolken oder fließendes Wasser sowie feine Gefühle musikalisch hervorragend dargestellt werden können. Die Saiten der Zheng werden mit der rechten Hand gezupft, während die linke Hand die Tonhöhe reguliert.

Die Zheng ist eines der wichtigsten chinesischen Instrumente.

298 Vgl. Cao (2000) und Han (2001). Bildquelle: http://www.5ikeke.com/news/html/2008-11/200811410373846512734.html (Stand: 03.12.2009)

Pipa[299]

Die Pipa ist eine aus einem einzigen Stück Mahagoniholz hergestellte chinesische viersaitige Laute. Ihr Vorläufer findet in den Texten der Han-Dynastie (206 v. Chr. bis 220 n. Chr.) Erwähnung. Dort wird sie als Qin-Pipa bezeichnet, was darauf schließen lässt, dass sie bereits in der Qin-Dynastie existierte. Die Qin-Pipa hatte einen geraden Hals und wurde mit den Fingernägeln gespielt.

Die moderne Pipa ist birnenförmig. Sie hat einen kurzen, nach hinten gebeugten Hals und vierundzwanzig Bünde, die sich vom Hals bis zum Resonanzboden ausdehnen. Dadurch hat sie einen breiteren Klangbereich als die Qin-Pipa. Die außergewöhnliche Stimmung der vier Saiten, a-d-e-a, macht Akkordwirkungen möglich, die im Vergleich zu abendländischer Musik ungewöhnlich erscheinen.

Die Spieltechnik der Pipa erfordert eine außerordentliche Fingergewandtheit. Anschläge („Bartok pizzicato"), Harmonien, Geräuschnachahmung und komplizierte Techniken werden oft zu umfassenden Ton-Gedichten kombiniert, die aufregende Szenen lebhaft beschreiben. Dieses Instrument besitzt ebenfalls eine lyrische Wirkung.

299 Vgl. Cao (2000) und Lui / Wu (2001). Bildquelle: www.1155815.com/wenhua/a0402/200804/906.html (Stand: 03.12.2009)

3 Abbildungen

4 Notenbeispiele

Zeitfracht Medien GmbH
Ferdinand-Jühlke-Straße 7
99095 Erfurt, Deutschland
produktsicherheit@kolibri360.de